기억은 역사를 어떻게 재현하는가

| 독일유럽연구총서 제2권 |

기억은 역사를

어떻게 재현하는가

문화사학회 엮음

한울
아카데미

머리말

오늘날 한국사회에서는 인문학 무용론과 위기론이 운위되고 있다. 대학에서는 인문학 강의가 축소되고, 이른바 '실용적 학문'이 그 자리를 대신하고 있다. 이에 대해 인문학자들은 얄팍한 이해타산과 경제논리가 사회에 만연함으로써 인문학적 가치에 대한 몰이해와 오해가 확산되었다고 보고 문제의 원인을 주로 바깥에서 찾는다. 그러나 몰이해와 오해는 대개 소통의 부재에서 비롯되며, 따라서 인문학계 외부보다 내부의 책임이 더 큰지도 모른다. 인문학의 의미와 존재 이유를 증명해야 하는 것은 다른 누구도 아닌 인문학자의 몫이다. 주지하다시피, 오늘날 한국의 인문학자들은 '오직 세 명이 읽는 논문' 쓰기에 여념이 없으며, 인문학 무용론은 이러한 사실과 무관하지 않다. 역사학 역시 예외가 아니다. 게다가 이 책을 기획한 문화사학회가 2000년 창립될 당시 '대중과의 소통'을 내세웠던 것을 보면, 역사학을 포함한 인문학의 위기와 소외 현상은 어제오늘의 일이 아닌 듯하다.

오늘날 대중은 대개 흥미 위주의 사극이나 역사 관련 TV 프로그램을 통해 역사를 경험한다. 대중과 사회는 역사학자들이 무슨 일을 하며,

무엇을 고민하는지, 역사란 인간에게 어떤 의미를 지니는지에 대해 아는 바가 거의 없는 듯 보인다. 그렇다고 대중과 사회가 극도로 세분화된 주제를 이해하기 어려운 전문 용어로 설명하는 역사 논문을 통해 역사에 관심을 갖기를 기대할 수는 없는 노릇이다. 역사의 대중화를 위해 전문성을 포기해야 한다는 말이 아니다. 공학자들 역시 그들끼리는 난해한 수식과 용어를 사용하지만, 대중 앞에는 매혹적인 상품과 편리한 기술을 내놓는다. 이 책은 이러한 문제의식에서 기획되었다. 대중과 공유하고 싶은 역사, 역사학자로서 한국사회를 향해 전하고 싶은 메시지, 과거나 현재의 여러 사건이나 현상의 이해를 돕는 역사적 배경과 지식, 세계 각국에서 벌어지는 역사 관련 논쟁 소개 등 다양한 주제를 고리타분한 논문 아닌 이해하기 쉬운 에세이로 담아냄으로써 대중에게 다가가고자 한다.

더 구체적으로 말하자면, 이 책은 기억과 역사의 관계를 통해 역사의 다양성과 현재성을 보여주려 한다. 19세기 인상주의 화가들은 자연의 묘사에서 획일적이고 고정된 색채와 형태를 강요하는 아카데미즘화한 고전 미술을 거부하고, 빛에 따라 시시각각 다채로운 모습으로 변화하는 자연의 참모습을 찾아내는 데 성공했다. 그러나 인상주의의 진정한 미술사적 업적은 이러한 발견 이후에 나타났다. 즉, 인상주의의 영향을 받은 20세기 서양 미술은 다양하고 과감한 실험과 모험을 통해 미술 세계가 실로 방대하다는 사실을 입증해 보였다. 하나의 미술만을 강요당했던 미술가들은 인상주의 이후 주제뿐만 아니라 표현 방식인 색채와 형태에서도 거의 무한한 가능성이 존재한다는 사실을 경험하기 시작했다.

역사 또한 미술과 유사하다. 니체가 지적한 것처럼, 무언가를 기억한다는 것은 다른 무언가를 망각하는 것이다. 이렇게 보면 기억이란 선택인 셈이다. 그리고 역사는 이처럼 선택적 기억을 토대로 구성된다. 바꿔 말해, 역사란 지나간 과거를 객관적으로 재현하는 것이 아니라 역사가의 가치관이나 당파성에 의해 선택적으로 구성되는 것이다. 따라서 역사는 끊임없이 재해석되고 재구성되며, 이 점에서 역사는 비판적 담론이나 지적인 논의에 자양분을 제공하는 결코 마르지 않는 샘과 같다. 역사는 하나일 수 없으며, 거의 모든 역사학자가 국정교과서를 거부하는 이유는 바로 이 때문이다.

그렇다면 역사에서는 모든 것이 가능할까? 을사오적의 행위도 기억의 선택에 따라 긍정적으로 해석될 수 있을까? 히틀러 본인은 정작 유대인 학살에 대해 몰랐을지도 모른다는 아우슈비츠 부정론도 역사의 범주에 포함될 수 있을까? 역사는 선택된 기억이지만, 선택에는 과학적·윤리적으로 일정한 제약이 존재한다. 천체물리학자는 달나라에서 떡방아를 찧고 있는 토끼와 계수나무를 놓고 논쟁을 벌이지 않는다. 히틀러가 유대인 학살을 직접 지시한 문서가 단 한 건도 발견되지 않았음에도 불구하고, 나치 시대를 연구하는 모든 역사학자는 아우슈비츠 부정론에 대해 대꾸할 가치가 없다고 여긴다. 이처럼 역사의 세계로 들어가는 입구는 넓고 항상 개방되어 있지만 여기로 들어가기 위해서는 일정한 자격과 검증이 요구된다.

역사의 다원성이나 다차원성을 중시하는 관점에서 보면 한국사회의 거칠고 단순한 역사의식은 심히 우려할 만한 수준이다. 물론 이는 박근혜 정권이나 뉴라이트만 염두에 두고 하는 말이 아니다. 국산 영화와 외화를 통틀어 누적 관객 수에서 역대 1위를 차지한 〈명량〉의 흥행 기록은 이러한 우려를 뒷받침한다. 포르투갈이 건네준 조총으로 무장한 일본의 조선 침략은 대륙의 끝자락에 매달려 있던 한반도를 일약 국제정치 일번지로 만들었다. 조선은 이 전쟁으로 인해 장차 수세기에 걸쳐 전개될 대륙 세력과 해양 세력이 충돌하는 역사적 공간으로 변화했다. 그러나 '왜구'가 물러가자 조선은 전쟁에 내재된 이러한 세계사적 의미를 인지하지 못한 채 이미 체화되어버린 중화 세계관으로 회귀했다. 아주 오랫동안 중화사상에 갇혀 있던 조선의 정신세계가 하루아침에 사고의 틀을 깨기는 쉽지 않았을 것이다. 따라서 당시 조선의 조정과 지배층이 시대의 흐름을 읽지 못했다고 비난하는 것은 그다지 설득력이 없다.

그러나 21세기에도 이 전쟁의 역사적 의미를 깨닫지 못하는 한국사회의 역사의식은 우려를 자아내기에 충분하다. 콜럼버스가 신대륙을 발견한 지 꼭 100년 후인 1592년 임진년에 일어난 임진왜란은 여전히 '왜구'가 일으킨 '난'이자 영웅 이순신과 기적에 가까운 해전의 승리로만 기억된다. 따라서 임진왜란은 빈곤한 역사의 전형적인 사례다. 약소국이 강대국의 침략으로 고통당한 역사를 영웅이 등장하는 통쾌한 서사의 형태로 기억하려는 심정을 이해 못할 바는 아니다. 그러나 이는 열등감의 표현 그 이상도 이하도 아니다. 유쾌한 기억보다 불편한 기억과 더 많이 대면하고 대화하는 것이 한국과 같은 약소국에는 현재와 미래를 위해 더 생산적이다. 상대를 압박할 수단이 거의 없는 약소국에는 강대국보다 더 많은 냉정함과 치밀함이 요구되며, 역사는 이러한 자질을 함양하는 데 필요한 훌륭한 교사다. 이러한 고민과 숙고의 흔적을 전혀 찾아볼 수 없는 사드(THAAD) 배치 결정은 '역사 없는 민족'에서 흔히 볼 수 있는 전형적인 현상이다.

앞서 언급한 바대로, 역사는 과학적·윤리적 요건에 부합한다는 전제하에 가능한 한 다양한 측면에서 입체적으로 조명되어야 한다. E. H. 카(E. H. Carr)가 언급했듯이, 과거란 현재의 경험 많은 대화 상대이며, 역사란 양자의 대화가 이루어지는 공간이자 이를 기록한 텍스트다. 과거는 다수의 대화 상대인 현재의 관심사에 따라 다양한 모습을 지니며, 경우에 따라서는 대립적인 모습으로 정보와 영감을 건넨다. 이미 지나간 과거가 현실정치적으로 논란이 되는 이유는 바로 이 때문이다.

이 책은 역사의 이러한 세계를 대중과 공유하고 싶어 하는 역사학자들의 소박한 희망을 표현한 것이다. 우리나라를 포함해 여러 나라의 역사 문제를 다룬 열 편의 글은 다채로운 역사의 세계를 일부나마 보여주고자 한다. 모든 저자는 역사가 영웅에 관한 이야기나 흥미진진한 대서사가 아니라 현재의 우리와 밀접하게 관련된 지나가버린 현재이자 미래임을 보여주려 애쓴다. 이러한 노력이 조금이나마 결실을 맺는다면 저자들에게는 더할 나위 없는 보상이 될 것이다.

끝으로 이 책은 필자들만의 노력으로 만들어진 것이 아니다. 먼저 출판에 도움을 준 중앙대학교 독일유럽연구센터에 감사의 말을 전한다. 아울러 도서 시장의 어려움에도 불구하고 상업성과 다소 거리가 있는 역사 교양서적의 출판에 선뜻 동의해준 한울엠플러스에도 진심으로 고마움을 전한다. 마지막으로 거칠고 모호하기까지 한 열 편의 초고가 깔끔하고 명료한 글로 거듭나기까지는 신순남 선생의 손길이 있었음을 이 자리를 빌려 밝힌다.

2017년 7월

문화사학회 회장 윤용선

차례

3부 이데올로기와 역사 기억

4부 나가는 글

| 1부 |

들어가는 글

'기억의 장소' 또는 '망각의 장소'*

양재혁 | 성균관대학교 사학과

1. 머리말

제우스와 기억의 여신 므네모시네 사이에서 탄생해 시가, 문예, 음악, 가무, 학문 등의 학예를 관장한 무사이 여신들 중에는 역사의 여신 클레이오도 포함된다. 역사는 예술, 문학, 학문과 함께 탄생에서부터 기억과 연결된다. 시인 호메로스는 과거의 사건인 트로이 전쟁에 대한 그리스인들의 집단 기억을 이야기하며 서양 최초의 문학작품인 서사시 「일리아스(Ilias)」와 「오디세이아(Odysseia)」를 남겼다. 그러나 호메로스의 서사시에서 기억의 주체는 인간이 아니었다. "과거를 이야기하는 시인 호메로스는 단지 무사이 여신과 아폴론이 준 영감, 즉 기억의 중재자일 따름이다."[1] 이와 달리 서기전 5세기경에 서양 역사학의 탄생을

---

* 이 글은 2016년 ≪사림≫ 57호에 「'기억의 장소' 또는 '망각의 장소'」라는 제목으로 게재된 글을 수정·보완한 것이다.

1 김경현, 「헤로도토스를 위한 변명」, ≪서양고전학연구≫, 24호(2005), 273쪽.

알린 헤로도토스의 『역사(Histories Apodexis)』에서 기억의 주체는 인간이다. 신의 세계에서 인간의 세계로 시선을 돌리면서 탄생한 서양의 역사학은 헬라스인과 비헬라스인이 불화하게 된 발단인 이오, 에우로페, 메데이아, 헬레네의 납치 사건에 대한 여러 민족의 기억을 이야기하며 시작된다. 그리스인, 페르시아인, 페니키아인, 트로이인 등 에게해 주변의 민족들은 헬라스인과 비헬라스인이 반목하게 된 책임에 대한 기억이 동일하지 않다. 기억은 언제나 변형, 왜곡, 치환, 억압의 가능성에 놓여 있다. 헤로도토스는 각 민족 집단의 기억을 차례로 살펴보면서 역사의 진실을 추구했지만, 진실을 찾기가 쉽지 않다며 어려움을 토로했다. 헤로도토스의 뒤를 이어 서양 역사학을 정립한 투키디데스가 쓴 『펠로폰네소스 전쟁사(Ho Polemos Ton Peloponesion Kai Athenaion)』 역시 전쟁에 관한 투키디데스 자신의 기억을 서술한 것이나 다름없다.

이처럼 기원에서부터 역사학과 밀접히 연관된 기억은 최근 역사학계의 뜨거운 화두로 등장해 열기가 쉽게 가라앉지 않고 있다. 역사학에서 새삼스럽게 기억이 독자적인 주제 또는 연구 대상으로 부상한 이유는 무엇일까? 한국 역사학계에서 기억은 1990년대 이래 현재까지 뜨거운 관심의 대상이다. 굴곡진 현대사를 겪어온 한국사회는 주변국과의 역사 분쟁으로 인해 기억을 수시로 대면하게 된다. 우리의 현대사는 이미 과거로 사라졌지만 식민에 대한 기억은 정신적 외상으로서 여전히 현재성을 간직하고 있다. 식민 실존에 관한 개별적 또는 집단적 식민 기억, 즉 과거 식민 지배와 연결된 기억과 관련된 사례는 지금도 수없이 많다. 최근에 논란이 일고 있는 위안부 문제를 비롯해 친일 부역에 대한 논란, 4·3 사건의 역사적 성격에 대한 논의, 민주화운동에 대한 역사적 평가 등은 정치적 이데올로기는 물론 국가 정체성의 문제와도 복잡하게 얽혀 있다. 따라서 역사학에서의 기억에 관한 논의는 쉽게 합의에 도달할 수 없는 다중적 또는 다층적인 문제들로 둘러싸여 있다. 기억은 현재의 정치적·이데올로기적 대립을 통해 명백히 또는 암묵적으로 자신의 존재를 드러낸다. 한국 현대사의 여러 문제를 비롯해 홀로코스트, 프랑스의 비시 정권, 파시즘, 식민주의 등은 역사적으로 이미 지나간 과거 사건임에도 불구하고 여전히 사회 구성원들에게 트라우마라는 현실적 문제로 지속되고 있다. 더욱이 기억과 관련된 과거사 문제는 기억의 고유한 작동(왜곡, 치환, 변형, 억압 등)으로 인해 명확히 이해하기가 어려울 뿐만 아니라, 사회 구성원들 또는 국가들이 서로 집단적으로 대립하는 불씨가 되기도 한다.

역사가들은 '왜곡, 억압, 치환 등의 왜곡된 모습으로 나타날 수밖에 없는 기억은 역사학에서 어떤 지위를 지니는가? 또한 역사학과 어떤 관계이며 어떤 관계여야 하는가?'라는 질문에 대한 진지한 성찰 없이는 현재까지 트라우마 기억으로 지속되고 있는 과거사를 공정하게 연구할 수 없을 것이다. 따라서 기억과 역사의 관계를 성찰하는 것은, 구체적인 사례를 통해서든 이 둘의 관계에 대한 인식론적 사유를 통해서든, 우리 사회의 미래를 전망하기 위해 필수적으로 요구되는 역사학의 과제다. 이 글은 기억과 역사의 문제가 역사학계에서 다소 과잉적으로 논의되고 있다는 점을 염두에 두며, 피에르 노라(Pierre Nora)의 '기억의 장소(Les Lieux de mémoire)' 기획을 분석함으로써 기억과 역사 또는 역사학 간의 관계를 진지하게 성찰하고자 한다.

2. '기억의 장소': 망각 또는 배제의 패러다임

기억은 일상적 용어이자 신화와 문학으로 대표되는 문화와 밀접한 관계를 맺고 있는 인간 개인 및 사회의 본질적인 현상이다. 기억은 고대 그리스의 신화 및 문학과 연결될 뿐만 아니라, 근대 서양 학문(신학, 철학, 심리학, 역사학, 사회학 등)에서도 다양한 주제와 연결되어 논의되었다. 특히 기억과 역사의 관계에 대한 연구는 프리드리히 니체(Friedrich Nietzche)의 작업을 비롯해서 모리스 알박스(Maurice Halbwachs)의 '집단 기억', 폴 리쾨르(Paul Ricoeur)의 기억과 망각에 대한 철학적 사유 등을 통해 지속적으로 수행되어왔다. 그러나 "기억의 문제는 1980년대 이후에야 문화 이론 및 문화사적·역사적 맥락에서 알레이다 아스만(Aleida Assmann), 얀 아스만(Jan Assmann), 피에르 노라 등에 의해 본격적으로 재조명되기 시작했다".[2] 특히 역사학 분야에서 기억의 논의가 활발하게 진행된 결정적인 계기는 피에르 노라의 '기억의 장소' 작업이다.

노라를 비롯한 100여 명의 역사가가 참여해 8년에 걸쳐 완성된 책 『기억의 장소(Les Lieux de mémoire)』[3]는 프랑스 국가와 유럽의 경계를 넘어 이와 유사한 작업을 확산시켰다. 이러한 사실에서 노라의 기획이 불러일으킨 반향의 규모를 쉽게 짐작할 수 있다. 『기억의 장소』는 출

---

2 홍사현, 「망각으로부터의 기억의 발생: 니체의 기억 개념 연구」, ≪철학논집≫, 42호(2015); Jan Assmann, *Das kulturelle Gedächtnis*(München: C.H. Beck, 1999); Aleida Assmann, *Erinnerungsräume. Formen und Wandlungen des kulturelle Gedächtnisses* (München: C.H. Beck, 1999).

3 Pierre Nora(dir.), *Les Lieux de mémoire*(3tomes: La République/La Nation/Les France) (Paris: Editions Gallimard, 2005). 피에르 노라 외, 『기억의 장소』 1~5, 김인중 외 옮김(나남, 2010). 이하 『기억의 장소』로 표기했다.

판 당시부터 학계는 물론 대중의 관심을 받았으며, 역사학의 지형을 바꾸어놓은 혁명적 작업이자 노라 자신의 표현에 따라 '새로운 역사학(nouvelle histoire)'으로 인정받기도 했다.

하지만 범유럽적인 현상을 넘어 국제적으로도 학문적 가치를 인정받고 있는 노라의 작업을 인식론적 논의에 기초해 비판적으로 검토하는 작업은 상대적으로 부족한 실정이다. 따라서 노라의 '기억의 장소' 기획이 기초한 기억과 역사에 대한 인식을 이론적 논의를 통해 비판적으로 검토할 필요가 있다. 노라의 기억에 관한 인식은 '기억의 장소' 작업이 수행되는 기간 동안 일관되게 유지되지 않았다. 그럼에도 그의 기획에서는 몇 가지 경향이 확인된다. 『기억의 장소』는 내용이 풍부하고 관점이 다양하지만 목적과 경향은 일관되다. 『기억의 장소』의 편집자이자 저자인 노라는 저서 전체에 걸쳐 "이데올로기적 단일성과 같은 어떤 것"을 부과하지는 못했지만, 확실하게 "하나의 테제" 또는 패러다임을 부여하는 데에는 성공한다. "민족 과거라는 유령과 싸웠던 브로델과 달리, 노라는 근대성이 야기한 가슴 아픈 질병에 고통 받는다고 자유롭게 실토한다. 그는 수세대의 역사가들과 그 역사가들 중 최고의 위치에 있었던 미슐레가 보살폈던 고전적 프랑스의 자기 개념이 종결되었음을 언급할 뿐만 아니라 심지어 이를 통렬하게 애도한다."[4]

『기억의 장소』의 기획자 노라가 제시하는 기억 개념은 다양하고도 혼란스러운 의미를 지니고 있긴 하지만 『기억의 장소』 및 이와 관련된 논문에서는 하나의 패러다임이 일관되게 유지된다. 이 패러다임을 확인하기 위해서는 기억과 망각에 관한 니체의 논의를 살펴볼 필요가 있

---

4 Steven Englund, "The Ghost of Nation Past," *The Journal of Modern History*, Vol. 64, No. 2(1992), p. 302.

다. 니체에 따르면 기억은 회상인 동시에 망각이다. 무엇을 기억한다는 것은 그 '무엇' 이외의 것은 망각하는 것과 다름없다. 니체는 자신의 시대를 역사적 교양을 자랑스러워하는 역사 과잉의 시대이며 역사 과잉은 시대의 폐해이자 질병과 결함이라고 이해한다. "소모적인 역사적 열병에 고통 받고 있는" 시대에 니체는 망각에 주목해 비역사적으로 느낄 수 있는 능력을 중시하며, 그러한 능력을 "올바르고 건강하고 위대한 것, 진정으로 인간적인 것이 자라날 수 있는 토대"라고 이해한다. 니체는 역사적 의미의 과잉이 한 민족 또는 한 문화를 파멸시킬 수 있다고 경고하며 "삶을 위해 과거를 사용하고 이미 일어난 것에서 다시 역사를 만드는" '조형력'의 중요성을 강조한다.[5]

노라 역시 자신의 시대를 역사 과잉의 시대, 그의 표현으로는 역사 가속의 시대이자 그것이 낳은 불안의 시대로 진단한다. 과거 체험의 생생함을 간직한 기억은 살아갈 수 있는 '환경(milieux)'이 없기에 사라졌으며 단지 역사에 봉사하는 건조한 '역사 - 기억'만 남게 되었다고 그는 말한다. 프랑스 공동체의 혼란과 불안을 극복하기 위해 노라는 니체처럼 망각의 힘에 관심을 기울이는 대신 '살아있는 기억'에 주목한다. 그가 역사학의 역사학이라고 이해하는 역사 서술(historiographie)은 역사의 비판적 기능만을 중시하며 죽은 자만을 다루는 데 만족한다. 따라서 노라는 죽은 과거만 다루는 역사 대신 '살아있는 기억'을 찾아 나선다. 노라는 역사에 복무하는 기억 대신 진정한 기억을 통해 집단 정체성의 불안과 미래 전망의 불투명성을 극복하고자 시도한다. 따라서 노라가 말하는 '기억의 장소'는 '공화국', '민족', '프랑스들'이라는 '중

---

5 프리드리히 니체, 「삶에 대한 역사의 공과」, 『비극의 탄생·반시대적 고찰』, 이진우 옮김 (책세상, 2005), 288, 295쪽.

심 기억(mémoire de milieu)'으로 구성된다.

'기억의 장소' 기획에서 기억되어야 할 것, 기념되어야 할 것은 이미 노라가 정해놓은 '중심 기억'과 주변 기억으로 계서적으로 정렬될 수 있다. 이런 점에서 노라의 기억은 자생적이지 않은, 어떤 의도에 따라 배열될 수 있는 기억이므로 망각 또는 배제라는 위험이 수반된다. 노라에 따르면 중심 기억을 축으로 구성된 장소들을 통해 프랑스인들은 이전처럼 동질적인 소속감 또는 정체성(함께 살아간다는 의식)을 생생하게 체험하는 집단으로 변모할 것이다. 그렇다면 중심 기억에 포함될 수 없는 기억의 장소, 예를 들면 알제리 독립전쟁 같은 식민 지배와 관련된 기억의 장소는 어떻게 되는가? 아마도 노라의 기획에서 그러한 장소들은 '기억의 장소'에서 제외되어 망각의 장소로 남겨질 것이다. 여기에서 노라의 기억 연구가 지닌 위험성이 드러난다. 이런 의미에서 페리 앤더슨(Perry Anderson)은 노라의 '기억의 장소' 기획을 "전후 세계 역사학이 낳은 가장 공공연한 이데올로기적 기획"[6]이라고 규정하며 그 위험성을 경고한다.

"에르네스트 르낭(Ernest Renan)의 주장처럼 민족정신이 공유된 기억 속에 남아 있다면 오늘날 우리는 어떻게 기억에 대한 합의를 수립하는가?"라는 질문에 대해, 노라는 역사가들이 "새로운 방식으로 민족의 스토리"를 말해야 한다고 대답했다. 노라는 "민족에 대한 새로운 상징의 역사"를 제안한다. "역사가 120여 명의 지적 에너지를 동원해" 노라는 기존의 "구시대적이고 목적론적인 거대 서사"로 복귀하는 대신, 프랑스 전역에 흩어져 있는 수많은 기억 장소, 다시 말해 "지금 위험에 빠져 있

6　이용재, 「'기억의 장소'의 국제적 확산과 변용」, ≪프랑스사 연구≫, 25호(2011), 212쪽 재인용

고 대체적으로 잊고 있는 민족의 기억 장소"를 발굴하고 드러내려는 시도를 기획한다. 리샤르 데르데리안(Richard L. Derderian)은 노라가 민족에 대한 새로운 상징의 역사를 제안한다고 말하면서 노라의 기획을 다음과 평가한다. "노라는 영원한 프랑스라는 솔기 없는 서사가 아닌, 과거 세대에게 특별한 의미를 지니고 있는 셀 수 없는 장소들을 연결해 새로운 민족 태피스트리(a new national tapestry)를 짜고자 한다."[7]

지나간 과거의 사건이지만 여전히 현실 문제로 남아 있는 사건과 연관된 기억들이 논란을 낳고 있는 상황에서, '기억의 장소'를 새로운 역사학의 대상으로 수립하려는 노라의 기획에는 산 자의 기억뿐만 아니라 죽은 자가 과거에 간직했던 기억도 포함된다. 따라서 노라의 기억은 아직 살아있는 자들에게 트라우마로서 여전히 현실적 존재를 지니고 있는 기억 관련 작업과 구분되어야 한다. 노라는 말한다. "기념하려는 노력이 없다면, 역사는 그것들[기억의 장소들]을 즉각 청소해버릴 것이다. 그것들은 우리가 의지하는 보루다."[8] 이처럼 '기억의 장소' 작업의 목표는 기념되어야 할 기억을 역사로부터 방어하는 것이다. 단일한 정체성의 부재로 혼란을 느끼고 있는 프랑스 공동체가 의지할 수 있는 '보루'를 건설하는 것이 노라 작업의 목표다. 이런 점에서 '기억의 장소' 기획은 미래를 전망할 수 없을 정도로 혼란스러운 프랑스 공동체의 불안정한 유대감에 대한 불안의 표현으로 해석될 수 있다. 종교, 이민, 식민과거, 신자유주의, 난민 등 어느 하나의 문제로는 설명할 수 없는 혼란

7 Richard L. Derderian, "Algeria as a lieu de mémoire: Ethnic Minority Memory and National Identity in Contemporary France," *Radical History Review*, Issue 83(2002), p. 28.

8 『기억의 장소: 1. 공화국』, 42쪽.

스러운 상황에서 노라가 선택한 '공화국', '민족', 그리고 '프랑스들'이라는 프랑스 공동체의 상상된 뿌리를 향수하는 것이 그 이외의 것은 배제하는 '순혈주의' 성향으로 이어질 수 있다고 우려하는 것은 지나친 억측일까?

노라의 기억과 구분되는 대표적인 기억으로는 포스트식민주의에서 거론되는 기억을 들 수 있다. 포스트식민주의 비평가 호미 바바(Homi K. Bhabha)는 프란츠 파농(Frantz Fanon)의 『검은 피부, 하얀 가면(Peau noire, masque blancs)』을 언급하며 기억은 "식민주의와 문화적 정체성 문제 사이의, 필요하지만 때로는 위험한 다리"라고 말한다. 그에게 "기억하기는 '결코 자기반성이나 회고와 같은 정태적 행위가 아니다. 이는 현재의 외상을 이해하기 위해 조각난 과거를 짜 맞추어보는 것으로, 고통스러운 다시 떠올림이다'".[9] 파농이 문제시하는 기억은 이미 과거로 사라졌지만 정신적 외상으로서 여전히 현재적 의미를 지니는 식민 경험과 관련된 기억이다. 즉, 집단적 외상을 치유하기 위해 고통스럽게 묻고 따져야 할 과거 식민 지배와 연결되는 기억이다. 따라서 파농은 정신 분석을 통한 개인적 치유 차원으로는 극복할 수 없는 기억의 역사적 또는 사회구조적 측면에 주목한다. 그가 다루는 기억은 노라의 기억과 근본적으로 구별된다. 바바가 말하는 고통스러운 떠올림과 노라의 기억은 구분해서 이해해야 한다. 바바에게 기억하기는 '정태적 행위'가 아니라 현실에서 트라우마로서 여전히 문제를 제기하는 '조각난 과거'를 짜 맞추어 이해하려는 '고통스러운 다시 떠올림'이기 때문이다.

---

9 Homi K. Bhabha, *The Location of Culture*(London and New York: Routledge, 1994), p. 63. 릴라 간디, 『포스트식민주의란 무엇인가』, 이영욱 옮김(현실문화연구, 2000), 23쪽 재인용.

노라의 기억과 다른 성격의 기억을 앙리 루소(Henry Rousso)의 기억 연구에서도 찾을 수 있다. 노라의 기억 연구와 성격을 달리하는 루소의 기억 연구는 노라의 기획이 지닌 회고적 민족주의 경향을 확인케 한다. 루소는 "드골의 임시정부와 레지스탕스에 대한 기억은 공식화된 반면, 비시 정부에 대한 기억은 침묵되고 있다"라고 말한다. 루소는 "비시 정부에 대한 전쟁 포로와 학살 생존자 간의 기억 차이, 비시 정부 고급 관료들 사이의 기억 차이, 레지스탕스 간의 기억 차이, 노동의무국(STO) 징용자 간의 기억 차이 등등이 서로 얽혀 기억들 간의 충돌이 일어나는 시기"를 면밀히 분석한다.[10] 충돌과 갈등의 과정 속에서 기억을 이해하고자 하는 루소는 "피에르 노라표 기억은 프랑스 민족주의를 고양하기 위한 것으로, 프랑스인들은 위대한 역사의 소유자들이며, 역사를 이런 식으로 기억 속에 유지시켜간다"라고 비판한다. 루소에게 기억은 복수이다. 따라서 서로 싸우고 갈등하고 투쟁하는 것이며, 지금도 그런 상태로 후대에 전이되고 있다고 주장한다.[11] 루소는 자신이 다루는 기억과 노라가 『기억의 장소』에서 말하는 기억은 분명히 다르다고 말한다. 그는 노라의 기억이 "유럽연합 시대에 프랑스가 역사의 중심이기를 바라면서 프랑스 민족의 기억을 공식화하려는, 전통적이고 보수적이고 애국적인 학자의 입장"에서 비롯되었다고 단정한다.[12] 사실 노라의 기억은 바바가 말하는 '고통스러운 다시 떠올림'을 배제하는 기억이자 프랑스 공동체의 장래를 위해 동원된 기억으로, 엄밀하게 말하자면 포스

---

10 박지현, 「역사와 기억의 새로운 관계: 영화로 본 '비시 프랑스'에 대한 기억」, ≪서양사론≫, 88호(2006), 134쪽.

11 앙리 루소, 『비시 신드롬』, 이학수 옮김(휴머니스트, 2006), 14쪽.

12 "비시 신드롬", 2006년 2월 23~24일 앙리 루소와의 인터뷰, http://www.humanistbooks.com/magazine/interView.aspx?sercode=AM0015(2016년 5월 30일 검색).

트식민사회에서 거론되고 있는 의미에서의 기억이 배제된 기억이다. 노라의 기억은 포스트식민주의 기억을 망각·회피·배제할 수도 있는 '함께 살아간다'는 의식을 수립하는 데 기여하는 공동체주의적인 기억이다.

3. 기억, 역사, 실재

그렇다면 노라의 기억과 바바의 기억 간의 차이를 구성하는 지반은 무엇일까? '기억의 장소' 작업의 기반을 이루고 있는 기억과 역사의 관계에 대한 노라의 인식을 살펴봄으로써 이 질문에 대한 답을 찾을 수 있을 것이다. 노라의 '기억의 장소' 작업과 관련된 기존의 연구는 노라 작업이 보여준 영향력에 초점을 맞춘 긍정적인 평가에 집중되었다는 점을 고려할 때, 노라의 작업 및 기획의 인식론적 지반과 그 효과를 비판적으로 분석할 필요가 있다.

노라에게 기억은 인간이 직접 체험한 경험과 연결된다. 반면에 역사는 비판적인 인식과 연결된다. 기억은 생생한 삶의 과거 체험을 간직한 반면, 역사는 죽은 자에 대한 건조한 담론이다. 노라의 '기억의 장소'는 잡다하고 일상적인 개인 기억 대신 혼란에 직면해 미래를 전망할 수 없는 프랑스 사회가 의지할 수 있는 장소로서, 과거의 생생한 체험으로서의 기억이 남아 있는 프랑스 공동체의 피난처로 이해할 수 있다. 노라에 따르면 역사는 비판을 본질적 임무로 삼기 때문에 기억을 파괴한다. "기억은 역사에 언제나 의심스러운 존재"이기 때문에 "역사의 진짜 사명은 기억을 파괴하고 격퇴하는 것이다". 과거에 실제로 일어난 것들의

생동감을 비판적 역사는 앗아 가버린다.[13]

기억과 역사의 대립이라는 노라의 인식은 '기억의 장소'를 기획한 배경을 설명하는 '역사의 가속'이라는 비유적 표현에서도 명시된다. 노라는 '기억의 장소' 작업이 나타나게 된 시대적 상황을 '역사의 가속'이라고 표현한다. 실재와의 연결을 보증하는 자생적인 기억이 역사의 가속으로 인해 사라져버리는 시대이므로 이 시대에 요구되는 작업이 자신의 기획 '기억의 장소'라고 노라는 설명한다. 그렇다면 '역사의 가속'은 무엇인가?

> 역사의 가속, 이는 단순한 은유의 표현이 아니라 그러한 표현이 의미하는 바를 깊이 천착해볼 필요가 있는 중요한 문제다. 모든 것이 점점 더 급속하게 확정적으로 죽은 과거로 변해버리는 것, 모든 것이 사라진 것 같은 총체적 인식 — 하나의 (과거와 현재 사이의) 균형의 단절. 전통의 뜨거움 속에, 관습의 침묵 속에, 조상 전래의 반복 속에 아직 살아남아 있었던 것들이 밑으로부터의 역사적 자각의 압력 아래 뿌리 뽑혀나간 것이다. 즉, 오래전에 시작된 무언가가 끝나버리고 말았다는 분위기 속에서 자아에 대한 의식이 획득된 것이다. 요즘 우리가 기억에 관해 그토록 이야기를 많이 하는 것은 바로 기억이 더 이상 존재하지 않기 때문이다.[14]

'역사의 가속'에 대한 설명에서 노라가 저항하는 것이 무엇인지가 드러난다. 노라에 따르면 역사학은 모든 것을 확정적으로 죽은 과거, 생

13 「기억과 역사 사이에서」, 『기억의 장소: 1. 공화국』, 35쪽.

14 같은 글, 31쪽.

생한 체험을 잃은 불모의 과거, 곧 생생한 삶의 체험의 다른 이름인 기억이 없이 건조하기만 한 과거로 급속하게 이동시킨다. 그 결과 프랑스 사회는 균형의 단절, 불안, 동요를 경험한다. 노라는 이러한 불안, 동요, 혼란은 바로 현재 사회가 의지하는 밟고 선 지반인 사회 공동체의 역사가 더 이상 생생한 체험에 기초하지 않기 때문에 나타난다고 생각한다. 모두는 아닐지라도 사회 구성원 다수에게 공동의 정체성을 고취하며 동일한 전망으로 미래를 맞았던 과거의 경험과 대조적으로 현재의 프랑스 사회는 비판적 의식에 의지함으로써 '살아남아 있던 것'들을 상실했다. 따라서 노라가 선택할 수 있는 사회 공동체가 의지해야 하는 역사는 죽음이 확정된 과거를 다루지 않는다. 노라에게 필요한 것은 사회 공동체의 생생한 체험, 동일한 정체성으로 결집했던 체험을 간직한 기억, 곧 공화국, 민족, 프랑스들이라는 중심 기억과 이와 연관된 기억이다. 역사학의 자기비판적 인식을 담고 있는 역사 서술(historiographie)의 주장처럼 과거의 모든 것은 사라졌다고 노라는 생각하지 않는다. 사라지지 않고 여전히 과거의 생생한 체험을 간직한 채 남아 있는, 그러나 우리가 관심을 갖지 않으면 곧 사라져버릴 과거의 것들, 곧 과거의 기억들이 어떤 장소에 존재한다. 기억의 장소에 대한 연구는 균형을 회복하려는 시도라고 노라는 표현한다. 현재의 프랑스 사회에서는 이 균형, 곧 과거와 현재의 균형이 상실되었으며, 과거의 모든 것을 사라지고 죽은 것으로 다루는 역사의 가속화가 지배적이다. 죽은 과거만을 인정하는 역사는 현재의 지반을 허무는 결과를 가져왔다. 과거를 기초로 해서 미래를 전망하는 현재에 생기 또는 활기를 불어넣기 위해 지금 사회 공동체는 자신의 과거와 현재 사이에서 균형 감각을 회복해야 한다. 노라는 균형 감각을 회복시킬 수 있는 장소, 과거의 생생한 체험이 남아 있는 장소를 전통, 관습, 조상의 풍습이라고 생각한다. 왜냐하면 이런 장소에 남겨진 과거 체험은 우리 사회가 아무런 근거 없이 갑자기 만들어진 것이 아니라 오래전에 시작되어 발전 과정을 거쳐 오늘날에 이르렀다는 의식을 사회 공동체에 심어줄 수 있기 때문이다.

노라의 '기억의 장소' 논의에서 '기억'은 일상적으로 사용되는 의미를 넘어 인식의 영역으로까지 확장되어 "현재 속에서 과거가 구성되고 관리되는 일반적인 방식"을 의미하기도 한다.[15] 노라의 기억과 역사 개념은 서로 혼동될 정도로 복잡한 관계를 표면적으로 보여준다. 그러나 노라의 머릿속에는 기억과 역사 간에 굵은 구분선이 분명하게 존재한다. 노라는 기억과 역사의 관계를 의외로 단순한 대립 관계로 이해한다. 다시 말해 기억과 역사의 관계에 대한 노라의 인식에서는 이분법적인 단순 구조가 확인된다. 노라에게 기억은 과거의 생생한 체험과 연결되고, 역사는 비판적인 분석 및 이론적 논의와 연결된다. 기억은 생생한 삶을 간직한 것인 반면, 역사는 생생한 삶이 존재하지 않는 죽은 자들에 대한 건조한 담론이다. 노라가 '기억의 장소'를 기획하면서 가진 전반적인 문제의식과 기억과 역사에 대한 노라의 이분법적 구분은 기억이 간직한 과거 체험 또는 경험에 대한 그의 근본주의적(foundationalist) 역사 인식과 연결된다.

노라의 생각처럼 기억의 장소들에는 기억이 정말 결정화되고 숨겨져 있을까? 노라는 "기억의 장소들이란 사람들이 회상하는 '어떤 것'이 아니라 기억이 작동하는 '곳'"이라고 말한다. 그 장소는 사람들에게 기억을 작동시키는 곳이다.[16] 기억의 장소들이 죽고 사라진 과거 사람들

15 이용재, 「프랑스 역사를 어떻게 쓸 것인가: 피에르 노라의 『기억의 장소』에 대한 고찰」, ≪프랑스 연구≫, 23호(2010), 192쪽.

의 기억과 연관된다는 사실을 부정하기는 힘들지만, 과거의 생생한 기억들이 그 장소에서 과거 모습 그대로 온전히 작동할 수 있을까? 노라에게 장소는 생생한 체험이 불러일으키는 소속감을 보장하는 기억들이 남겨져 있는 곳, 다시 말해 모든 것을 사라진 것으로 파악하며 과거를 현재와 확정적으로 단절한 것으로 파악하는 역사학이 간과한 기억들을 간직한 곳이다. 이런 노라의 확신을 보장해주는 것은 아마도 장소라는 표현이 환기시키는 감각적, 특히 시각적 존재 형식일 것이다. 눈에 보이고 만질 수 있는 것, 즉 장소를 지금 현재 확인할 수 있는 근본적인 이유는 역사학에서는 이미 죽은 자로만 이해되는 과거 사람들이 생생한 체험과 의지를 통해 그 장소들을 건립했기 때문이다. 과거 죽은 이들이 노동과 의지를 투입해 현재에 이르는 장소를 세웠다는 사실은 그 장소에서 기억이 오롯이 보존된다는 믿음과 연결된다.

하지만 장소는 과거 사람들의 기억 또는 체험을 과거 그대로 보존하고 있는가? 장소는 이미 죽은 자들이 형성한 것임에 틀림없지만, 형성의 과정 또는 재현의 과정을 고려할 때 과거 사람들의 기억이 고정적으로 장소에 보존된다는 가정은 사실 순박한 기대에 불과하지 않는가? 왜냐하면 장소는 수립, 형성, 보존 등의 재현 과정을 거친 재현물이기 때문이다. 장소와 체험으로서의 기억의 관계를 재현 과정으로 이해할 경우 가장 기초적인 전제는 이 둘 간의 차이이다. 다시 말해, 재현 결과물은 재현 대상과 부정할 수 없는 관련성을 지니고 있긴 하지만 기본적으로 차이를 바탕으로 존재 가능한 것이다. 초상화가 지닌 재현물로서의 가치는 대상 인물과 다르다는 차이에 기초한다.

---

16 「권두언」, 『기억의 장소: 1. 공화국』, 18쪽.

왜 노라는 장소를 기억의 보관소로 믿고 싶을까? 아마도 노라는 살아있는 자들과 분명하게 연관된 죽은 자들과 유대하는 것을 이 시대에 가장 필요한 요소로 인식하기 때문일 것이다. 왜 장소에 대한 관심이 나타나는가? 불모성의 역사는 앞서 설명한 과거 체험의 기억, 즉 사회 공동체의 형성 과정에 대한 자기의식의 지반을 구성하는 기억을 찢어 버렸다. 하지만 찢겨진 기억들은 여전히 과거 체험을 간직하고 어디엔가 남아 있으며 완전히 사라지지는 않는다고 노라는 믿는다. 그 기억들은 사회 공동체 전체에 영향을 미쳤던 과거의 규모는 상실했지만, '찢겨졌을' 뿐 완전히 사라질 수는 없다. 왜냐하면 우리 사회를 탄생시키고 발전시켜 지금에 이르게 했던 물질적 또는 비물질적 기억이 없었더라면 우리 사회가 지금 존재하는 것도 불가능했기 때문이다. 그 기억들은 편재되었지만 일부의 장소에서 과거 체험을 간직한 채 남아 있다. 여전히 편재된 기억들은 장소들 속에 남아 있기에 역사학의 과제는 중심 기억의 장소들을 축으로 편재된 기억을 결집시키는 것이다. '영광' 또는 '단일한 정체성'을 생생하게 경험했던 과거 체험이 담긴 기억은 현재 파괴되고 분열되어 편재되어 있기 때문에 우리가 확인할 수 있도록 중심 기억이 남겨진 장소를 축으로 조직되어야만 한다.

역사학의 근본적인 범주를 비판함으로써 "정체성의 생산 과정에 초점을 맞추고 경험의 담론적 성격을 주장하고 경험 형성의 정치를 주장하는"[17] 조안 스콧(Joan W. Scott)의 연구는 노라의 '기억의 장소' 개념이 지닌 신실증주의적 또는 근본주의적 요소를 확인시켜준다. 노라의 '기억의 장소'라는 표현 자체는 그의 연구 기획임과 동시에 연구 대상임을

17 Joan W. Scott, "The Evidence of Experience," *Critical Inquiry*, Vol. 17, No. 4(1991), p. 797.

의미한다. 노라의 연구는 기억을 대상으로 하지 않는다. 노라의 기획은 현재 살아있는 자들의 기억뿐만 아니라 죽은 자들의 기억까지 포함한다. 노라는 이미 사라진 누군가의 과거 기억을 연구의 대상으로 주장할 수 없었다. 따라서 그는 기억 대신 기억의 장소를 연구 대상으로 선택할 수밖에 없었다. 여기에서 '장소'라는 비유적 용어는 노라의 기획이 거둔 놀라운 성공에서 알 수 있듯 상당한 효과를 낳는다. 사실 비유적 전략으로 선택된 '장소'는 그의 연구 기획이 기초하는 과거의 실재 또는 경험에 대한 신실증주의적 이해를 덮어서 가리는 역할을 한다. '장소'라는 비유적 표현이 환기시키는 것은 노라의 기획이 '가시적'이며 '감각적'인 무언가를 다루고 있다는 느낌이다. "지식은 시각으로부터 획득된다. 시각은 투명한 대상들의 세계를 직접적으로 이해하는 것이다. 이런 개념화에서는 눈에 보이는 것은 특권화된다."[18] 노라의 작업에서는 과거에 육체적·정신적으로 체험한 생생한 경험으로서의 기억은 이미 사라졌지만 물질적인 감각을 연상시키는 '장소'라는 표현을 통해 현재까지도 온전하게 남겨져 전달될 수 있는 것으로 가정된다. '거기에'로 해석되는 '장소'라는 비유는 '거기에 무언가가 있다'라는 연상을 불러일으킨다. 이러한 효과는 '기억의 장소' 기획이 성공하는 데 기여했으며, 이는 '장소'에는 기억이 과거의 모습 그대로 온전하게 남아 있다는 노라의 신념을 드러낸다.

기억을 유물처럼 생생한 예전 모습 그대로 '기억의 장소'에 남아 있는 육화된 실재로 파악한다는 점에서, 노라는 과거 실재와 기억 간의 직접적인 지시 관계를 가정한다. 다시 말해 노라에게 기억은 우리가 방문하

---

10 같은 글, p. 775.

고, 바라보고, 만질 수 있는 '기억의 장소'라는 실재 속에 담긴 또 다른 과거 실재로 이해된다. 노라는 '기억의 장소'가 어떻게 과거의 사라진 기억을 '있었던 그대로' 지시할 수 있는지에 대한 설명을 제시하지 않음으로써 기억과 '기억의 장소' 간의 직접적인 지시 관계를 당연한 것으로 받아들인다. 따라서 노라가 자신의 작업을 설명하면서 랑케를 직접 거론한다는 사실은 전혀 놀라운 일이 아니다. 그는 자신의 작업은 사실을 있는 그대로 재현하려는 작업과 다름이 없다고 강변한다. "그것(이 책의 독창성)은 실재의 원리에 대한 절대적인 고수, 즉 랑케의 유명한 표현을 빌리자면 '그것이 실제로 어떠했는가'를 알고자 하는 확고한 의지를 더욱 요청할 뿐이다. 새로운 것일수록 더욱 옛것을 요구한다."[19]

노라는 자신의 연구 대상을 기억 대신 '기억의 장소'로 설정함으로써 기억, 실재, 경험 등에 대한 자신의 근본주의적 이해를 감추고자 한다. 실증주의적 역사학은 '실재'를 복원하는 소박한 기대를 가지지만 자신의 역사학은 재현(représentation) 연구라고 노라는 주장한다. 노라는 실재 자체를 복원하려는 것이 아니라, 실재와 관련된 경험과 직접적인 관계를 맺는 '기억의 장소'를 연구 대상으로 삼는다. 기억을 직접적으로 다루는 것이 아니라 기억이 담긴 장소를 다룬다는 주장에도 불구하고, 노라는 과거 실재는 기억과 직접적으로 연결되고 그 기억은 오롯이 장소에 보존되며 따라서 장소를 연구하는 것은 기억 및 그 너머의 실재와 연결된다고 가정한다.

19 「권두언」, 『기억의 장소: 1. 공화국』, 22쪽.

4. '민족 과거의 유령' 또는 유토피아적 향수

노라는 과거 실재와 연관된 기억을 추구하기 위해 기억과 관련되어 현실적으로 제기되는 중요한 문제들을 회피한다.

> 이 둔중한 논문 모음집은 복잡한 문제들을 제기한다. 기억의 장소의 정확한 경계들, 기념제에 관한 이론, 역사적 기억과 집단 기억 사이의 연관성, 이데올로기와 정치 사이의 관계, 기억과 권력 사이의 관계, 공화국과 민족의 관계 등이 바로 그것이다. 이 문제들은 접어두도록 하자.[20]

바로 이 '접어둠'은 노라의 작업이 실증적 성격에 만족함을 보여준다. 그러나 노라가 접어둔 문제들은 역사학과 기억의 관계에 대한 성찰에서 필수적으로 제기되고 다루어야 하는 중요한 문제다. 이와 관련해 도미니크 라카프라(Dominick LaCapra)의 작업은 시사하는 바가 크다. '홀로코스트' 연구를 통해 기억 관련 논의를 주도하는 라카프라는 노라의 작업과 관련해 "노라는 본질적인 어떤 것이 상실되었다고 느낀다"라고 말한다. 라카프라에 따르면, 이러한 상실이 상상적인 것이든 아니든 상관없이, 노라가 상정한 "역사와 기억 간의 대립"은 "그 상실을 기념하고 달래준다". 라카프라는 역사와 기억을 근본적인 대립 관계로 파악하는 노라의 입장에 대해 비판적 관점을 유지한다. 그는 아우슈비츠 이후 전개된 기억과 역사의 관계에 대한 연구에서 기억과 역사 간의 상호작용에 주목한다. 라카프라는 기억과 역사의 관계에 대해 다음과 같은 질문

20 같은 글, 25쪽.

들을 제기한다. "역사 서술은 공식적 기억과 그것의 윤리적 함축들로부터 거리를 유지하는, 순수하게 학자적이고 전문가적인 방식으로 정의될 수 있는가, 또는 정의되어야만 하는가?" 라카프라는 쇼아(Shoah)(유대인 대학살을 의미하는 히브리어)라는 트라우마 사건 이후의 역사를 분석하면서, 사건, 기억, 역사, 그리고 윤리적·정치적 관심들 간의 상호작용에 연구의 초점을 맞춘다.[21]

사실 역사학이 기억을 연구 대상으로 삼을 때에는 상당한 위험을 감수해야만 한다. 라카프라에 따르면 역사가는 죽은 자들의 과거를 다룰 때와 달리 기억을 다룰 때면 자신의 위치에 더욱 주의해야만 한다. 다시 말해 역사가는 주로 희생자인 기억하는 자들에 대한 과도한 공감과 동시에 편견적인 거부감 역시 경계해야만 한다. 고통, 회한, 또는 정신적 외상 등으로 인해 현재에까지 이어지는 기억을 다루는 일은 기억 자체를 통해서가 아닌, 기억의 왜곡, 치환, 변형, 억압을 통해서만 과거와 대면할 수 있는 지난한 작업이며, 이는 기억에 대한 단순한 공감 또는 배척으로는 수행될 수 없는 복합적이고 다중적인 문제들과 조응하는 일이다. 단순히 기억의 진위를 가리는 작업인 경우에도 역사가는 기억과 관련된 정치·이데올로기적 관계 속에서 기억 당사자 및 그와 연관된 자들의 입장과 대면해야 하며, 경우에 따라서는 그에 따른 비난을 감수해야만 한다.

기억, 역사, 그리고 윤리적·정치적 관심들 간의 상호작용과 관련된 라카프라의 연구와 성격을 달리하는 노라의 '기억의 장소' 기획은 지향점이 분명하다. 그리스어 '없는(ou-)'과 '장소(toppos)'가 결합해 '어디에

21 Dominick LaCapra, *History and Memory after Auschwitz*(New York: Cornell University, 1998), p. 19.

도 없는 곳'이라는 의미를 지닌 유토피아(utopia)라는 개념을 단지 미래만이 아니라 과거와 관련해서도 이야기할 수 있다면, 노라의 기억론은 유토피아적이라고 말할 수 있다. 미래에 존재할 이상적인 무언가를 추구하는 것이 아니라, 과거에는 존재했으나 지금은 사라져버린 이상적인 무언가를 다시 되살리려는 회고주의적 경향은 역사학에서 어렵지 않게 확인할 수 있다. 노라의 이상향은 과거에 존재했지만 지금은 사라지거나 약화된 어떤 영광을 현재에 환기시키려는 시도다. 그러나 노라의 향수가 찾고 있는 무언가가 과거의 영광과 가치를 과거 그대로 간직한 채 기억의 장소에 오롯이 남아 있을 수 있을까? 노라는 이런 질문을 허용하지 않는다. 황금의 시대가 에덴동산 시절이든, 마르크스주의자들이 생각하는 것처럼 프롤레타리아 독재를 거쳐 이루어질 공산주의 사회이든 간에 유토피아는 현실적인 실재를 구성하는 여러 문제와 관련된다. 이것이 미셸 리오-사르세(Michèle Riot-Sarcey)가 말한 '유토피아의 실재성(le Réel de l'utopie)'[22]이다. 유토피아는 순수하게 상상적인 것만으로 구성되지 않는다. 유토피아가 상상적인 것만으로 이루어졌다면 역사에서 확인되는 다양한 사회 개혁과 관련된 유토피아적 주장들이 지닌 설득력은 설명될 수 없을 것이다. 유토피아를 현실 도피가 아닌 현실 문제를 해결하는 모델로 이해할 때 노라의 '기억의 장소' 기획은 그가 탄식하는, 프랑스 사회가 처한 혼란스러운 현실을 극복할 수 있는 지향점을 지시할 것이다. 다만 노라는 그 지향점을 보통의 유토피아처럼 미래가 아닌 과거에서 찾고 있을 뿐이다. 따라서 '기억의 장소'가 가리키는 진정한 지시물은 과거 민족적 단합을 이루었던 '공화국',

22 Michèle Riot-Sarcey, *Le Réel de l'utopie* (Paris: Albin Michel, 1998).

'민족', '프랑스들'이 아니라, 노라가 주장하는 것처럼 단일한 정체성과 합의된 미래 전망을 논의하기가 힘들 만큼 분열된 프랑스인의 자기의식과 노라가 '기억의 장소'를 통해 벗어나고자 하는 현재 프랑스의 혼란스러운 현실이다.

혼란스러운 프랑스 사회 현실에서 노라는 "반은 성직자, 반은 군인이었던 민족적 책임"[23]을 강렬하게 느낀다. 『기억의 장소』는 "그 이전의 셀 수 없이 많은 '민족의' 작업들처럼, '민족'이라 불리는 유동적인 이데올로기적 실체, 민족의 세속화 과정에서 사회에 신성함에 대한 사회적 의미와 필요성을 제공하는 데 기여했던 실체"에 다시 신성함을 부여하려는 시도이며, 노라 개인으로서는 시대적 사명을 다하는 실천이다. 그러나 "프랑스 역사를 성경의 역사로 동화하려는 피에르 노라의 시도"는 "매혹적인 제안"일지는 모르지만, 사회 구성원들이 그 제안에 동참하기를 원한다면 노라는 "자신의 고유한 계시적인 복음"을 만들어야만 할 것이다". 초기 아날학자들조차 경계했던 민족 집단성에 대한 "자기-신성화"를 위해 역사가들에게 '반은 성직자이자 반은 군인'의 역할을 강요하는 노라식의 민족사는 "20세기 중후반의 급진적으로 변형된 컨텍스트에서는 퇴행적이며, 노골적으로 '이데올로기적인'" 사업으로 변질될 위험이 있다. 오늘날 역사가들은 "신을 대신해 민족이 수행할 수 있는 정신적 열정"에 헌신하는 군인 또는 성직자의 역할을 수행할 수 없다. 노라가 정체성의 혼란으로 진단한 현실의 혼란을 민족 개념만으로는 충분히 설명하지 못하기 때문이다.[24]

---

23 「권두언」, 『기억의 장소: 1. 공화국』, 38쪽.

24 Steven Englund, "The Ghost of Nation Past," *The Journal of Modern History*, Vol. 64, No. 2(1992), pp. 317~320.

노라는 민족을 정치적 인공물로 인정하면서도 민족을 "개념 지위로부터 분리해" "상징" 또는 "더 높은 — 사실 가장 높은 — 실재" 지위에 올려놓는다. 노라는 자신이 인정한 "영웅" 미슐레와 마찬가지로 프랑스 민족 개념에 신성함을 부여한다. 그에게 프랑스 민족은 "종교적 임무를 지닌, 이전에는 교회와 예수의 몸에 입혀졌던 신성함"이라는 "천으로 감싸진 대상"이다. 따라서 노라는 프랑스 국민들이 "민족 기억"을 상실한 현재의 상황에 탄식한다. 『기억의 장소』라는 책을 기획한 데에는 민족 기억의 상실에 대한 노라의 "분노와 페시미즘(pessimism)"이 담겨 있다. 이런 점에서 '『기억의 장소』가 다루는 것은 마르크 블로크(Marc Bloch)와 프란시스 베이컨(Francis Bacon)이 "우상"이라 부른 "민족 과거라는 유령"이다'라는 지적은 충분한 설득력을 지닌다. '기억의 장소' 사업은 민족 개념을 1500년이 넘는 거대한 역사 속에서 영속적으로 재현될 수 있는 "소여"로 "인격화하고 구체화"하려는 실천 작업이다.[25]

'영광의 30년' 이후 프랑스의 국가 지위 하락, 이슬람 이민의 증가, 극우 세력의 정치세력화 등과 연관된 '정체성의 위기'에 빠진 20세기 프랑스의 상황을 19세기의 신화적 민족 기억을 통해 극복하려는 노라의 기획은 사실 현실 문제를 회피하는 것과 다름없다. 이러한 경향은 국가 차원에서도 확인할 수 있다. 민족성을 수립함으로써 격동적이고 트라우마적인 사건들을 의도적으로 배제하는 노라의 기획은 알제리 전쟁 기억에 대한 프랑스 국가 전략과도 비교될 수 있다. 프랑스 국가는 알제리 전쟁과 제국의 과거에 대한 주요한 전략으로 의도적인 망각을 추구했다. 알제리 전쟁에 대한 기억과 관련해 프랑스 정부가 채택한 주요

25 같은 글, p. 311.

정책은 침묵, 곧 의도된 망각이었다.[26] 마찬가지로 노라의 향수는 사실 민족 통합이라는 신성한 과거를 위한 의도적인 망각 작업이다.

신성한 민족이라는 단순하고 견고한 집단 기억을 형성하는 것만이 노라가 위기라고 진단한 프랑스 사회의 혼란을 극복할 수 있는 유일하고 정당한 길은 아닐 것이다. 더욱이 '기억의 장소' 수립이라는 노라의 기획은 그러한 집단 기억을 형성하기에는 자기폐쇄적이고 분명한 한계를 지니고 있으며, 이것이 프랑스 현대사에서의 복합적인 기억들이 작동하는 방식을 이해하는 데 긍정적인 역할을 할 것이라고는 기대하기 어렵다. '기억의 장소' 기획에서 다루는 기억은 "과거에 대한 신화적인 조직"을 통해 과거 사건들이 의미를 획득할 수 있도록 이끄는 일종의 "종교적인 기억"이다. 무수한 이데올로기 또는 정치적 의미들이 경합하는 과거의 기억 대신 통합적이고 공유된 기억을 통해 민족 통합이라는 신성하면서도 단일한 집단 서사를 수립하려는 노라의 기획은 과거의 진정한 복합성과 대면하는 과정을 회피한다. 그러나 오늘날 역사가에게 요구되는 것은 배제와 망각을 전제로 한 신화의 구성이 아니라 "복수의 기억들의 재구성"이며, 그러한 재구성이 제기하는 문제들과 대면하는 일이다.[27]

---

26 Richard L. Derderian, "Algeria as a lieu de memoire: Ethnic Minority Memory and National Identity in Contemporary France," *Radical History Review*, Issue 83(2002), p. 29.

27 Benjamin Stora, *Imaginaires de guerre: Algérie-Viêt-nam en France et aux États-Unis* (Paris: Editions de la Découverte, 1997), pp. 190~191.

5. 결론

'기억의 장소' 기획은 기억에 대한 노라의 소박한 신실증주의적 이해, 즉 '기억은 과거에 생생했던 체험으로서의 실재성을 지녔으며 지금은 망각되었더라도 기억의 장소에 과거 모습 그대로 남아 있다'라는 생각에 기초한다. 과거 경험에 대한 노라의 근본주의적 관념은 '중심 기억'에 대한 환기의 필요성과 정당성을 주장하지만 기억을 과거 그대로 재건하는 것이 가능한지에 대해서는 노라의 기대와 달리 많은 논란이 따를 것이다. 과거와 관련된 기억 자체가 직접적인 체험 또는 경험의 정확한 모사물일 수 있다는 가정은 과거와 기억 간의 직접적인 대응을 가정하는 순박한 믿음이라고 비판받을 수 있다.

배제의 정치로 변환될 수 있는 위험을 지닌 노라의 유토피아적 '기억의 장소' 기획은 프랑스 미래 전망에 필요한 준거로서 '중심 기억'을 제시한다. 프랑스 사회의 현실 문제 및 혼란을 진지하게 성찰하는 대신 과거의 영광을 경험했던 죽은 자들이 지녔다고 상상되는 기억에 의존해 프랑스의 영광을 재건하는 것만이 프랑스 역사학이 선택할 수 있는 유일한 길은 아닐 것이다. 단일한 정체성으로 가는 길 외의 다른 길은 역사학에 남아 있지 않은가? 역사는 노라의 작업과 다른 방식의 작업을 수행할 수는 없는가? 프랑스 사회가 직면한 혼란스러운 현실 문제에 대해 노라는 '기억의 장소' 기획을 통해 자기 고유의 방식으로 해답을 제시한다. 그리고 자신이 제시한 대답이 절대적인 해결을 주장하지 않는다고 덧붙이며, '기억의 장소' 기획은 현실 문제에 대한 진지한 성찰의 시도라고 변호한다. 그러나 그의 기획은 현실 문제에 대한 성찰이 아니라 회피와 다름없다고 평가할 수 있다. '기억의 장소' 기획 및 작업은 민족 정체성의 혼란에 대한 대응으로서 민족주의 또는 국가주의로 전향될 위험을 내포한다. 물론 노라 자신은 '기억의 장소' 기획이 이전의 배타적이고 침략적인 민족주의와 구별되는 평화적 성격을 지닌다고 주장하지만, 그의 기획은 신화적 민족과 관련된 중심 기억을 축으로 기억을 계서적으로 배치한다는 점에서 배제의 정치로 귀결될 위험을 안고 있다.

노라의 유토피아적 회고주의를 그 자체로 비난할 수는 없다. 개인 고유의 주관적 이데올로기가 역사가로서의 그의 작업에 개입되었다고 비판한다면 어떤 역사가도 그러한 비판에서 자유롭지 못할 것이다. 어느 역사가도 자신이 수행하는 작업이 절대적으로 객관적이고 공평무사하며 순수한 학자의 태도로만 이루어졌다고 주장할 수는 없기 때문이다. 그러나 '기억의 장소' 기획이 드러내는 유토피아적 회고주의는 앞서 지적한 것처럼 주관적 역사 서술이라는 틀을 넘어 인식론적·이데올로기적·정치적 한계 또는 문제를 뚜렷하게 드러낸다.

2부

기억과 역사 서술

신화화된 기억의 속살*

영적 자유를 외친 독일 종교개혁의 민중규율화

박준철 | 한성대학교 역사문화학부

1. 이신칭의론과 '영적 자유'

1534년 독일 종교개혁의 요처 가운데 하나인 제국 자치도시 슈트라스부르크에서는 로이폴트 샤른슐라거(Leupold Scharnschlarger)라는 한 비누 제조업자가 시 당국의 권력자들에게 항변하는 일이 발생했다. 당시 슈트라스부르크 정부는 루터의 개혁운동을 정착시키기 위해 시민들에게 새로운 종교적 규범을 준수하도록 의무화하고 있었다. 샤른슐라거는 서슬 퍼런 정치가들에게 저돌적으로 따져 물었다. "당신들은 우리에게 (가톨릭) 신앙을 저버리고 당신들의 신앙을 받아들이라고 몰아 부칩니다. 이러한 일은 황제가 당신들에게 개혁신앙을 저버리고 자신의 신앙을 받아들이라고 몰아 부치는 것과 하등 다를 바가 없습니다. 당신들의 양심에 묻겠습니다. 신앙의 문제를 강요하는 황제에게 순종하는

---

* 이 글은 2017년 ≪서양중세사 연구≫ 39호에 「16세기 독일 종교개혁의 역설: '영적 자유'와 민중규율화」라는 제목으로 게재된 글을 수정·보완한 것이다.

것이 옳은 일입니까?" 이미 개혁신앙을 받아들인 샤른슐라거가 시비를 건 대상은 황제가 아니라 다양한 종교적 규범으로 민중의 일상을 철저히 규제하는 시 당국의 강압 정책이었다.

다음에서 상세히 거론하겠지만, 종교개혁의 태동 원리인 이신칭의론(以信稱義論)은 제도권 교회의 규범을 이행하는 외형적 행위가 아닌 예수를 구세주로 인정하는 내면적 믿음을 통해 구원에 이른다는 것을 뜻하는 말로, 기독교인이 모든 종교적 속박에서 벗어나 '영적 자유'를 누린다는 것을 의미했다. 따라서 샤른슐라거는 사안의 핵심을 꿰뚫고 있었고 그의 항변은 단연 통렬했다. 개혁운동의 선봉에 선 슈트라스부르크가 오히려 개혁정신에 역행하고 있다는 것이다. 샤른슐라거의 예리한 일침은 슈트라스부르크의 종교 정책을 이끌면서 강력한 민중규율화 작업을 주도하고 있던 야코프 슈투름(Jacob Sturm)을 일거에 궁지로 몰아넣었다. 개혁의 현장에서 잔뼈가 굵은 슈투름이었건만 그의 답변은 종잡을 수 없는 방향으로 이어진다. "신앙은 자발적인 것이어야 하고 규범을 통해서는 아무것도 얻을 수 없다. …… 율법은 위선자를 만들어낸다." 이신칭의론에 입각한 샤른슐라거의 주장에 의당 수긍한다는 것이다. 그러나 슈투름은 곧이어 신앙을 규제하는 제도적 장치가 마련되지 않으면 "온갖 종류의 이단 무리, 불필요한 논쟁, 골치 아픈 견해들"이 난무하고 결국 "사회의 평화와 통합"이 무너지게 된다면서 종교적 규율화의 당위를 역설했다. 일관성이 결여된 슈투름의 이율배반적 입장은 한 지역과 한 개혁가에 국한된 독특한 사례가 결코 아니었다. 이는 16세기 독일 종교개혁 자체에 내재한 태생적 모순을 드러내는 일화다. 종교적 굴레를 거부하는 개혁의 대의명분을 고수해야 하면서도 한편으로는 강제적 규범의 제정과 시행을 통한 민중교화의 불가피성을 외면할 수 없는 엄연한 현실 사이에 놓인 괴리는 그야말로 심각한 사안이었고 루터파 수뇌부마저도 해결할 수 없었던 난제 중의 난제였다. 개혁의 선명성을 크게 손상시킨 이 문제는 현실 사회에 실제로 적용하기가 어려웠던 이신칭의론에 잠복하고 있었던바, 이 교리가 나타난 배경, 신학적 요체, 그리고 일상적 신앙생활에 미친 영향을 알아보면서 실마리를 풀어보기로 한다.

잘 알려진 바와 같이, 장구한 세월 동안 단일 체제를 유지해온 서유럽 기독교를 양분시킨 종교개혁은 성 베드로 성당 리모델링 비용을 마련하기 위한 교황청의 면벌부(免罰符, indulgentia) 판매에서 촉발되었다. 고해성사에 수반되는 참회고행(보속)이 금전적 거래로 면제된다는 것으로, 분명 일그러진 부조리였고 시정을 재촉하는 폐단이었다.[1] 그러나 불세출의 혁명가 마르틴 루터(Martin Luther)의 궁극적 타도 대상은 기존 교회의 부패와 타락이 아니라 이를 배태시킨 유서 깊은 구원론이었다. 당시 가톨릭교회의 구원론에 따르면, 창조주는 영원한 파멸의 운명에 놓인 가련한 피조물을 위해 죄 없는 예수를 대신 죽게 함으로써 닫혔던 구원의 문을 열어놓았고, 인간은 이러한 신의 은총에 부응해 다시금 개방된 낙원에 입성하기 위해 자신을 부단히 성화(聖化)시켜야 한다. 요컨대 자기성화는 구원의 필수조건이었다. 한편 성화는 종교적·도덕적 선행을 축적해야만 가능하며, 이 선행 가운데 가장 큰 비중을 차지

---

1 고해성사의 과정은 두 단계로 이루어진다. 고해신부가 신을 대리해 고백한 죄를 사(赦)하는 첫 단계를 거친 후 고해신부는 죄에 따르는 벌에 해당하는 참회고행(보속)을 고백자에게 명령한다. 이 참회고행의 면제를 대사(大赦)라고 하는데, 대사는 교황 우르바누스 2세가 1095년 제1차 십자군전쟁에 참전하는 병사들에게 처음 베풀었고, 1343년 교황 클레멘스 6세의 교서를 통해 가톨릭교회의 공식적 제도로 승격되었다. 면벌부 구매는 대사, 즉 참회고행 면제의 일환이었다.

하는 것이 바로 성사 참여였다. 채택된 시기가 각각 다른 일곱 가지 성사(고해, 성체, 세례, 견진, 혼배, 신품, 종부)를 준수하지 않으면 구원은 요원했다. 따라서 성사와 거기에 수반된 다양한 규범은 당시 민중의 일상을 고스란히 장악했다. 종교개혁의 도화선이 된 면벌부의 판매는 이러한 성사 위주의 신앙 메커니즘이 오·남용된 결과였다. 구원으로 나아가는 지름길 가운데 하나로서 신자들에게 수시로 요구되었던 고해성사는 참회고행을 의무화했으며, 면벌부의 구매는 참회고행의 이행/면제로 간주되었던 것이다. 즉, 면벌부의 구매는 가장 중요한 선행인 성사 준수의 한 부분이었고, 구원의 조건인 자기성화를 이루는 방편의 하나로까지 간주되었다. 한편 성사 참여 외에도 금욕 생활, 성지 순례, 종교 축일 준수, 기부와 구호 활동을 비롯한 수많은 종교적·도덕적 행위 역시 단순한 미덕의 차원을 넘어 구원에 필요한 선행의 일환이었다. 요컨대 '선행에 의한 구원'이라는 대명제는 중세 가톨릭교회의 작동 준거였고, 이는 반드시 지켜야 할 종교적 규범들을 양산했으며, 민중의 삶은 이러한 종교적 규범에 예속될 수밖에 없었다. 기존 교회의 추상같은 규범들을 버거운 신앙의 구속으로 느낀 자들 가운데 상당수는 결국 새로운 구원 패러다임을 제시한 루터에게 눈길을 돌렸다.

종교개혁의 태동 원리인 이신칭의론은 신학자이자 수도사였던 루터의 학문적 천착과 처절한 개인적 고뇌가 결합된 합작품이다. 중세 학문세계의 최고 반열인 신학박사이자 비텐베르크대학 신학부 교수였던 루터는 오랫동안 성경 연구에 몰두하면서 하나의 화두에 봉착했다. 시편을 강의하기 시작한 1513년을 즈음해 그는 기존 구원론에 다음과 같은 의문을 품기 시작한 것이다. '타락한 본성에 묶여 언제나 죄인이고 언제나 자기중심적인 인간이 과연 신을 만족시킬 만한 진정한 선행을 할 수 있을까?' 기존 교회로부터의 일탈이 시작된 셈이었다. 그러나 당시 루터는 인간에게는 적어도 자신이 죄인임을 인정하는 최소한의 양심과 자신의 성향이 개선되어야 한다는 인식이 존재하고, 이러한 양심과 인식은 긍정적 변화를 위한 자발적 노력으로 충분히 이어질 수 있으며, 그 노력은 신으로부터 가상함을 인정받는 하나의 선행이 될 수 있다는 전통적 입장에서 완전히 벗어나지 못했다. 기존 구원론을 한동안 인정도 부인도 하지 못했던 루터의 신학적 좌표는 점차 파격적인 노선을 밟게 되었다.

신학자 루터의 학문적 성찰은 구도자 루터의 실존적 번민과 맥을 같이했다. 궁색한 의식주를 기꺼이 감수하면서 지엄한 성무공과(수도사들이 매일 수행하는 기도, 미사, 노동, 독서) 및 갖은 의식과 규범을 이행한 그의 수도원 생활은 인간은 선행과 성화를 통해 구원에 이른다는 유구한 교리를 온몸으로 구현하는 과정이었다. 그러나 루터는 온갖 노력에도 불구하고 자신의 본질이 변하지 않음을 절감하면서 심한 좌절에 시달렸다. 타고난 이기심이 좀처럼 개선되지 않고 악을 지향하는 성향이 여전하며 때로는 음란한 꿈을 꾸고 몽정을 하는 자신을 자책하던 그는 기존의 구원론에서는 영혼의 안식을 찾을 수 없었다. 결국 루터는 인간은 숙명적으로 죄의 사슬에서 벗어날 수 없고 따라서 성사 참여와 규범 준수를 포함한 어떤 노력도 신으로부터 인정받을 만한 선행이 될 수 없다는 잠정적 결론에 도달했다. 썩은 뿌리에서 온전한 잎이 나올 리 만무하다는 것이다. 그의 고뇌는 계속 이어졌다. 선행이 불가능한 영역이라면 인간에게 구원은 정녕 요원하다는 말인가? 신은 태생적 한계로 인해 불의한 상태로 존속할 수밖에 없는 인간을 오히려 저주할 것 아닌가? 그렇다면 피조물이 결코 도달할 수 없는 기준을 설정하고 거기에 이르지 못했다고 처벌하는 창조주는 과연 의로운 존재인가? 루터의 불안과 번민은 꼬리를 물고 이어졌다.

학문적 탐구와 개인적 고뇌를 통해 오랜 세월을 군림해온 전통에 의문을 키워가면서도 명쾌한 대안을 찾지 못해 고심하던 루터는 1518년 말 또는 1519년 초 마침내 혁명적 깨달음을 얻었다. 평소에는 그저 무심코 넘어갔던 로마서 1장 17절("복음에는 하나님의 의가 나타나서 …… 오직 의인은 믿음으로 말미암아 살리라 함과 같으니라")의 의미가 어느 날 그의 뇌리를 강타했다. 이른바 이신칭의론이 잉태되는 순간이었고, 이 깨달음은 기존 구원론의 총체적 부정으로 이어졌다. 불변하는 인간 본성 때문에 성사를 비롯한 어떤 규범의 준수도 진정한 선행이 될 수 없다는 인식 국면을 넘어서지 못했던 루터는 이제 구원의 새로운 패러다임을 명확히 제시했다. 요컨대 인간에게는 선행이 원천적으로 불가능하므로 구원은 선행/성화에 의해 이루어지는 것이 아니라 오로지 예수를 구세주로 인정하는 내면적 믿음의 소산이라는 것이다. 한편 그 믿음마저도 신이 부여하기 때문에 구원은 전적으로 신의 은총이며 무상의 선물이라는 것이다. 이신칭의론을 터득함에 따라 루터는 비로소 영혼의 평안("열린 문을 통해 천국에 들어가는 느낌")을 얻었다. 그뿐만 아니라 이신칭의론은 기존 교회 질서에 전면전을 감행케 하는 동력으로 작동했다.

구원론의 변화는 거기에 부수되는 다양한 규범과 관행의 변화로 이어졌다. 선행과 구원이 무관하다는 대원칙이 정립되면서 종전까지 선행과 직간접적으로 관련된 것으로 간주되던 규범적 틀이 일상적 신앙생활에서 거부되거나 의미를 상실했다. 성인과 성물의 숭배, 면벌부 매매, 그리고 연옥의 개념은 더 이상 수용되지 않았고 선행을 수행하는 도장인 수도원과 수녀원은 전격적으로 폐지되었다. 가톨릭교회의 총아인 미사 역시 역사의 뒤안길로 사라졌고, 일종의 선행인 독신생활과 순결 유지는 그 의미가 현격히 저하되었다. 무엇보다도 선행의 상징이었던 성사가 7개에서 2개로 축소되었으며 그나마 존속된 세례와 성찬마저 구원과는 관계없는 의식으로 전락했다. 구원이 개인의 주관적·내면적 영역에 위치하게 됨에 따라 그동안 신앙의 객관적·외형적 잣대로 인정되어온 규범들의 입지가 일거에 좁아졌다. 이신칭의론은 민중의 일상을 장악했던 각종 종교적 규범으로부터의 해방, 즉 '영적 자유'를 의미했다. 각광받는 루터파 지역임에도 새로운 규율 기제를 도입하고 이를 시민들에게 강압적으로 적용하던 슈트라스부르크의 정치권에 대해 샤른슐라거가 항변한 사건이 의미심장한 이유가 바로 여기에 있다.

2. '영적 자유'의 딜레마

종교개혁과 관련된 만성적 오해 가운데 하나는 루터가 1517년 10월 31일 「95개 논제」를 비텐베르크성(城) 교회(Schloss Kirche)에 부착할 당시 그는 이미 준비된 혁명가였다는 통념이다. 2017년을 종교개혁 500주년으로 기념하는 것도 같은 맥락이다. 「95개 논제」가 결과적으로 역사의 수레바퀴를 커다란 변혁으로 이끌어간 것은 사실이지만, 당시의 루터는 아직 '가톨릭 루터'였다. 「95개 논제」는 면벌부 구매라는 금전적 거래로 참회고행을 면제하는 관행, 즉 대사(大赦)의 왜곡을 규탄한 것이지 기존 구원론에 입각한 대사제도 자체를 문제 삼은 것은 결코 아니었다. 1545년 노년의 루터는 "내가 [나의] 주장을 시작할 당시 나는 수도사였고 가장 열성적인 교황주의자"였다고 회상한다. 자신이 공격한 것은 “부끄러운 이득”을 취하기 위한 대사의 오·남용에 국한되었고, 이마저도 “교황의 명예를 위해” 대사 본연의 취지를 온당히 되살리고자 하는 의도였음을 고백했다. 1517년의 루터는 비록 기존 구원론에 대해 범상치 않은 의문을 키워가고 있었지만 그 대안은 여전히 안개 속에 있었던 만큼 「95개 논제」는 거사를 염두에 둔 사전포석이라 할 수 없다. 루터는 여전히 가톨릭교회의 일원이었고 그의 목표는 자신이 몸담고 있는 공동체의 ‘개혁’이었지 ‘결별’이 아니었다. 그러나 1518년 말 또는 1519년 초 새로운 구원론을 터득함에 따라 상황이 급변했다. 교황은 ‘그리스도의 적’으로 돌변했고, 교황과 공의회를 포함한 제도권 교회의 모든 권력 주체가 부정되었으며, 루터는 자신의 파문교서를 불태워버리는 급진 행보를 취했다. 무엇보다도 루터는 ‘선행에 의한 구원’이라는 대원칙에 근거한 성사 중심주의적 신앙 패러다임을 총체적으로 거부하면서 달라진 자신의 노선을 만천하에 드러냈다. 다시는 돌아올 수 없는 다리를 건넌 셈이었다. 그는 이제 ‘프로테스탄트 루터’였고, 결별은 불가피해졌다.

1520년대에 들어와 루터파의 기세는 줄곧 상승 국면으로 치달았다. 비록 루터가 기독교 세계의 이단으로 정죄되고 제국의 범법자로 낙인찍혔지만, 악재보다는 호재가 대세를 주도하는 형국이었다. 결별의 대의명분이 명확히 마련되면서 강력한 이념적 추동력을 갖추게 되었고, 기라성 같은 독일의 군주들과 많은 제국 자치도시들이 맞장구를 치면서 루터파에 대거 합류했다. 또한 교회 개혁의 당위성과 시급성에 공감하고 있던 상당수 인문주의자들이 개혁의 물결에 동승했다. 가장 큰 낭보는 기성 교회에 불만이 누적된 민중의 지지였다. 1521년 한 교황청 사절의 보고서는 이를 여실히 예증한다. “독일은 전면적 봉기에 놓여 있습니다. 열 명 중 아홉은 '루터!'를 외치고 있습니다." 무명이나 다름없던 한 수도사의 외침에 독일 사회가 대대적으로 화답함으로써 개혁운동은 하나의 당당한 세력으로 성장했던 것이다.

루터파가 규모와 세력을 신장하는 데 박차를 가하고 있던 1520년대 중후반은 독일 종교개혁의 중대한 분기점이었다. 이 시기를 즈음해 개혁의 주역들은 종전까지 예상할 수 없었던 심각한 상황에 직면했다. 그동안의 개혁운동은 기존 교회를 성토하는 데 집중되었고 상당한 성과도 올렸다. 그러나 시류는 루터파의 변신을 준엄하게 재촉하고 있었다. 차별화된 거대 이념과 어엿한 세력이 형성되어 가톨릭교회와의 결별이 가시화된 상황에서 더 이상 과거 청산에만 머물러서는 안 된다는 위기의식이 매섭게 엄습했던 것이다. 요컨대 가톨릭교회와 구별된 독자적 교파로 존립하기 위한 대안, 즉 미래를 건설하기 위한 구체적인 청사진이 필요하다는 인식이 대두되었다. 나무랄 데 없는 상황 인식이었다. 신앙 공동체의 정체성은 결코 이념적 대원칙만으로 갖추어지지 않는다. 개혁의 근본 원리는 이를 반영하고 뒷받침하는 세부적 규범이 마련되고 구성원의 일상에 적용되어야 비로소 사회 저변에 정착될 수 있다. 더구나 민중은 난해한 교리가 아니라 정형화되고 객관화된 예식과 규범, 즉 외부로 표출되는 상징을 통해 신앙의 본질을 체득한다는 점을 감안할 때 루터파 지도부로서는 개혁의 방향 전환을 모색하지 않을 수 없었다.

방향 전환의 첫 단추는 일선 교구의 실상을 파악하는 일이었다. 처방을 내리기에 앞서 진단이 필요했기 때문이다. 1525년 11월 루터가 작센의 선제후(選帝候, Kurfürst)[2]인 일관공 요한(Johann der Beständige)에게 요청해 1527년 2월 교구시찰(Visitation)이 승인되었는데, 이는 각 지역

교구의 실태를 파악하기 위한 중차대한 작업이었다. 루터, 필리프 멜란히톤(Philipp Melanchthon), 게오르그 슈팔라틴(Georg Spalatin), 요하네스 부겐하겐(Johannes Bugenhagen) 등 걸출한 개혁가들이 몸소 시찰관으로 나선 1527년 교구시찰의 결과는 그야말로 참담했다. 비텐베르크에서 루터와 한솥밥을 먹으면서 루터파의 2인자 역할을 했던 멜란히톤은 낱낱이 노정된 개혁 현장을 보면서 통탄했다. "나는 지금 가장 힘겨운 일에 종사하고 있습니다. 내가 보기에 지금까지는 아무런 소득이 없습니다. 무지와 부도덕 때문에 모든 것이 혼란 속에 빠져 있습니다." 가르치는 성직자나 배우는 교구민들이나 개혁교리를 전혀 이해하지 못하고 있을뿐더러 일탈된 행위들이 도처에서 난무하고 있다는 것이었다. 이듬해의 시찰 결과 역시 개혁의 암울한 미래를 예고했다. 멜란히톤은 자책 어린 심경을 이렇게 묘사했다.

> 우리가 지금까지 사람들을 엄청난 무지와 어리석음 속에 방치해왔다는 사실을 어떻게 책임져야 할 것인가! 이 불행한 사태를 목격하면서 나의 가슴은 피를 흘리고 있다. 한 지역의 조사를 마치고 나면 나는 종종 구석으로 가서 눈물을 흘리며 내 마음을 달래곤 한다.

거친 호흡과 몸짓으로 숨 가쁘게 달려온 개혁운동이 민중의 공간에서는 한낱 허상이었음은 루터의 회고에도 생생히 드러난다.

> 선하신 하나님이시여, 얼마나 비참한 사태를 제가 보았습니까! 사람

---

2 신성로마황제는 당시의 다른 군주들과 달리 선출직이었다. 황제선출권을 갖고 있는 7명의 세속제후와 성직제후를 선제후라 한다.

들, 특히 시골에 살고 있는 자들은 기독교의 가르침을 전혀 알지 못합니다. 그리고 불행하게도 많은 목회자들마저 똑같이 무지하고 교리교육 능력이 턱없이 부족합니다. 사람들은 기독교인이라고 자처하면서 세례를 받고 성찬에 참여하지만, 그들은 주기도문, 사도신경, 십계명을 모르고 마치 돼지와 미친 야수처럼 살고 있습니다.

개혁교리에 대한 이해는 차치하고 기본적인 신앙 행위마저 실종된 현장의 참상을 생생히 목격한 개혁의 주체들은 방향 전환의 시급성과 당위성을 재삼 확인했다. 더 이상 로마교회와의 투쟁만이 능사가 아니라는 사실을 깨달은 개혁가들은 민중의 행동과 심성을 교정하려는 '위험한' 작업에 착수했다. 구성원들의 일상이 변화되지 않고는 개혁을 성공시키거나 독립된 교파로서의 정체성을 구축하기가 불가능하다는 판단에서였다. 규범의 제정과 시행은 공동체의 정체성을 확보하기 위한 필수조건인 만큼 자연스러운 일이었으며 루터파로서도 의당 밟아야 할 수순이었다. 그러나 당시 루터파 지도부의 정체성 확보 노선은 예사롭지 않은 문제를 낳았다. 개혁정신의 자발적 생활화를 민중에게 기대할 수 없음을 인지한 그들은 규범의 자율적 준수가 아닌 강제적 이행이라는 심상치 않은 처방을 내렸다. 이른바 민중규율화에 나선 것이다. 다음에서 구체적으로 설명하겠지만, 루터파의 민중규율화는 새로운 인간상 창출을 목표로 엄격한 기준과 강압적 기제를 동원해 일사분란하게 전개되었다.

종교개혁의 탈선과 한계가 바로 여기에 있다. 민중규율화는 그 자체로 개혁운동의 근본정신에 위배되는 자가당착적 행보였다. 강압적 종교 규범을 거부하면서 영적 자유를 주장했던 개혁가들은 '영적 자유'가

'영적 방종'으로 이어지는 현실을 타개하기 위해 자신들이 그토록 규탄했던 카드를 다시 꺼내들었다. 인간의 타락한 본성은 무엇으로도 바뀌지 않는다는 부정적인 인간관에서 출발한 개혁운동이 돌연 강제적 규범을 통해 민중의 속성을 교정하겠다는 노선을 책정했던 것이다. 요컨대 타도의 대상으로 삼았던 과거의 잔재가 불과 십여 년 만에 개혁운동의 한복판에 버젓이 재현되었다. 이 문제는 평신도였던 샤른슐라거도 간파할 수 있었던 사안이었던 만큼, 루터파 지도부는 자신들의 행보가 개혁의 역주행임을 명료히 알고 있었다. 그러나 개혁가들이 근본이념을 고수하기에는 봉착한 현실이 너무나 냉혹했다. 따라서 그들은 이율배반으로 치닫는 개혁의 흐름을 괘념치 않거나 또는 애써 외면했다. 목전에서 벌어지고 있는 심각한 위기의 무게를 출범정신만으로는 감당할 수 없다는 판단이 득세했으므로 일탈되어가는 개혁의 향방을 감히 또는 차마 제자리로 되돌릴 수 없었다. 샤른슐라거의 항변에 대한 슈투름의 곤혹스러운 대응이 어떤 맥락에서 연유되었는지 그 실체가 극명히 드러나는 대목이다. '영적 자유'의 딜레마였다.

3. 민중규율화: 훼손된 '영적 자유'

16세기 독일 루터파 지역에서 실시된 민중규율화 작업을 종교적 영역에 국한시켜 살펴보면 세 가지 제도적 기제를 빼놓을 수 없다. 일선 교회 운영에 필요한 세부 방침을 규정한 교회운영지침(Kirchenordnung)은 민중규율화의 준거 틀이었다. 일종의 교회법으로 강제성을 띠고 있는 교회운영지침은 무엇보다도 교리의 옥석을 명료히 구분했고 나아가 마을 주민들에게 가르쳐야 할 루터파의 기본 교리가 무엇인지 명시했다. 또한 준수해야 할 종교 예식의 종류, 의미와 목적, 집전의 구체적인 방식과 횟수를 적시해 새로운 규범의 이행을 법제화했다. 이와 더불어 성직자들의 기능과 의무, 그리고 이들에게 요구되는 능력과 자질의 기준을 규정한 것은 개혁 현장의 최전선을 담당한 주체들의 소명의식과 역량을 제고하기 위함이었다. 한편 교회운영지침에 하위 규정으로 포함된 학교운영지침(Schulordnung)에서는 교육의 정책과 내용, 그리고 학교의 운영과 관리에 수반되는 제반 사항들을 구체화했다. 교회운영지침과 학교운영지침은 16세기 민중규율화가 국가보다는 교회, 그리고 교회에 부속된 학교의 몫이었다는 시대상을 예증한다.

교회운영지침과 학교운영지침이 성직자들과 교사들에게 제시된 목회와 교육의 총괄적 기준이라면, 교리문답(Catechismus) 교육은 민중에게 개혁교리를 집중적으로 주입시키고 그들의 행동양식을 개선시키기 위한 특단의 프로그램이었다. 교리문답 교육에서는 '믿음에 의한 구원'이 우선적 학습대상이었고, 신앙인으로 마땅히 수행해야 할 의무와 덕목이 포함되었으며, 기피하거나 교정해야 할 습성과 행위를 밝혔다. 교리문답 교육은 민중교화를 위해 루터파 지도부가 심혈을 기울인 핵심 기제였던 만큼 대단히 엄중하게 시행되었다. 교리문답의 내용을 익히고 가르치는 것은 성직자와 교사의 일차적 책무였다. 모든 교구민은 본인의 의사와 관계없이 교회와 학교에서 이를 의무적으로 그리고 반복적으로 학습해야 했으며, 일정 수준에 도달하지 못한 자들은 응분의 질책과 처벌을 감수해야 했다. 반복적 교육은 행동과 습관을 바꾸고 변화된 행동과 습관은 심성과 자질을 개선한다고 판단한 개혁가들은 강압적 교리문답 교육을 통해 자신들이 [illegible] 목격한 종교적 무지와 방종과 나태를 근절하고자 했던 것이다.

앞서 언급한 교구시찰은 루터파가 실시한 민중규율화의 강제적 성격을 적나라하게 보여준다. 1527년 지역교회의 실태 파악이라는 제한된 취지로 한시적으로 도입된 교구시찰은 초기의 충격적 결과로 인해 그 중요성이 부각되었다. 개혁 현장의 사정을 지속적으로 관찰해야 한다는 공감대가 형성되면서 교구시찰은 정례적인 행사로 승격되었고, 이에 따라 체계적인 규정과 조직을 갖추게 되었다. 17세기까지 루터파 전역에서 거의 매년 실시된 교구시찰은 점차 관찰과 점검의 기능을 넘어 처벌과 시정, 그리고 세속 정부에 결과 보고서 제출로까지 활동 영역이 확대됨으로써 민중규율화를 종합적인 차원에서 집행하는 제도적 장치로 도약했다. 교회운영지침과 교리문답 교육의 이행 여부는 물론 교구민들의 종교적·도덕적 행동 양태까지 점검 대상이었다. 성직자들과 교사들의 역량과 근무 태도가 철저히 조사되었고, 무작위로 차출된 교구민들은 개혁교리를 묻는 시찰관들에게 만족할 만한 답변을 해야 했다. 귀감이 될 만한 사례에는 걸맞은 칭찬과 보상이 뒤따랐고, 탈선·문란·해이에 대한 의혹을 받으면서도 자인하거나 실토하지 않는 자들은 집요한 추궁에 시달려야 했다. 교리 이해와 생활 태도가 일정 수준에 도달하지 못한 것으로 판명된 경우 그에 상응하는 훈계와 처벌이 현장에서 가해졌다. 파악된 문제들은 교구시찰 보고서(Visitation Bericht)에 소상히 담겨 관할 당국에 제출되었고, 구조적 병폐나 고질적 문제, 그리고 심각한 사안들은 시정 여부나 대책 마련이 차후 시찰에서 우선적으로 검열되었다. 개혁의 일선에서 드러난 문제들에 대한 내용 파악, 원인 규명, 책임 추궁, 제재 부과, 그리고 대책 마련 등 일련의 체계적인 과정으로 구성된 교구시찰은 대다수 민중에게 두려움 또는 버거움의 대상이었고, 이를 통해 그들은 자신들의 신앙생활과 일상생활에서 유념하고 각성해야 할 것이 무엇인지 늘 자문해야 했다. 민중규율화는 결국 위로부터 내려오는 이념과 규범에 순응하는 타율적 존재, 길들여진 인간 창출을 도모했던 것이다.

루터파 지도부가 매진했던 민중교화 작업은 과연 성공적이었는가? 새로운 교리와 규범들은 민중의 일상과 종교 문화에 안착했는가? 필자는 이미 다른 지면을 통해 16세기 민중규율화가 교구민들의 만만치 않은 저항에 부딪혔고 결국 그 과정은 순탄치 않았음을 구체적으로 소개한 바 있다. 그렇다면 개혁가들의 의도와 노력에 민초들이 선뜻 손을 내밀지 않은 근본적인 이유는 무엇일까? 어려운 질문이다. 자신들의 목소리를 남기지 않은 범부들의 속내를 간파할 재간은 없다. 또한 이들에 대한 지배 계층의 기록은 다분히 편파적이고 피상적이며 간접적이다. 그러나 시간을 거슬러 종교개혁 전야로 다시 시선을 돌리면 훌륭한 단서가 포착된다.

선행과 성화를 강조한 중세 말 가톨릭 구원론은 예식 준수와 규범 이행에 절대적인 위상을 부여했다. 성사 참여를 비롯한 수많은 종교적 행위들은 구원을 향한 여정의 일상적인 동반자였다. 이는 낙원 입성의 방법을 정형화한다는 것을 의미했고, 교회가 정립한 객관적·외형적 기준만 충족한다면 얼마든지 천상에 이를 수 있다는 논리로 비추어질 가능성이 농후했다. 보기에 따라서는 간편한 구원 방식이다. 학계의 중론과 달리 실제로 당시의 적지 않은 평신도들은 종교 심성 내면의 강렬한 작동을 요구하는 신앙 패러다임보다 이와 같은 행위 중심의 구원 방식을 선호했다. 면벌부가 대대적인 반응을 일으키며 선풍적인 인기를 누린 것도 같은 맥락에서 이해될 수 있다. 그러나 전반적 차원에서 평가한다면, 중세 말 가톨릭 구원론과 거기에 입각한 시스템은 기존 교회에 대한 대중적 불만과 원성을 초래하는 결과를 낳았다. 규범의 준수는 도식적으로 이해되고 기계적으로 반복되는 경향을 낳았고, 이러한 경향은 신앙생활의 외형화와 습관화를 재촉했으며, 그 부작용으로 내면적 신앙과 영적 갈구는 도외시되곤 했다. 더구나 구원의 중요성을 누누이 강조하고 그 방법을 부단히 주지시켰던 제도권 교회와 성직자의 타락이 가중되고 있던 시점이었기에 그들이 공들여 만든 형식 위주의 신앙 체제가 갖는 불모성이 더욱 크게 부각되었고, 내면적 확신과 내면적 만족에 대한 갈망은 상대적으로 커져갔다. 또한 다양한 종교적 행위의 의무적 수행은 심리적 중압감을 제공했고 경제적·시간적 부담으로 다가왔다. 요람에서 무덤까지 따라붙는 성사는 삶의 도정에서 늘 마주해야 할 대상이었고, 원하든 원하지 않든 지켜야 하는 종교 축일과 기념일은 연간 무려 100일에 육박했다. 적어도 수개월이 소요되는 성지 순례를 위해서는 생업을 중단해야 하는 경우가 다반사였고, 면벌부는 참회고행의 면제라는 각별한 효력이 있었던 만큼 결코 헐값에 구매할 수 없었으며, 내키지 않는 기부와 구제의 요구도 때에 따라서는 군말 없이 따라야 했다. 강제적이나 다름없던 규범들이 많은 민중의 일상을 정신적·물질적으로 옥죈 것이다.

결국 기존 구원론에서 영혼의 안식과 평안을 누릴 수 없었던 것이 루터만의 경험은 아니었던 것이다. 마찬가지로 루터의 파격적 행보에 가장 큰 힘을 실어준 주체는 다름 아닌 기존 교회의 작동 원리에 융화되지 못한 채 불안과 부담감에 시달린 자들이었다. 이들은 강압적 종교 규범으로부터의 해방을 기치로 내건 루터의 개혁운동에서 영적 자유의 희망을 엿보았고 그래서 아낌없는 지지와 성원을 보냈다. 그러나 1520

년대 중후반 민중규율화 작업이 시작됨에 따라 이는 한낱 부질없는 희망이었음이 극명하게 드러났다. 상당수 민중은 자신들의 꿈을 무산시키고 오히려 과거를 답습하는 양태로 치닫는 개혁에 더 이상 마음의 문을 열지 않았다. 민중규율화 작업이 역경과 난항의 연속으로 이어진 근원적인 이유다.

고수해야 하는 근본이념과 외면할 수 없는 현실 사이의 위태로운 줄타기는 당사자였던 개혁가들에게도 곤혹스러운 문제였다. 16세기 중후반 전개된 루터파의 신학적 내홍은 이 점을 잘 입증한다. 1547년 4월 뮐베르크 전투에서 루터파 군주들이 완패하면서 개혁운동은 종말을 고하는 듯했고, 결국 루터파 지도부는 1548년 12월 가톨릭 교리를 부분적으로 수용하는 라이프치히 잠정협정(Leipziger Interim)을 체결했다. 협정에는 믿음뿐만 아니라 인간의 '자발적 협력', 즉 선행과 공덕도 구원의 필수조건이라는 조항이 있었는데, 이 조항은 이신칭의론을 미묘하게 손상시켰다. 이는 종교개혁의 근간을 흔드는 내용이었다. 일종의 교리적 타협이라 할 수 있는 이 조항은 이미 기울어진 대세를 의식한 궁여지책의 성격이 강했다. 그러나 루터파가 제국의 공인된 교파로 승격된 1555년 아우크스부르크 화의 이후에도 개혁 진영 내부에서 선행의 필요성을 교리적으로 수용해야 한다는 목소리가 불거져 나오면서 심각한 신학적 균열을 일으켰다는 사실은 의미심장하다. 개혁의 산실인 비텐베르크대학의 신학부 교수였던 게오르그 마요르(Georg Major)는 선행 없이 구원은 불가능하다고 주장했는데, 이 '변절'에 대해 비난이 쇄도함에도 불구하고 선행은 적어도 '구원 상태의 유지'에 필수적이라면서 개혁운동의 으뜸원리에 반기를 들었다. 한편 일찍이 일선 교구의 실상을 목격하고 민중규율화 작업의 초석을 마련한 멜란히톤은 '믿음에 의한 구원'은 신학적 지식이 일천한 민중에게 의도하지 않은 결과를 초래한다면서 선행의 중요성을 동료 개혁가들에게 강력하게 피력했다. 마요르와 루터 사후 개혁 진영의 실질적 지도자였던 멜란히톤의 이러한 입장은 이신칭의론으로는 이미 궤도에 진입한 민중교화 작업을 교리적으로 정당화할 수 없다는 현실 인식에 기인했다고 할 수 있다. 개혁운동의 자기모순, 즉 강제적 규범의 집행이 영적 자유의 취지를 훼손하고 있음을 자인한 셈이다.

4. 글을 마치며

종교개혁을 근대의 여명으로 평가하는 학자들은 이신칭의론이 표방하는 신앙의 개인화에서 일차적 근거를 찾는다. 학계의 이목을 집중시키면서 한 시절을 풍미한 야코프 부르크하르트(Jakob Burckhardt)는 독립된 주체로서의 '개인'을 부각시킨 르네상스를 근대의 출발로 평가했다. 이 고전적 테제에 입각한 윌리엄 바우스마(William Bouwsma)는 개인의 믿음을 통해 구원을 지향한 종교개혁을 "르네상스의 신학적 구현"이라고 진단했다. 객관화되고 외형화된 종교적 메커니즘 속에서 상실된 개인의 주관적·내면적 종교 감성을 회복시킨 으뜸원리는 단연 신앙의 개인주의를 의미했다. 이는 분명 과거로부터의 단절이었고, 새로운 기독교 세계관의 도래였다.

그러나 앞에서 살펴본 대로 16세기 독일 종교개혁의 전개 과정은 신앙의 개인화를 추구한 출범 이념이 온전히 유지될 수 없었음을 웅변한다. 무지와 혼란, 그리고 일탈과 방종이 만연하는 엄중한 현실이 전개되면서 개혁운동은 중대한 반전을 맞았고, 결국 민중을 균질적 집단으로 변모시키려 한 규율화 작업 속에서 영적 자유는 굴절되고 퇴색되고 손상되고 말았다. 교리의 본령인 구원론은 획기적으로 달라졌지만, 그 교리를 사회 저변에 구현하기 위한 강제적 방식은 고스란히 답습되었다. 예배당과 교실에서 집요하게 되풀이된 교리문답 교육은 성사 준수만큼이나 거부할 수 없는 책무였고, 그릇된 행위의 시인, 처벌의 감수, 습관의 변화를 준엄하게 요구한 교구시찰은 죄의 고백, 참회고행의 이행, 행위의 개선을 명령하는 고해성사의 위용을 방불케 했다. 민중은 새로운 내일을 기대했지만 그들이 체감한 종교적 일상은 달라진 거대이념의 등장을 무색케 할 만큼 어제의 연속이었다. 강압적 규범은 여전히 민중의 삶을 장악했고, 민중은 이에 순응해야 하는 타율적 존재였다. 이와 같이 자기모순의 길을 고집한 개혁운동은 수많은 '샤른슐라거'들의 항변과 빈축을 마주해야 했으며, 이로 인해 민중의 공간에 쉽사리 안착할 수 없었다.

요컨대 독일 종교개혁은 이념적 혁명성에도 불구하고 '신앙의 개인화'와 동떨어진 모습으로 전개되었다. 영적 자유를 지향한 이신칭의론은 향후 개신교의 근본정신으로 정착했고 이 점에서 종교개혁은 근대의 문을 열었다고 할 수 있다. 하지만 적어도 16세기 독일 개혁 현장의 실상은 이러한 학문적 평가를 유보하도록 촉구하고 있다.

남북전쟁과 공적 역사

김정욱 | 인천대학교 역사교육과

1. 역사적 기억의 혼란

프랑스대혁명 이후 부상한 근대 국민주의(민족주의) 국가는 국민을 단합시키기 위해 과거에 대한 기억을 가공해왔다.[1] 전쟁 영웅들과 외세 침략의 희생자들을 추모하며 영광과 고통의 집단 기억을 주조한 것이 대표적인 사례다. 그리고 과거에 대한 집단적 기억을 전수하는 역사 교과서에서는 국민적 단합을 약화시킬 수 있는 사건들이 최대한 배제되고 축소되었다. 분열과 내전, 그리고 학살의 기억이 너무나 중대한 사건이어서 망각될 수 없다면 국민주의의 함양에 조응하도록 그 의미가 재구성되어야 한다. 이는 분열적 사건의 책임 소재를 불분명하게 만들어 화해를 촉구하는 서사를 통해 실현될 수도 있고, 이러한 사건을 시

1 이 글에서는 민족주의 대신 국민주의라는 용어를 사용한다. 이는 미국 사학계에서 미국 전체의 국가적 일체감은 국민주의로, 각 종족 집단의 정체성은 민족주의로 표현하는 관례에 따른 것이다.

민공동체를 향한 고통스럽지만 위대한 여정의 한 부분으로 기억하는 서사에 의해 실현될 수도 있다.[2]

남북전쟁을 예로 들어보자. 1861년에 발발해 4년간 지속된 내전은 60만 명 이상이 사망한 대분열이었다. 게다가 19세기 들어 서구 각국에서 노예제도가 공식적으로 폐지되고 있는 가운데 이러한 제도가 가장 오랫동안 자국에 잔존했다는 사실은 많은 미국인에게 불명예스러운 기억일 것이다. 그러나 인간을 속박하는 반인륜적인 제도를 종식시키고자 이렇게 많은 자유인이 희생을 치렀던 경우는 드물다. 이런 의미에서 남북전쟁은 국민주의 역사 서사 속에서는 동족상잔의 고통스러운 경험이었지만 다른 한편으로는 자유와 민주주의라는 건국 이상에 기초해 세워진 국가를 완성하기 위한 도덕적 정화 의식으로 이해된다. 즉, 남북전쟁은 인간의 존엄한 권리를 확인하고 모든 이에게 평등한 시민적 권리를 보장함으로써 미국을 보편적 자유와 완전한 민주주의에 기초한 국가로 재생시킨 역사적 사건인 것이다. 전쟁 직후에 생성된 이러한 남북전쟁에 관한 공적 역사는 프랑스혁명과 함께 나타난 시민공동체적 국민주의[3]를 국가적 이상으로 재확인하면서, 남북전쟁을 정의를 실현해가는 위대한 승리의 국가사 가운데 한 부분으로 자리매김했다.

---

2 김정욱, 「화해를 위한 역사교육을 통한 인종적 국민주의의 부상: 19세기 말 20세기 초 미국 역사 교과서의 남북전쟁과 재건 기술을 중심으로」, ≪역사교육≫, 125집(2013.3), 228~229쪽.

3 혈연·문화적 국민주의와 상대되는 개념으로, 내부의 압제자를 타도하며 시민적 평등을 쟁취해 소속감을 만들어내는 것이다. 이러한 국민 개념은 인종, 종족을 초월한 정치적 공동체를 만드는데, 프랑스혁명기에 독일계 알자스로렌인들이 자발적으로 프랑스인의 정체성을 가지게 된 것이 대표적인 사례다. 반면 혈연·문화적 국민주의는 한 개인이 출생과 더불어 운명적으로 문화를 공유하는 민족 집단에 속하게 된다고 여기며 이로 인해 국민과 국민국가에 대한 무조건적 충성을 당연시한다는 점에서 정치적으로 보수주의에 의해 이용되기 쉽다.

그러나 1863년 에이브러햄 링컨(Abraham Lincoln)이 북부의 전쟁 대의를 선포한 게티즈버그를 방문한 이들은 이러한 공적 역사 서사가 혼돈에 빠지는 경험을 하게 된다. 게티즈버그는 남북전쟁의 승패를 결정지은 역사적 전투가 벌어진 장소다. 전투 개시 3일차에 1만 5000명의 남군은 북군의 주력 부대가 위치한 공동묘지 능선을 향해 무모한 돌격을 시도했고, 결국 수도 워싱턴을 향해 진군하려던 로버트 리(Robert E. Lee)와 버지니아군의 야망이 이곳에서 좌절되었다. 이러한 역사적 장소에는 연방을 수호하고 자유와 민주주의의 승리를 위해 헌신하다가 전사한 북군 병사들을 기리는 묘지와 기념공원이 조성되어 있다. 그러나 바로 이 숭고한 희생과 전쟁 대의를 기리는 기억의 장소에 자유와 민주주의의 승리를 자축하는 국가 서사에 부합하지 않은 조형물들이 공존하고 있다.

그중 가장 대표적인 것은 버지니아 기념비와 노스캐롤라이나 기념비다. 1908년부터 조성되기 시작해 1917년에 완성된 버지니아 기념비의 최상단에는 남부의 전쟁영웅 리의 청동상이 놓여 있고 기단 부분에는 전투를 준비하는 남군 병사들의 모습이 조각되어 있다. 버지니아 기념비가 상단의 리를 강조하고 있다면 노스캐롤라이나 기념비는 일반 병사에게 초점을 맞추고 있다. 역동적인 모습으로 전쟁에 임하는 남군 병사들의 모습은 결의에 차 있으며, 병사들이 입고 있는 평상복과 빈약한 무장은 이들이 평범한 시민으로 대의를 위해 전쟁에 자발적으로 참전했음을 강조한다.

남북전쟁에 관한 공적 서사에 따르면 리와 남군 병사들은 노예제를 수호하고 자유와 민주주의, 그리고 연방을 파괴하려 했으므로 단죄해야 하는 인물들이 아닌가? 그러나 이들이 게티즈버그에서 헌신과 자기 희생, 그리고 용기라는 남성적 특성을 가진 시민으로 표상되고 있다면 링컨이 바로 이곳에서 행한 역사적 연설을 통해 제시했던 시민공동체적 국민주의는 붕괴되고 자유와 민주주의를 찬양하는 승리의 국가 서사는 해체되는 것 아닌가? 이렇듯 국가가 기억을 관리하는 공간에 서로 다르게 과거를 기억하는 방식이 공존하는 원인은 무엇일까? 시민공동체적 국민주의에 기초해 정의를 실현하는 승리의 국가 서사는 왜 기억의 전쟁에서 승리하지 못했던 것일까?

이러한 질문에 대한 해답을 찾는 과정은 남북전쟁에 대한 기억이 사회적 컨텍스트에 영향을 받으면서 지속적으로 재구성되고 있으며 따라서 역사적 기억의 생성이 현재진행형이라는 점을 보여줄 것이다. 그리고 정치적 청산 없이 역사적 청산이 이루어질 수 없다는 사실과 국민주의적 관점에서 쓰인 정의와 승리의 국가 서사에 내재된 약점 역시 보여줄 것이다.

2. 정의와 승리의 국가 대 화해의 서사: '잃어버린 대의'가 영속성을 얻다

시간이 흐르면 역사적 인물에 대한 해석은 변하기 마련이다. 2012년 개봉된 스티븐 스필버그(Steven Spielberg) 감독의 화제작 〈링컨(Lincoln)〉을 예로 들어보자. 감독은 링컨을 박애적 심성을 가진 성인과 같은 모습으로 묘사하던 관례를 깨고 그를 마키아벨리적 인간으로서 복원해낸다.[4] 확실히 이는 파격적인 재해석이지만 그럼에도 여전히 링컨을 한 개인의 의지로 역사의 물줄기를 바꾸어놓은 영웅으로 묘사한다는 점에는 변화가 없다. 그러나 남북전쟁이 끝났을 당시에는 링컨을 세상을 바꾸어놓은 영웅적 인물로 보지 않은 사람이 많았다. 그것도 남부인이 아니라 공화당원 중에서 말이다. 그들에게 링컨은 노예제 폐지라는 전쟁 대의에 대한 신념이 부족했을 뿐 아니라 종전 후에도 인종평등 사회를 건설하는 데 주저하는 인물로 여겨졌기 때문이다.

이러한 갈등을 이해하기 위해서는 남북전쟁 시기에 노예제를 혐오했던 두 개의 정치세력이 존재했다는 사실을 알아야 한다. 그중 링컨은 임노동자의 경제적 자립을 실현해 소생산자들로 이루어진 평등한 시민공동체를 건설하려는 자유노동 사상의 지지자로서, 소농의 경제적 기회가 감소되는 것을 막기 위해 노예주의 확장을 반대하는 인물이었다. 반인륜성 때문이 아니라 백인들의 평등한 국민공동체를 건설하는 데 방해된다는 이유로 노예제를 반대한 대다수 노예제 확장 반대론자들과 마찬가지로, 링컨 역시 연방의 유지에 최우선 가치를 두면서 노예제를 폐지하기보다는 지역 간 타협을 통해 노예제의 북부로의 확장을 막고자 했다.[5] 장기적으로 볼 때 노예제는 자체의 경제적 비효율성으로 인

---

4 마키아벨리즘이란 수단과 방법을 가리지 않고 개인의 이익을 추구하는 것이라는 통설과 달리 "공익, 특히 국가 이익을 위해서는 수단의 도덕적 선악에 관계없이 다만 효율성과 유용성만을 고려하는" 정치사상이다. 곽차섭, 「마키아벨리즘」, 김영한·임지현 엮음, 『서양의 지적운동』(지식산업사, 1994), 216쪽.

5 노예제 폐지론자인 ≪뉴욕 트리뷴≫ 편집인 호러스 그릴리(Horace Greely)에게 보낸 1862년 8월 22일 자 편지는 링컨이 전쟁 후에도 연방의 수호를 노예제 폐지보다 우선시했다는 점을 보여준다. "이 투쟁에서 나의 최우선 목적은 연방을 지키는 것이다. 노예제를 지키려는 것도 파괴하려는 것도 아니다. 단 한 명의 노예도 해방시키지 않고 연방을 지킬 수 있다면 나는 그렇게 할 것이며 모든 노예를 해방시킴으로써 연방을 지킬 수 있다면 나는 또한 그렇게 할 것이다. 내가 노예제와 유색 인종에 관해 한 일은 그것이 연방을 지키는 데 도움이 된다고 믿기 때문이었다. 그리고 내가 삼간 일은 그것이 연방을 지키는 데 도움이 되지 않는다고 생각하기 때문이었다." Abraham Lincoln, *The Collected Works of Abraham Lincoln*, Vol. 5(New Brunswick: Rutgers University Press, 1953), p. 388.

해 소멸할 것이고 그러면 남과 북의 무력 충돌 없이도 노예제 문제가 해결되리라고 기대했던 것이다. 링컨이 다른 노예제 확장 반대론자들보다 종교적 박애정신이 더 강했던 것은 사실이지만, 전후 흑인에게 참정권을 선별적으로 부여하려 했던 데서 알 수 있듯 결코 인종평등주의자로 볼 수 없는 인물이었다.

따라서 링컨은 열렬한 인종평등주의자로서 즉각적이고 무조건적인 노예제 폐지를 최고의 전쟁 목적으로 삼는 새디어스 스티븐스(Thaddeus Stevens)와 찰스 섬너(Charles Sumner)가 이끄는 당내 강경파와 대립하고 있었다. 연방 수호를 최대의 전쟁 목적으로 여긴 링컨이 남부에 복귀 명분을 주기 위해 1863년까지 노예 해방을 미루자 격화된 양 세력 간의 갈등은 종전 즈음에 더욱 증폭되었다. 더 이상의 지역 간 분열을 피하려는 링컨이 연방 탈퇴와 전쟁을 주도한 남부 인사들과 참전자들에 대한 징벌을 거부하고 남부를 인종평등 사회로 개조할 구체적인 정책을 추진하지 않은 채 남부를 연방으로 편입하려 시도했기 때문이다.

그러나 1865년 4월 4일 링컨이 암살되자 남부의 개조 정책, 즉 재건 정책의 주도권을 잡은 것은 공화당 내 강경파였다. 이들은 남부에 군정을 실시하고 남부연합 인사들의 공민권을 정지시켰으며, 흑인들에게 참정권을 부여하고 이들을 자립적인 생산자로 만드는 정책을 추진했다. 그리고 이즈음 인종적 경계를 넘어 자유와 민주주의를 실현하려는 강경파의 재건 정책을 지지하는 공적 국가 서사가 출현했다. 북부의 대의를 찬양하고 새로운 시민공동체의 건설을 자축하는 여러 교과서가 출간되면서 명징한 선악구도에 기초해서 남북전쟁에 관한 공적 역사가 만들어졌다.

실례로 1865년에 출간된 조지 퀵켄보스(George Quackenbos)의 『학생을 위한 도해 미국사(Illustrated School History of the United States)』 개정본에서는 전쟁을 "반란(rebellion)"으로, 남부의 정치인과 언론인들을 "폭도(the mob)"로 지칭하면서 남부의 반역 행위에 맹렬한 비난을 가했다.[6] 또한 1875년에 출간된 벤슨 로싱(Benson Lossing)의 『미국사 개관(An Outline History of the United States)』은 노예 해방과 재건을 통해서 "인종과 피부색에 상관없이" 모든 이들이 "시민적 특권"을 향유하게 됨으로써 헌법정신에 합치되는 새로운 시민공동체 국가가 건설된 데에 대한 자부심을 표현했다.[7] 북군으로 참전했던 노예해방론자 토머스 히긴슨(Thomas Higginson)이 저술한 『어린 학생을 위한 미국사(Young Folks' History of the United States)』는 전쟁에 관한 공적 서사의 전형을 보여주었다. 히긴슨은 전전의 교과서들이 연방의 수호자들로 찬양해온 1820년과 1850년 협약[8]을 통해 노예제를 잔존시키고 남북 갈등을 봉합한 정치인들을 비판했다. 또한 노예제에 대한 흑인들의 저항 사례를 들면서 흑인들이 오랫동안 자유를 갈구해왔다고 밝히고 이들이 동등한 시민적 권리를 가진 공동체의 당당한 일원이어야 한다고 강조했다. 그리고 남부를 인종평등 사회로 철저하게 개조해야만 건국 이상을 실현하는 국가가 재탄생할 수 있다고 여겼다.[9]

그러나 전후 남부에 대한 군정을 실시하고 산업자본주의를 파급시

---

6 George P. Quackenbos, *Illustrated School History of the United States*(New Yok: D. Appleton, 1865), pp. 446, 461, 464, 469.

7 Benson J. Lossing, *An Outline History of the United States*(New York: Sheldon & Co., 1875), p. 349.

8 이 두 차례에 걸친 남북 정치인들 간의 타협은 자유주와 노예주의 경계선을 규정하는 현상 유지 조항들을 담고 있었다.

9 Thomas W. Higginson, *Young Folk's History of the United States*(Boston: Lee & Sheard Publishers, 1875), pp. 281, 305~306, 310.

키며 정치적·경제적 우월성을 확보한 북부는 여전히 남부에 대한 이념적·문화적 승리를 쟁취하는 데 어려움을 겪고 있었다. 공화당 강경파가 주도한 재건 정책에 대한 남부인의 반발을 배경으로 "잃어버린 대의(lost cause)"[10]라고 불리는 저항 사관이 등장했기 때문이다. "잃어버린 대의"는 노예제를 자립 능력이 없는 흑인을 위한 가부장적·박애적 제도로 미화하고 남부가 연방에서 탈퇴했던 목적을 헌법이 보장한 사유재산제도와 주의 권리를 수호하기 위한 것이라고 규정함으로써 전쟁을 정당화했다.[11] 또한 대의를 위해 전쟁을 결의하고 수행한 남부인들의 의지와 용기를 찬양했으며, 패배의 원인을 남부의 대의가 부적절했기 때문이 아니라 남부가 산업 생산력이 부재하고 인구가 열세였기 때문이라고 보았다.[12] 나아가 공화당 강경파가 주도한 재건을 남부에 대한 증오심과 인종평등의 허황된 환상에 빠져 있는 북부 정치가들이 흑인을 앞세워 남부인의 자유를 짓밟은 폭력적 통치라고 규정했다.

새로운 공적 서사가 정착할 수 없었던 또 다른 이유는 남북전쟁의 승리가 가져다준 북부의 정치적 우위가 오래 지속되지 못했기 때문이다. 전후 급속한 산업화 과정에서 공화당은 노예 농장주에 맞서 소생산자들을 옹호하는 정당에서 점차 자본가의 무절제한 사익 추구에 이용되는 정당으로 전락했다. 만연한 정경 유착과 부정부패로 공화당 정부의 인기가 바닥에 떨어진 가운데 치러진 1876년의 대통령 선거에서 민주당은 재기에 성공했다. 과반에 미달했으나 다수의 선거인단을 확보한

10 이에 관해서는 다음을 참조. Gary W. Gallagher and Alan T. Nolan, *The Myth of the Lost Cause and Civil War History*(Bloomington: Indiana University Press, 2000), pp. 11~34.

11 Alexander H. Stephens, *Compendium of the History of the United States*(New York: E. J. Hale & Sons, 1871), pp. 251, 427, 465~467, 470, 475.

12 같은 책, pp. 427, 465~467.

민주당은 양측 간에 논란이 된 선거인단 표를 공화당에 양보함으로써 정권을 넘겨주었다. 대신 그 대가로 남부에서 연방 군대를 철수하고 향후 인권 문제에 대해 연방정부가 개입하지 않겠다는 약속을 얻어냈다. 공화당 내 강경파 지도자들의 연이은 사망으로 추동력을 잃어가던 재건 정책이 공식적으로 종결된 것이다. 남부에서는 흑인의 투표권 행사를 막기 위한 테러가 횡행하는 가운데 구남부연합 인사들이 차례로 정계에 복귀했고 백인 중심의 인종차별 사회가 복원되었다.

이렇듯 1876년을 기점으로 지역적 기반이 서로 다른 민주당과 공화당이 다시 대등한 정치적 경쟁자가 되면서 국가 분열이 재현될 것에 대한 우려가 높아졌다. 이러한 가운데 당대의 현실적 고민을 반영한 남북전쟁과 재건에 관한 새로운 역사 서사가 등장하기 시작했다. 이 새로운 서사는 링컨이 제시한 화해의 국민주의를 지지하는 1870년대에 제작된 일부 역사 교과서에 연원을 둔 것으로, 남북전쟁을 노예제가 아니라 "북부인과 남부인의 헌법에 관한 다른 견해"에서 초래된 것으로 해석했다.[13] 이러한 서사로부터 영향을 받은 새로운 교과서들은 남부와 북부 간 충돌의 근본 원인이 노예제를 폐지할 수 있는 권한이 연방정부에 있는지를 둘러싼, 즉 주권과 연방권 중 무엇이 우위인지를 둘러싼 논쟁에서 유래되었다고 주장함으로써 북부의 전쟁 대의가 지닌 신성성을 약화시켰다. 그뿐만 아니라 양측이 각자 나름의 대의를 가지고 있었다는 이유로 연방 탈퇴의 책임 소재를 가리는 데 소극적이었다. 반면 이 교과서들은 북부인은 물론이고 자신의 대의를 지키기 위해 투쟁하는 남군과 남부인들이 보여준 헌신과 용기를 인정했다. 그 결과 결의와 용기

---

13 John C. Ridpath, *History of the United States*(Jones Brothers & Co., 1876), pp. 303~304.

라는 시민적 덕목을 보여준 남부인에 대한 포용과 화해를 촉구했으며, 이는 자연히 공화당 강경파의 재건 정책을 동포에 대한 부당한 징벌로 평가하게 만들었다.[14]

이상에서 볼 수 있듯 양 지역의 재결합 필요성과 더불어 등장한 화해의 서사는 남부의 전쟁 대의를 인정함으로써 남부인들에게 도덕적 면죄부를 주었으며 전후 남부가 다시금 인종차별 사회로 회귀하는 데 대한 비판의 논거를 소실시켰다. 그뿐 아니라 인종주의 사회로 회귀하는 것을 진정한 시민으로서의 자격을 결여한 흑인들을 통제하고 문명화하기 위한 불가피한 수단이라고 옹호하기까지 했다. 이렇듯 남부의 구미에 맞춘 새로운 서사는 남북전쟁에 관한 공적 서사가 지지했던 시민공동체적 국민주의에 반하는 새로운 국민주의를 강화했다. 인종과 (진정한) 시민의 자격을 연계함으로써 인종 폭력 속에서 생명과 재산의 권리를 위협당하고 참정권을 거부당한 채 2등 시민으로 격하된 흑인의 고통을 외면하고 백인만을 진정한 국가 구성원으로 단합시키는 인종적 국민주의를 배태한 것이다. 전쟁에 대한 기억의 변화를 통해 알 수 있는 것은 전후 국민국가를 재건하는 과정 속에서 시민공동체적 국민주의가 혈연과 인종에 기초한 국민주의에 패배했다는 점이다.

이렇듯 지역 간의 화합을 중재하려는 새로운 사관이 확산되고 있던 1898년 조지아 주를 방문한 대통령 윌리엄 매킨리(William Mckinley)는 주 의회 연설에서 "지역 간의 경계는 더 이상 미국 지도를 나눌 수 없습니다. 지역주의가 더 이상 서로에 대한 우리의 애정을 손상시킬 수는 없습니다"라고 선언하고 "불행했던 내전 동안 만들어진 모든 전사자의

14 김정욱, 「화해를 위한 역사교육을 통한 인종적 국민주의의 부상」, 240~245쪽.

무덤이 바로 미국인의 용기를 나타내는 상징"이라고 주장했다.[15] 이로써 공화당 출신의 대통령은 남북전쟁이 (불행하게도 타협을 이루지 못한) 주권과 연방권을 지지하는 신념의 갈등에서 유래한 것으로 규정했으며, 각자의 대의를 위해 싸운 남부와 북부의 남성 모두를 미국인의 용기를 보여준 영웅으로 규정했다.

남북전쟁에 대한 이러한 인식의 변화는 당대의 정치적 상황으로 인해 더욱 가속화되었다. 1896년 대선은 급격한 산업화 속에서 성장한 대자본가들이 정치를 장악하는 데 대한 농민들의 불만이 폭발한 선거였다. 중서부와 남부의 농민들은 고관세를 주장하는 동부의 산업자본가, 지역 은행들을 장악하고 고리의 이자를 요구하는 동부의 금융가, 농민에게 차별적 요금을 징수하는 철도 기업가에게 저항했으며, 민주당 후보인 윌리엄 제닝스 브라이언(William Jennings Bryan)을 중심으로 한 선거연합을 이루어냈다. 인플레이션을 유발함으로써 현물 소유자인 농민의 경제적 상황을 개선하려는 금은본위제를 도입할지 여부가 선거의 쟁점이 되면서 공화당은 물가 앙등 가능성에 두려움을 느낀 북동부 노동자들의 지지로 승리를 거두었다. 하지만 서부·남부 연합 대 북동부로 정치적 이분화가 이루어져 남북전쟁기와는 반대로 북동부가 정치적으로 고립되는 상황이 나타났다. 지역적 분열이 새로운 양상으로 재연됨에 따라 북동부의 이해관계를 대변한다고 비판받던 대통령은 지역 간 갈등을 해소하기 위한 획기적인 제안을 할 필요가 있었다. 또한 1898년 미국-스페인 전쟁을 계기로 본격화된 제국적 팽창은 지역 간 화해의 필요성을 더욱 증대시켰다.

15 John R. Neff, *Honoring the Civil War Dead: Commemoration and the Problem of Reconciliation*(Lawrence: University of Kansas Press, 2004), p. 222.

이러한 가운데 매킨리의 연설은 연방정부의 남부 전사자에게 대한 공식적으로 예우로 이어졌다. 1900년 6월 알링턴 국립묘지는 남부 전사자를 위한 묘역을 마련하고 의회의 예산 지원으로 포로 상태에서 사망해 워싱턴 인근에 매장되어 있던 남군 병사 시신 241구를 이장했다. 이를 시작으로 16개 구역에 482명의 장교와 사병, 그리고 그 가족들의 시신을 매장했다. 이장을 제안하고 주도한 남부 인사 새뮤얼 루이스(Samuel Lewis)는 일부 남부인의 불만에 맞서 이들을 남부로 이장하지 않고 국립묘지에 안장하는 것이 연방정부와 북부인들에게 남부의 대의를 인정하게 만드는 것이라고 설득했다. 그러나 국립묘지 이장을 미국 시민으로서의 미덕을 보여준 남군 전사자들에 대한 마땅한 예우로 받아들였던 남부인들도 남군 병사 묘역과 흑인 병사 묘역이 인접해 있으며 남군 병사의 묘비가 흑인 병사의 묘비와 유사하다는 점에 불만을 나타냈다. 결국 이러한 불만은 남군 전사자의 묘비가 북군 전사자의 묘비와 크기와 형태 면에서 유사해지면서 가라앉았다.

그러나 남부인들은 이것만으로 만족하지 않았다. 국립묘지가 진정한 화해의 공간이 되기 위해서는 매장된 자들이 수호하려 했던 대의와 그들의 용기를 기리는 더욱 눈에 띄는 상징물이 필요하다고 생각했기 때문이다. 이러한 요구에 따라 1914년 버지니아 출신의 조각가 모지스 에제키엘(Moses Ezekiel)이 도안한 거대한 기념비가 설치되었다. 기념비의 맨 위에는 이상화된 남부가 여성으로 의인화되어 표현되었으며 기단에는 라틴어로 "승리한 대의는 신에게 기쁨을 주나 패배한 대의는 카토에게 기쁨을 준다(The Victorious cause was pleasing to the gods, but the lost cause to Cato)"라는 문구가 적혀 있었다.[16] 이는 북부의 승리를 인간의 힘으로는 어찌할 수 없는 운명의 작용으로 보면서, 남부의 대의를 카이사르, 옥타비우스와 대립하며 공화정을 지키려다가 자살한 카토에 비견함으로써 '잃어버린 대의'에 경의를 표현한 것이다. 또한 용맹스러운 남부 남성들의 출정 장면을 묘사한 기념비 부조에는 중년의 흑인 노예 여성이 건넨 갓난아이에게 입을 맞추는 병사의 모습이 새겨져 있는데, 자상한 아버지와 충성스러운 노예 여성의 모습은 노예제를 박애적 가부장제도로 옹호하던 '잃어버린 대의'의 사고를 반영한다.

이러한 공적 역사 서사가 붕괴되는 현상은 게티즈버그 공원에서도 나타났다. 공원 측은 20세기 초까지도 전투 현장에서 발굴된 북군 병사의 유해를 추려서 1863년 링컨이 그 유명한 게티즈버그 연설을 통해 헌정한 국립병사묘지로 이장하고 남군 병사는 인근 공동묘지에 매장하는 관례를 준수했다. 그러나 1913년에 남부와 북부의 참전 군인들이 전투의 가장 참혹한 장면인 '피켓의 돌격(Pickett's charge)'을 재연하고 서로를 부둥켜안는 극적인 화해의 의식을 개최한 이후 게티즈버그는 화해의 서사를 상징하는 장소로 재구성되기 시작했다.[17]

게티즈버그에서 정의와 승리의 국가 서사가 해체되고 있다는 것을 보여주는 하나의 사례는 앞서 거론된 바 있는 버지니아 주 기념비다. 이 기념비 역시 1913년 남군과 북군 참전자들의 재결합 행사를 기념해 조성되기 시작해 1918년 완성된 지역 간 화해의 상징물이었다. 그뿐만 아니라 피켓의 진격이 행해진 평원을 내려다보고 있는 리의 청동상은 당시 북군 사령관 조지 미드(George Meade)와 명확히 대칭을 이룬다는 점에서 남군이 패자가 아닌 북군과 대등한 위치로 격상되었다. 그리고

---

16 같은 책, p. 230.

17 이 의식에 관해서는 다음을 참조. David Reynolds, *America, Empire of Liberty*(New York: Basic Books, 2009), p. 194.

이러한 공간적 재구성은 1913년의 재회의식을 기념해 1938년에 대통령 프랭클린 루스벨트(Franklin Roosevelt)가 헌정한 '영원한 평화의 등'으로 완성되었다. 이 기념물에는 "재결합한 군인들: 북군과 남군", "영원히 빛나는 등이 우리를 연대와 우정의 길로 인도하길"이라는 구절과 두 개의 손이 함께 손뼉을 치는 조각이 새겨져 양 지역의 화해와 재결합을 선언했다.[18]

게티즈버그 기념공원은 그 장소가 가지는 상징성으로 인해 전투 유적지에 세워진 기념공원들의 견본이 되었다. 자연히 다른 기념공원에서도 게티즈버그와 마찬가지로 남과 북의 영웅적 투쟁과 화해의 드라마를 재현해내는 것이 초점이었다. 그리고 이러한 내러티브는 국가적 기억의 공간 속에서 선악의 이분법에 기초한 공적 역사와 화해의 역사가, 그리고 역사적 정의와 역사적 치유가 모순적으로 동거하게 되었음을 의미했다. 이처럼 남부를 위한 기념물들은 미국 공공장소의 한 부분이 되었고 이 기념물들은 '잃어버린 대의'에 현재성을 부여했다.[19]

이렇듯 산업화로 인한 계급전쟁이 격화되고 제국으로의 팽창이 본격화됨에 따라 남부의 대의와 전몰자들에 대한 예우가 한층 격상했다.

---

18 Lori Holyfield and Clifford Beacham, "Memory Brokers, Shameful Past, and Civil War Commemoration," *Journal of Black Studies*, Vol. 42, No. 3(2011), p. 444.

19 게티즈버그 기념공원 관람을 안내하는 사이트에서는 버지니아상을 다음과 같이 설명하는데, 이 설명은 화해의 서사의 현재성을 잘 보여준다. "내전은 우리나라를 북과 남, 즉 미합중국과 남부연합으로 분열시켰다. 그러나 잘잘못이 누구에게 있든지 간에 양측은 자신들의 신념과 가족, 그리고 삶의 방식을 지키기 위해 싸운 것이다. 그러기에 이 전쟁을 선한 자와 악한 자의 싸움으로 정의하는 것은 불가능하다. 선한 자들이 양측에서 싸우고 죽어간 것이며 이들을 명예롭게 예우해야 정당하다. 게티즈버그 기념공원이 펜실베이니아주 기념비(Pennsylvania State Memorial)를 통해 북군의 영웅들을 기리고 버지니아 기념비(Virginia Monument)를 통해 남군의 영웅들을 기리는 것은 바로 이러한 이유에서다." http://www.gettysburgbattlefieldtours.com/the-virginia-monument/

이와 더불어 데이비드 그리피스(David Griffith)가 감독한 세계 최초의 극영화 〈국가의 탄생(The Birth of the Nation)〉이 흥행한 데서 알 수 있듯 새로운 친남부적 화해의 서사가 백인 대중으로부터 공감을 얻었다. 1915년 공개되어 당시 대통령 우드로 윌슨(Woodrow Wilson)으로부터 역사를 진실하게 재현한 작품이라는 극찬을 받은 영화 〈국가의 탄생〉은 각자가 믿는 대의를 위해 투쟁한 남과 북의 화해를 다룬 대서사시다. 영화는 관계가 돈독했던 남부와 북부의 명문 집안 카메론(Cameron)가와 스톤맨(Stoneman)가를 중심으로 전개된다. 전쟁이 발발하자 양가는 남부와 북부의 대의를 위해 싸우게 되면서 적대적으로 변하지만 양가의 젊은이들은 전쟁터에서도 용기와 명예심, 그리고 상대방에 대한 존경심을 잊지 않는다. 전쟁이 남부의 패배로 끝난 후 카메론가가 거주하던 사우스캐롤라이나주에서 군정이 실시된다. 분열된 양 집안을 다시 결합시킨 것은 새롭게 권력을 가지게 된 흑인들의 폭압적 통치와 백인 여성에 대한 성적 탐욕이다. 그러한 가운데 외모에서부터 스티븐스를 닮았으며 허황된 인종평등을 믿는 인물로 묘사되는 스톤맨가의 오스틴은 자신이 후원했던 물라토(흑백 혼혈) 정치인 실라스 린치가 자신의 딸과 결혼하려 하자 흑인들의 광포함을 알게 되고, 결국 자신의 위선과 인종평등의 주장이 가진 위험성을 자각하게 된다. 이러한 상황에서 남부의 참전 군인으로 영화의 주인공인 카메론가의 벤은 KKK를 이끌고 봉기하고 여기에 두 집안의 젊은이들과 전 북부의 군인들까지 가세해 마침내 흑인 병사들로부터 마을을 해방시킨다. 승리한 백인들은 선거장에 나온 흑인들을 해산시키고 이들을 본래의 종속적 위치로 되돌려 보낸다. 그리고 영화는 남과 북을 상징하는 두 가문이 결혼으로 맺어지면서 대단원의 막을 내린다.

영화의 제목 〈국가의 탄생〉이 의미하는 바가 여기에서 명백해진다. 이 제목은 양 지역의 백인이 다시 화합함으로써 시민적 자격을 결여한 흑인에 대해 인종적 우월성이 재확립된 백인 공화국을 재건한다는 것을 의미한다. 〈국가의 탄생〉은 새로운 화해의 서사가 인종적 국민주의의 토양이 되었음을 여실히 보여준다.

3. 정의의 승리를 기념하는 공적 서사가 승리하지 못하는 이유

역사 교과서와 기념물, 그리고 영화에 관한 이상의 논의를 통해 알 수 있는 것은 남북전쟁이라는 상황 속에서 북부의 사가들에 의해 만들어진 공적 역사, 즉 정의와 승리의 국가 서사는 자신을 지배적인 서사로서 관철시키지 못했다는 것이다. 그러나 동시에 남부의 '잃어버린 대의' 역시 국민주의에 복무해야 하는 화해의 서사 속에서 자신을 온전히 실현할 수 없었다. 화해의 서사에 따른다는 것은 상대방에 대한 증오를 누그러뜨리고 상대의 대의를 존중하도록 만들며, 국가 분열과 전쟁을 불사했던 남부의 대의를 현재에 위협이 되지 않은 과거의 것으로 박제시켜야 함을 의미하기 때문이었다. 그러나 화해의 서사를 받아들임으로써 패배한 남부의 대의는 절대성을 포기하는 대가로 영속성을 얻었다. 도덕적 면죄부를 얻은 남부연합에 관한 기념물들은 당당히 공공장소에 자리해 '잃어버린 대의'의 기억을 지속적으로 재생산할 수 있는 권리를 얻었던 것이다. 그리고 이러한 남부 대의가 복권되는 과정에서 인종주의 사회를 생산하는 문제는 중요성을 잃었다.

이렇듯 남과 북의 전쟁 대의를 인정하는 절충적 기억의 방식과 여기에 기초한 (화해의) 국민주의는 양 지역의 백인들 간의 재결합을 합리화하고 남부가 원하는 대로 흑인을 2등 시민으로 만드는 인종주의를 방조하는 결과를 낳았다. 그러기에 20세기 들어 절충적 서사는 "분리하되 평등한(separate but equal)"이라는 명분을 내세운 1896년 대법원의 판결로 정당화되어 전국으로 확산된 공공장소에서 흑백 분리와 더불어 확산되었다. 따라서 흑인 민권운동은 동등한 시민권을 쟁취하기 위한 투쟁에 국한된 것이 아니라, W. E. B 듀보이스(W.E.B Du Bois)가 "거짓의(falsified) 역사"라고 비판했던 '잃어버린 대의'에 현재성을 부여하고 인종주의를 방조하는 절충적 서사를 넘어 공적 역사를 회복하려는 투쟁이기도 했다.[20]

법적으로 평등한 시민권을 쟁취하려는 흑인 민권운동은 1954년에 새로운 전기를 맞았다. 브라운 대 토피카 교육위원회 판결에서 대법원장 얼 워런(Earl Warren)이 헌법적 권리가 인종에 의해 규정될 수 없다는 이유를 들어 공립학교의 흑백 분리를 위헌으로 판결했기 때문이다. 또한 이를 계기로 학교 통합을 위한 흑인들의 투쟁이 격화되는 가운데 발생한 1955년의 로자 파크스(Rosa Parks) 사건은 젊은 목사 마틴 루터 킹(Martin Luther King, Jr.)을 민권운동의 지도자로 부상시키며 운동을 폭발적으로 성장시켰다. 1960년대 내내 지속된 인종 격리에 대한 사회적 저항은 결국 공공장소에서 흑백을 격리하는 제도를 철폐시켰다. 흑인이 2등 시민임을 보여주는 이 제도의 철폐는 인종평등 사회로 전진했음을

---

20 Jon Wiener, "Civil War, Cold War, Civil Rights: The Civil War Centennial in Context, 1960~1965," Alice Fahs and Joan Waugh(eds.), *The Memory of the Civil War in American Culture*(Chapel Hill: University of North Carolina Press, 2004), p. 238.

의미하는 것으로 이해되었다. 평등한 시민의 공동체를 재건하기 위해 헌신한 위대한 흑인 지도자를 국가적으로 기념하는 마틴 루터 기념일은 분열과 투쟁의 역사를 국민주의에 조응하도록 재구성하는 방법을 보여준다. 갈등으로 점철된 과거를 자유와 민주주의 공동체의 완성을 향한 고통스러운 여정의 한 부분으로 규정함으로써 국가적 단결을 강화하는 것이다. 이러한 시민공동체 서사의 재생과 더불어 남북전쟁 역시 국가적 이상을 실현하기 위한 지난한 고통과 진보의 과정 가운데 하나로 재조명되었다.

그러나 이처럼 공적 서사를 재확립했음에도 불구하고 화해의 서사가 복권시킨 남부연합의 상징물들을 지금도 남부 도처에서 찾아볼 수 있다. 남부연합기가 사우스캐롤라이나주 청사에 펄럭이고 있으며, 조지아주와 미시시피주는 남부의 군기(軍期)를 포함한 주기를 사용하고 있다. 메릴랜드주의 차 번호판에는 남부연합의 군기가 새겨져 있으며,[21] 버지니아주의 제임스 리버강의 홍수 방지 장벽에는 리의 초상이 그려져 있다.[22]

이러한 공적 서사에 대한 공공연한 도전은 왜 계속되는 것일까? 19세기 말 20세기 초와 마찬가지로 남북전쟁에 관한 정의와 승리의 서사가 현실 속에서 공허해지는 이유는 무엇보다도 전쟁이 인종주의로부터 이득을 얻는 정치세력을 청산하지 못했기 때문이다. 인종주의를 정치적 자산으로 활용하는 정치세력은 남북전쟁 이후 항상 존속해왔거니와

21 남부연합 군기가 새겨진 메릴랜드주의 자동차 번호판은 2015년에야 사용이 중단되었다. 메릴랜드주는 남부연합의 상징을 자동차 번호판에서 삭제한 세 번째 주다.

22 Gary W. Gallagher, *Cause Won, Lost, Forgotten: How Hollywood and Popular Art Shape What We Know about the Civil War*(Chapel Hill: University of North Carolina Press, 2008), pp. 4~7.

1980년대 이후 미국 정치의 보수화 속에서 정치적 비중이 높아지고 있다. 그리고 이에 따라 정의와 승리의 여정을 자축하는 공적 서사의 불안정성이 심화되고 있다.

19세기 중엽 들어 반엘리트적이고 민주주의 친화성을 보이며 정국을 주도하던 민주당이 노예 소유주를 옹호하는 정당으로 타락하자 잭슨주의에 기초한 민주당의 이념이던 소생산자(소농) 중심의 균분주의와 민주주의 사상을 전유한 공화당이 대항 세력으로 부상했다. 그러나 남북전쟁 이후 공화당은 확산되는 산업화 속에서 자유방임주의를 내세우며 점차 자본가들의 이해를 대변하는 정당으로 바뀌어갔다. 이에 반해 민주당은 농민층과 도시 이민 노동자의 이해를 수용하면서 세력을 회복했다. 개혁주의가 민주당의 확고한 주류가 된 것은 공황과 뉴딜 시기였다. 민주당이 복지 정책을 실천하며 인종문제에 대해 더욱 전향적인 자세를 취하기 시작하자 오랫동안 공화당을 지지했던 흑인들 역시 민주당에 표를 던지기 시작했다. 그럼에도 당은 여전히 이원적인 구조를 가지고 있었다. 주류인 북동부의 개혁주의자들과 보수적인 남부 민주당의 불안한 동거가 계속되었던 것이다. 이는 남북전쟁에 따른 역사적 앙금으로 인해서 인종차별적인 남부인들이 민주당의 개혁주의 주류에 불만을 가지면서도 공화당에는 표를 던지지 못했기에 생겨난 상황이었다.

그러나 이러한 불안한 동거는 1960년대 들어 민권운동에 대한 대응으로 민주당이 일련의 흑인 민권 법안을 추진하고 본격적으로 인종주의 청산을 시도하면서 균열이 가기 시작했다. 1964년 뉴딜 체제에 순응적인 공화당 주류에 반대하며 당 소수파를 대변한 배리 골드워터(Barry Goldwater)는 자유지상주의(경제 개입을 포기한 작은 국가), 극렬한 반공주의, 인종주의를 조합한 새로운 미국 보수주의의 강령을 선보였다. 그의 대권 도전은 참담한 실패로 끝났지만 이 선거에서 남부 다섯 개 주를 장악한 데 고무된 공화당은 인종 문제를 쟁점화하면서 남부를 견인하는 정책을 본격화하기 시작했다. 1968년 선거에서 승리한 리처드 닉슨(Richard Nixon)은 대통령으로 재임하면서 민권운동의 성과를 전면 백지화할 수는 없었다. 그러나 그는 연방정부 차원에서 학교와 통학버스에서 인종을 통합하고 거주지 선택에서 흑인을 차별하는 행위를 방지하려는 정책을 저지하기 위해 주권주의를 강조하기 시작했다.[23]

1970년대 중엽 이후 경제위기 속에 뉴딜주의의 문제 해결 능력에 대한 의구심이 점증하는 가운데 골드워터의 열렬한 지지자로 역시 민권법안에 반대해온 영화배우 출신의 정치인 로널드 레이건(Ronald Regan)은 1980년 우파 민중주의 세력에 기대 닉슨과 제럴드 포드(Gerald Ford) 재임 시기에 당을 주도해온 중도파 주류를 전복시켰다. 그 결과 뉴딜주의를 완전히 일탈해 신자유주의적이고 종교적인 가치를 완고하게 옹호하며 인종주의적 태도를 더욱 적나라하게 표출하는 보수파가 공화당을 장악하게 되었다. 당의 근거지 역시 동부에서 더 보수적인 서부와 남부로 이전되기 시작했다. 이후 공화당은 성적 자유와 낙태, 동성애 등을 선거 쟁점으로 삼으면서 종교적 성향이 강한 노동자들 가운데 지지 세력을 확산하기 시작했다. 또한 당시에는 1960년대 사회적 저항의 산물로 사회적 약자(소수 인종, 여성)를 보호하기 위한 복지 정책이 실시되고 있었는데, 공화당 보수파는 작은 정부, 자립의 구호를 내세워 이러한 복지 정책에서 소외되어 박탈감을 느끼던 백인 남성 노동자들 가운데

23 김정욱, 「과거에서 길을 묻다: 1964·1972 대선을 통해 본 2016 미 대선과 민중주의」, ≪역사비평≫, 117호(2016), 12~20쪽.

서도 세력을 확산하기 시작했다. 더불어 1970년대 이래 경제적 위기가 장기화되면서 복지제도가 축소됨에 따라 하위 중간계급에서도 자신들은 사회적 약자의 복지를 위한 부담만 진 채 국가의 수혜에서는 배제되어 있다는 피해의식이 높아져 반민주당 정서가 강화되었다. 이렇듯 과거 민주당에 전폭적 지지를 보내던 집단들이 공화당으로 경도되어가는 정치구도는 20세기 말 공화당이 민주당을 정치적으로 압도하는 새로운 선거 지형의 기초가 되었다.

정치 지형의 변화 속에서 인종정치를 활용해 우위를 점하게 된 보수정당은 국가가 설정한 남북전쟁을 기억하는 방식, 즉 남북전쟁에 관한 공적 서사를 정면으로 반박하지는 않지만 이를 무력화하는 정치적 언동을 계속하고 있다. 실례로 1988년 공화당 대선 후보 경선 과정에서 과거 당내 중도파의 대표주자로 레이건과 경쟁한 전력으로 당내 보수파의 전폭적인 지지를 얻지 못하고 있던 조지 H. W. 부시(George H. W. Bush)는 인종 간 데이트를 금지하는 밥 존스 대학에서 연설함으로써 자신이 남부인과 당 보수파의 인종주의에 동조하고 있다는 점을 확고히 했다. 그리고 2000년 그의 아들 조지 W. 부시(George W. Bush) 역시 공화당 경선에서 당내 보수파에 접근하기 위해 같은 장소에서 연설했다. 물론 이러한 정치 행위는 남북전쟁을 시민공동체로 전진하기 위한 고통스러운 청산의 과정으로 규정한 공적 서사에 상징적으로 도전하는 것이었다. 2008년 존 매케인(John McCain)을 대선 후보로 선출한 공화당 전당대회에서 "그는 검둥이다(He is a nigger)," "케냐로 돌아가라!"와 같은 반오바마 구호를 외쳤던 공화당원들은 어떠한가? 1960년대 민권운동의 여파로 금기시된 흑인에 대한 비칭을 사용해 오바마의 아프리카성을 강조하며 그의 시민적 자격을 거부하는 이들은 남북전쟁에 대한 공적 서사를 정면으로 거부하지 않으면서도 이러한 공적 서사가 지향하는 바에 도전했던 것이다.[24] 이러한 효과적인 국가 서사에 대한 도전이 계속되면서 공적 서사는 점점 단순히 '정치적으로 올바른(political correct)' 기억이 되어가고 있다.[25]

이렇듯 남북전쟁이 종식된 이래 지금까지 전쟁에 관한 공적 서사는 인종주의로부터 수혜를 받는 정치세력에 의해 도전을 받아왔다. 그러나 필자가 이러한 문제를 지적하는 이유는 남북전쟁과 관련해 1870년대에 나타난 공적 국가 서사를 재정립해야 한다고 주장하기 위해서가 아니다. 필자가 여기서 논의하고 싶은 것은 공적 서사가 외부의 정치사회적 환경의 변화와 인종주의 정치세력의 온존으로부터 위협받고 있을 뿐만 아니라 공적 서사가 가진 내적인 취약성으로 인해서도 위협받고 있다는 점이다. 그리고 이러한 내재적 취약성을 잘 보여주는 사례는 19세기 말 이래 시종일관 계속되고 있는 남북전쟁을 둘러싼 사회비판적 학술 담론과 공적 국가 서사 간의 괴리일 것이다.

19세기 말 아마추어 역사가의 시대가 종식되고 역사학이 대학에서 전문적으로 교수되는 근대적 학문으로 성장한 이래 남북전쟁에 관한 공적 서사는 학술 담론의 도전에 직면했다. 실제 남북전쟁에 관한 수정주의적 해석을 만든 집단에는 남부의 인종주의자뿐만이 아니라 전문적

---

24 Eric Aletrman, *The Cause: The Fight for American Liberalism from Franklin Roosevelt to Barack Obama*(New York: Penguin Books, 2012), p. 438.

25 '정치적으로 올바른'이란 사회적 소수집단에 대한 차별적으로 여겨지는 언동이 금기시되는 사회 원칙을 의미한다. 가령 흑인에 대해 니그로(negro)라는 비칭 대신 아프리카계 미국인(African American)이라는 단어를 사용하는 것이 한 예다. 그러나 이 용어에는 사회적 차별에 지나치게 민감한 사회에서 규범적인 언사가 강요되고 있다는 조롱의 의미 역시 내포되어 있다.

인 역사학자들도 포함되어 있었다. 객관성을 중시하는 학자들이 남부와 북부의 대의에 대한 정서적 거리감을 중시할수록 이러한 참화를 야기한 장기적·구조적 동인에 대한 관심이 증대했기 때문이다. 상이한 경제체제와, 이러한 차이가 야기한 관세를 둘러싼 남부와 북부의 갈등이 주요한 전쟁 원인으로 부상했던 것도 이 학자들에 의해서였다.[26]

전쟁에 관한 공적 서사는 노예제도를 둘러싼 갈등이 전쟁 동인으로서 갖는 중요성을 강조해왔는데, 학문적 객관성의 추구가 이런 논리를 약화시키고 북부 대의의 신성성을 해체한다는 점에서 남부 사관의 확산에 직간접적으로 도움을 주었음은 부정할 수 없다. 그러나 이러한 학술 담론과 공적 서사 간의 차이는 해소 불가능한 것일까? 그 해답을 얻기 위해 우선 주목해야 하는 것은 남북전쟁의 발발을 전통적인 학술 담론이 중시하는 장기적이고 구조적인 요인만으로는 이해할 수 없다는 점이다. 지역 간 경제구조의 차이라는 요인은 이탈리아를 위시해 많은 국가에서 공통적으로 존재하지만, 이러한 경제적 차이와 그로 인한 갈등이 필연적으로 내전을 야기하는 것은 아니었기 때문이다. 실제 이러한 파국은 매우 드물었다. 파국이 이례적이었다면 장기적·구조적 요인 외에 무언가 다른 동인이 있었을 것이다. 이는 단기적이고 상황적인, 우리가 흔히 촉발 요인이라 부르는 동인이다. 따라서 전쟁이라는 파국은 필연적으로 예기되었던 것이 아니라 1850년대까지 사실상 권력을 독점한 민주당의 지속적인 노예주 확장 정책, 캔자스-네브래스카 법안(1854)과 캔자스 유혈 사태, 더욱 강력한 노예제 확장 반대를 강령으로 내세운 공화당의 등장, 드레드 스콧 판결(1857), 존 브라운 사건

26 김정욱, 「화해를 위한 역사교육을 통한 인종적 국민주의의 부상」, 243~244쪽.

(1859), 의회선거에서 민주당의 패배(1858) 등의 상황적 요인으로 누적된 양 지역의 갈등에서 유래했던 것이다. 그러기에 마지막 순간까지도 남북전쟁은 필연적이라기보다는 상황적이었고, 그러기에 많은 우연성이 내재된 사건이었다. 따라서 남부의 이탈 결정 역시 필연적이지는 않았다. 1860년 강경파와 온건파의 분열로 대선에서 패배했지만 남부와 민주당은 여전히 남부를 확고히 장악하고 있었고, 북부에서도 잔존한 잭슨주의자들의 지지를 받았기에 선거 구도에서 여전히 유리한 상황이었으며, 대법원을 장악하고 있었기 때문이다. 이렇듯 남북전쟁은 노예제로 인해 발화한 필연적 전쟁은 아니었지만 전쟁을 발발케 한 여러 중요한 상황적 요인이 노예제와 관련되어 있다는 점에서 여전히 노예제 문제와 밀접하게 연관된 전쟁이었다.

이러한 구조적 요인과 상황적 요인을 결합시켜 남북전쟁을 설명하면 학술 서사와 공적 역사 간의 차이를 일정 정도 해소할 수 있다. 그러나 주목해야 할 것은, 역사학자들 사이에서 인종차별에 반대하는 다문화주의적 경향이 지배적인 오늘날에도 공적 역사와 비판적 학술 담론 간의 괴리가 계속되고 있다는 점이다. 모리스 버먼(Morris Berman)의 주장을 예로 들어보자. 버먼은 남북전쟁이 노예문제나 경제구조의 차이로 인한 대립만은 아니었다고 주장한다. 즉, 남과 북 사이에 상대방을 이해할 수 없는 문화적 간극이 존재했고 이 간극이 충돌을 야기해 벌어진 전쟁으로, 일종의 문명 간의 전쟁이었다는 것이다. 북부의 개인주의적인 산업자본주의적 문화와 대별되는 인신적 구속관계에 기초한 남부의 농업자본주의와 전근대적 엘리트 가치인 가부장제 문화가 대립했다고 보기 때문이다. 영국에서 부르주아지의 탐욕을 혐오한 토지세력인 토리당에 의해 곡물법이 만들어졌던 사실에서 알 수 있듯 노동에서 민제된 기생적 엘리트들의 가치인 가부장제는 유럽에서 고전적 자본주의의 제동장치로 작동했던 사고다. 실제로 공동체의 명맥을 유지시키는 인격적 의존관계가 통용되지 않는 북부의 개인주의적 자본주의 사회체제가 남부로 이식될 것에 대한 두려움은 남부의 백인 빈민들로 하여금 대거 전쟁에 참여하도록 만든 이유이기도 했다.

이런 이유에서 버먼은 남북전쟁에서의 북부의 승리가 고전적 자본주의가 거추장스러워하는 문화적 장애물을 완전히 소멸시켰다고 본다. 그리고 공동체주의의 잔재가 소멸하고 개인주의적 자본주의가 지배적인 상황은 자유와 민주주의의 발전을 저해하는 새로운 문제들, 즉 거대한 부, 계급 갈등의 심화, 자본의 정치 장악 등을 야기했다는 것이다.[27] 그런데 이러한 새로운 장애물들이 야기한 질곡은 현재진행형이다. 역사적 평가는 당대의 시점에서 이루어지는 것이기 때문에 현재의 신자유주의 경제체제에 혐오감을 가진 버먼이 주목하는 것은 통제되지 못한 경제적 자유주의가 언제 지배적으로 부상했는가 하는 점이다. 이러한 이유에서 그에게 정의와 승리의 국가 서사가 강조하는 남북전쟁의 신성성은 의미를 상실했다. 그리고 이는 현실비판적인 역사학이 영웅주의와 선악구도로 가득 찬 남북전쟁의 공적 서사와 거리를 두는 하나의 사례다.[28]

---

27 모리스 버먼, 『미국은 왜 실패했는가: 제국의 쇠퇴, 그 뿌리』, 김태언·김형수 옮김(녹색평론사, 2015), 137~181쪽.

28 그러나 필자는 이러한 버먼의 시각에 제한적으로만 동의한다. 남북전쟁이 가치관과 문명 간 충돌이었다는 점은 일정 정도 사실이지만 버먼이 남부의 가치를 과대평가하는 것과 달리 가족, 반개인주의 공동체, 명예라는 자본주의 대안 가치들이 남부의 독점물이 아니라는 점을 강조하고 싶다. 실례로 이러한 문화는 전산업사회의 가치를 가진 채 19세기 말에 미국으로 대량 이주한 남동유럽 노동자들에게서도 찾아볼 수 있다. 따라서 개인주의적 자본주의에 맞서는 대안문화가 남부의 농장주 경제에서만 발견되는 것은 아니라는 점에서 남

이상에서 알 수 있듯 국가가 장려하는 합의의 기억, 즉 공적 역사는 자주 감정 이입을 요구하는 이분법과 비현실적인 낙관주의를 특징으로 하는데, 이는 공적 서사와 학술 담론 간의 간극을 넓히며 이로 인해 공적 서사의 영향력은 제한된다. 즉, 하나의 역사적 사건에 대한 공적 역사는 정의와 승리의 국가 서사가 찬양하는 역사적 사건으로 만들어진 사회가 과거를 청산하지 못하고 인간적 가치를 실현하는 데 실패했을 때 도전에 직면하는 것이다. 사회적 비평의식을 담아낼 수 없으며 현실을 유토피아의 완성이라는 목적론적 시각 속에서 이해하는 낙관주의적 승리의 국가 서사는 공적 역사와 '진정한 역사(real history)' 간의 괴리를 심화시키기 때문이다. 그리고 이러한 남북전쟁에 대한 기억의 분기 속에서 정치적 견해를 달리하는 집단들은 모두 한 가지 점에 동의할 것이다. 바로 공적 역사가 허구의 역사라는 점이다.

이러한 미국의 경험은 우리의 공적 역사 서사에 대해 생각토록 만든다. 대한민국의 역사를 고통 속에서 저항을 통해 자유와 민주주의를 달성한 자기만족적 발전사로 쓸 경우 두 가지 도전에 직면할 것이다. 독재 체제에 대한 정치적·문화적 청산이 부재한 상황에서 이러한 국가 서사는 반자유주의적이며 반민주적인 사고방식을 담은 정치집단이 만들어낸 서사의 도전을 받을 것이다. 실제 그 도전은 산업화라는 새로운 발전사적 목표를 설정하고 자유와 민주주의를 위한 투쟁을 폄하하며 독재를 정당화하는 신화적 국가 서사를 쓰려는 뉴라이트 사학으로 현

부를 더 긍정적으로 보아야 할 필요는 없다. 또한 이기심으로 조장하는 자본주의가 싫다고 남부가 전산업화 가치 모두를 재평가해야 하는 것인가? 무엇보다 남부 엘리트의 가부장제가 자유와 평등이 확대되는 사회에서 살아남았더라도 얼마나 의미 있는 대안을 만들어낼 수 있었을지는 불확실하다. 이런 의미에서 평등성이 강조된 노동자들의 공동체주의가 더욱 대안적 가치를 가진다.

실화되어 있다. 그러나 이처럼 불의의 과거를 적나라하게 옹호하는 세력의 서사보다 공적 역사에 더욱 심대한 도전이 존재한다. 그것은 바로 단순한 정의와 승리의 서사를 받아들이기를 거부하며 미진한 과거 청산과 불완전한 민주주의를 강조하는 현실 비판적 서사일 것이다.

민간 기념물과 논쟁적 기억*

수하르토 기념관의 경우

서지원 | 창원대학교 국제관계학과

1. 민주화 또는 '개혁'

1997년 아시아 경제위기는 인도네시아에 커다란 정치적 변화를 가져왔다. 1998년 5월 21일, 30년 넘게 인도네시아를 통치해온 수하르토 대통령이 하야한 것이다. 경제난에 지친 민중의 불만과 학생들의 반정부 시위, 그리고 아직도 전모가 확실히 밝혀지지 않은 대도시의 폭동이 이어지면서 군부와 정치 엘리트마저 수하르토를 비호하지 않을 것임이 뚜렷해지자 수하르토는 불과 몇 달 전 국민협의회에서 자신과 함께 부통령으로 선출된 바하루딘 유숩 하비비에게 권좌를 넘겨주고 대통령직에서 물러났다. 수많은 방향으로 향한 정치적 열기 속에서 인도네시아는 어느 정도의 정치적 자유와 선거민주주의를 쟁취해냈다.

수하르토의 하야를 전후한 정치적 이행기를 인도네시아에서는 '개혁

---

* 이 글은 2015년 ≪동남아시아연구≫ 25권 3호에 「민간 기념물과 논쟁적 기억: 민주화 이후 인도네시아의 사례를 중심으로」라는 제목으로 게재된 글의 일부를 수정·보완한 것이다.

(reformasi)'의 시기라고 부른다. 인도네시아에서는 '민주화'라는 말을 잘 쓰지 않는다. 이 말은 정치학자의 강연에서나 가끔 들을 수 있을 정도다. 한편 패전한 일본이 물러난 이후 연합군의 힘을 빌려 식민 지배 질서를 회복하려던 네덜란드에 맞선 인도네시아인들의 투쟁, 결국 1945년 선언된 인도네시아공화국의 국제적 인정으로 이어진 무장·외교 양 전선에서의 그 투쟁은 '혁명(revolusi)'이라고 부른다. 나라를 세워낸 '혁명'은 다른 정치적 변화에는 비견될 수 없는 특별한 사건이기 때문에 수하르토의 권위주의 체제를 무너뜨리고 정치를 바꾸자는 열기는 '개혁'이라는 이름으로 분출된 것이라고 이해할 수 있다.

'개혁'과 함께 권위주의하에서 꺼내지 못했던 이야기들이 터져 나오기 시작했다. 수하르토 체제 말기에 특수부대에 끌려갔던 학생운동가들은 자신이 당한 불법 구금과 고문에 대해 증언했다. 수하르토가 하야하기 직전인 1998년 5월 12일에 교문 앞 시위를 벌이다 총탄에 맞아 네 명의 학생이 목숨을 잃은 트리삭티대학교 사건과, 뒤이어 수도 자카르타에서만 수백 명의 목숨을 앗아갔으며 약탈과 강간 등으로 중국계 시민들의 막대한 피해를 낳았던 5월 폭동에 대한 진상 규명을 요구하는 목소리도 높았다. 1984년에 군부대로 행진하며 시위를 벌이다가 수십 명이 목숨을 잃은 자카르타 '탄중 프리옥' 사건의 유가족들도 목소리를 내기 시작했다. 1990년대 초반부터 줄곧 국제사회의 관심거리였던 동티모르는 주민투표를 거쳐 독립을 결정했다. 그리고 영토의 동서를 잇는 거리가 런던과 바그다드를 잇는 거리보다도 멀다는 인도네시아 서쪽 끝의 아체와 동쪽 끝의 파푸아에서는 수하르토 시기의 인권 문제에 대해 문제를 제기하는 한편, '우리도 동티모르처럼 될 수 있다'며 개혁의 열기가 독립을 향한 열망으로 전환되어 아체의 봄, 파푸아의 봄이 시작되었다.

수하르토 체제의 기원도 비로소 본격적으로 수면 위에서 이야기되기 시작했다. 1965년 10월 1일 새벽, 일단의 군인들이 6명의 고위 장성과 장교 1명을 살해하면서 일으킨 '9월 30일 운동(Gerakan 30 September: G30S)' 쿠데타 이후 초대 수카르노 대통령은 실권을 잃었으며, 자카르타의 상황을 앞장서서 통제한 전략예비사령부의 수하르토 장군이 실질적인 통치자로 부상했다. 정치국의 극소수 인원을 제외한 일반 공산당원들은 '9월 30일 운동'이 계획되고 있는지조차 몰랐지만, 각지에서 비슷한 음모가 기획되어 종교 지도자들과 지역 유지들을 살해하려 했다는 소문이 유포되었다. 그렇게 나라 전역에서 민족 반역자들에 대한 피의 숙청이 이루어졌다. 다큐멘터리 영화 〈액트 오브 킬링〉(2012), 〈침묵의 시선〉(2014)을 통해 해외에도 널리 알려지게 된 1965년과 1966년의 숙청으로 수백만 명의 당원과 외곽 조직원을 두고 있던 합법 정당 공산당은 송두리째 뿌리가 뽑혔다. 당시의 집단 학살을 회고한 수기에 따르면 등산길이 공산주의자들의 머리로 장식되거나, 남자 공산주의자들의 성기가 과일가게에 걸어놓은 바나나들처럼 집 앞에 죽 걸려 있기도 했다.[1] 기차역에서는 부모를 잃은 공산당 집 아이들이 승객들에게 먹을 것을 구걸했다. 군부가 관리했으나 민간, 특히 이슬람을 비롯한 종교계 단체 청년들이 열렬히 참여했던 학살로 인해 50만 명 정도가 죽임을 당했다. 죽음을 면한 이들은 먹을 것도 충분하지 않은 좁은 감방과 강제수용소에 내던져졌다. 그리고 수하르토와 군부는 수카르노의 '구질서'와 대비되는 '신질서'를 세우겠다고 공언하며 1966년 3월 수카르노에게서 위임

1 삐삣 로치얏, 「나는 공산당인가 안 공산당인가?」, 서지원 옮김, ≪아시아저널≫, 4권(2011), 19~37쪽.

장을 넘겨받아 공식적으로 권력을 장악했다.

이후 30년이 넘게 숨죽여 살던 '9월 30일 운동' 연루자들과 1965년 숙청의 피해자들은 '개혁'의 바람을 타고 존재를 드러내기 시작했다. 유명인들은 회고록을 출판했고 석방된 전직 공산당원들은 각종 동우회를 결성했다. 정치범 출신들이 주축이 된 1965~1966년 학살 희생자 조사재단(Yayasan Penelitian Korban Pembunuhan: YPKP)은 인권단체와 손을 잡고 중부자바의 워노소보에서 집단학살 무덤을 발굴하기도 했다. 그러나 지역사회의 반발도 컸다. 이슬람 단체를 자칭하는 갱이 운구 차량을 덮쳐 관을 깨부수고 유골을 불태우는 난동을 부리기까지 했다. 2000년에 발생한 이 사건으로 큰 충격을 받은 인권단체와 피해자 단체들은 1965년 사태와 관련된 외부 활동을 극도로 조심해왔다.

'개혁'을 통한 선거민주주의로의 제도적 이행은 비교적 순조롭게 이루어졌다고 평가할 수 있다. 1999년에 치른 자유선거에서는 수하르토 대통령에게 견제받던 수카르노 대통령의 딸 메가와티 수카르노푸트리가 이끄는 투쟁민주당이 제1당의 지위에 올랐고, 2004년에는 인도네시아 최초로 대통령 직접 선거를 통해 군부 장성 출신인 수실로 밤방 유도요노 대통령이 선출되었다. 2014년에는 과거 체제의 엘리트도, 직접적 피해자도 아닌 지방 중소기업가 출신 조코 위도도(조코위) 후보가 대통령 선거에서 승리했다. 각급 의회와 지방자치단체장 선거도 정당과 후보들의 치열한 경쟁 속에 치러지고 있다.

수하르토 체제는 이제 과거의 일이 되었지만 극복되지는 않았다. 수하르토가 하야한 직후 검찰은 장학재단을 빙자한 여러 재단을 통한 수하르토 가족의 사익 축적에 대한 수사를 시작했다. 그러나 수하르토는 건강 문제를 핑계 삼아 재판정에 출석조차 하지 않았다. 2008년 수하르토가 사망할 때까지 부패 사건에 대한 선고는 이루어지지 않았다. 최근 법원이 수하르토 가족에게 3000억 원 이상의 추징금을 납부하라고 명령했지만 실질적으로 집행되지는 않고 있다. 수하르토 시대의 군부 및 정치 엘리트들도 여전히 활발히 활동하고 있다. 단적인 예로 2014년에 조코위 후보와 맞붙은 프라보오 수비안토는 수하르토의 예전 사위이자 1998년 당시 육군 특수부대장으로서 특수부대가 수행했던 정치활동가 납치에 책임을 지고 군 경력을 마감했던 인물이다.

정치적 이행기에 터져 나왔던 과거의 인권 문제에 대한 증언들도 이제는 화력을 잃었다. 1999년 동티모르 주민투표 당시의 민병대 폭력과 1984년의 탄중 프리옥 사건이 새로 만들어진 인권법정에 회부되었지만 결국 모두 무죄 석방되었다. 이행기를 뒤흔든 활동가 납치 사건도 일반 법정에서 말단 병사 몇 명이 몇 개월 정도의 형기를 선고받았을 뿐이고, 그나마 그들도 석방 이후 군에 복귀해 정상적인 커리어를 이어가고 있다. 1998년 8월부터 이야기되던 진실화해위원회 역시 아무도 원하지 않는 먼지 쌓인 제안이 되어버렸다. 2005년 쓰나미가 발생한 이후 정부와 반군 양측이 평화협상에 서명한 아체에서만 얼마 전 지역 진실화해위원회가 구성되었지만 진상규명 활동은 아직 본격적으로 이루어지지 않고 있다. 국가인권위원회는 2002년에 시작한 수하르토 시대의 중대 인권 침해에 대한 보고서 작업을 2012년에야 완료했다. 1965년 사태에 대한 보고서는 끝내 공개되지 않았으며, 2016년에 1965년 사태와 관련해 민·관 합동 심포지엄이 열리자 이에 반발한 전직 장성들이 별도의 토론회를 열어 반공의 목소리를 드높이기도 했다. 결국 공산당을 악마로 그려내며 피의 숙청을 정당화한 수하르토 체제의 역사적 시각에 대한 반발은 '개인적 사설'로만 남게 되었다.

2. 인도네시아의 공식 기념물과 민간 기념물

인도네시아의 공식 역사 기념물은 대부분 수하르토 체제하에서 만들어진 채로 남아 있으며, '개혁' 또는 민주화 이후에도 기존의 기념관이 없어지거나 극적으로 변화된 내용을 담고 운영되는 경우는 극히 적다. 또한 민주화라는 정치적 맥락에 맞추어 새롭게 조성된 기념물은 거의 없다. 즉, 수하르토 체제의 역사는 오로지 독립 혁명의 연장선상에서 군부가 중심이 되어 민족의 배신자인 공산당 등 극단주의자들을 쳐부순 '영광의 역사'로만 기록될 뿐, 학살 등 인권 침해에 대해 국가가 공식적으로 인정하고 이를 '부끄러운 역사' 또는 '고통의 역사'로 기억하려는 시도는 전무하다.

수하르토가 직접 지시해 1965년 쿠데타 시도 당시 살해된 6명의 장군과 장교 1명의 시체가 처리된 루방부아야('악어 구덩이') 근처에 건립한 '신성 판차실라 기념비(Monumen Pancasila Sakti)' 단지의 여러 디오라마와 부속 시설인 공산당 반역 박물관(Museum Pengkhianatan PKI)에는 공산당의 잔인성만 묘사되어 있을 뿐, 뒤이어 수십만 명의 공산당원 및 동조자들이 학살되었다거나 투옥 등 고초를 겪었다는 이야기는 찾아볼 수 없다. 유사한 기념비들이 지역 군부대에 의해 전국 각지에 건립되어 있지만 이에 대한 대안적 민간 기념물은 찾아볼 수 없다.

수하르토가 하야한 이후 자유화 바람을 타고 수하르토 체제의 공식 역사박물관에 맞서는 대안적 민간 프로젝트가 등장하지 않은 것은 아니다. 하지만 기념관 수준의 시도 중 두 가지는 실무적 어려움으로 인해 현재 상설 운영되지 않고 있다. 발리 덴파사르에 위치한 '65년 정원(Taman 65)'은 공산당 집안 출신인 지역의 NGO 활동가와 학자 형제에 의해 건립되었다. 2005년 7월에 문을 연 '65년 정원'은 인도네시아 역사상 최초로 1965년 피해자들의 경험을 '물질적으로 기념'하는 공간이었지만 확대 가족이 거주하는 사유지 내의 정원이라서 누구나 와서 관람할 수 있는 공공성을 가지고 있다고 보기는 어려우며, 초반에는 공연과 전시 등의 행사가 열렸지만 상설 전시를 통해 대안적 의미를 지속적으로 확보하는 데에는 실패했다.

2011년 4월 반다아체에 지역 문화단체가 주도해 차린 인권박물관의 운명도 유사하게 끝났다. 단체 사무실의 마당에 있는 별채를 공간으로 활용했고 30년간 지속된 아체의 독립투쟁 시기에 발생한 학살과 실종 등 인권 문제를 설명한 패널 위주로 전시를 꾸려 일반에 개방했으나, 2013년 초 단체가 이사하면서 상설 전시 공간은 없어졌으며 간혹 패널 전시를 지역의 대학 등에 대여하는 사업만 남아 있는 것으로 보인다. 아체의 인권박물관 역시 관이 제공하는 역사적 기억에 대한 대안적 관점을 표방하며 출발했으나, 기간이 정해져 있는 프로젝트 사업 경비에 의존하는 NGO의 특성상 지속적으로 운영하지 못하게 된 것이다.

건립된 지 3년이 지난 민간 기념물 중 대표적인 것으로는 1998년 5월 수하르토 반대 시위 중 사살당한 네 명의 트리삭티대학교 학생을 기리기 위해 학교에서 구내에 설치한 '5월 12일 비극 기념실'을 들 수 있다. 이 외에 남아 있는 것들은 기념관에 비해 유지비용이 적게 드는 기념비 또는 추모비 형태의 기념물로, 트리삭티대학교 구내의 민주화영웅탑, 북부아체 록스마웨시 근교에 건립된 1999년 크라프트지 공장 교차로 학살 위령탑, 남부아체 잠부크폭(Jamboe Keupok) 마을에 세워진 2003년 학살 추모비, 1998년 5월 자카르타를 휩쓴 폭동의 비극을 기억하기 위해 관련 인권단체가 세운 비는 기념비라기는 조형물 정도다. 이

중 북부아체의 위령탑에 지방정부의 예산이 투입된 것을 제외하고는 국가에 의한 폭력을 기억하는 데 국가의 예산이 사용된 경우는 없다.[2]

정리하자면, '개혁' 이후의 인도네시아에서는 정부가 주도하는 진실 규명 사업이 지지부진한 가운데 관 주도의 역사 기념사업 역시 수하르토 체제의 관행을 유지하고 있으며, 민간 기념물은 양적·질적으로 빈약하고 제한적인 상황이다. 이러한 가운데 2013년 중부자바에 건립된 수하르토 기념관은 논쟁적 역사에 관한 공식적인 정리가 부재한 상황에서 민간 기념물이 갖는 위험성을 보여준다.

3. 수하르토 기념관

수하르토의 가족이 그의 출생지인 족자카르타 특별주 반툴의 농촌에 건립한 수하르토 기념관은 3620m^{2}의 부지에 조성되어 있으며, 기념관 외에도 3m가 넘는 높이의 수하르토 동상과 자바식 정자, 우물, 이슬람 사원, 가옥 등을 포함하고 있다. 기념관 전시의 내용은 수하르토 대통령이 재임 기간 동안 이룬 성취보다 그의 군인 정신과 민족 수호자로서의 역할 등에 집중하고 있는데, 이 중에는 논란이 될 만한 서술도 많이 포함되어 있다. 그러나 많은 관람객이 매일 찾는 박물관임에도 가족

---

2 최근 몇 년 사이 추모비의 설치가 늘어나고 있다. 중부자바에서는 금기시되던 1965년 사태 희생자들을 위한 추모비가 세워지기도 했다. 또한 2014년부터는 자카르타 주정부도 묘지 정비, 기념 조형물 설치, 기념식 개최 등 1998년 5월 폭동 기념사업에 예산을 투입했다. 5월 폭동을 다른 국가 폭력 사건들과 나란히 놓고 보기는 힘들 수도 있지만, 자카르타 주정부 사업은 공동체에 충격을 준 폭력 사태의 기념사업에 정부가 관여한 드문 사례 중 하나이기는 하다. 5월 폭동의 성격에 대해서는 서지원, 「민간 기념물과 논쟁적 기억: 민주화 이후 인도네시아의 사례를 중심으로」, ≪동남아시아연구≫, 25권 3호(2015), 14~20쪽 참조.

이 자비로 설립한 민간 기념물이라는 특성 때문인지 전시 내용에 대한 공적인 논쟁은 전혀 이루어지지 않고 있다.

2013년 이전까지 '수하르토 박물관'이라고 하면 '아름다운 인도네시아 축소 공원'이라는 뜻을 지닌 타만미니공원에 수하르토의 부인 티엔 여사가 주도해 만들어 1993년 개관한 푸르나 박티 퍼르티위박물관을 가리켰다. 거대한 3층 건물에 수하르토 대통령 부부가 재임 시절 국가원수로서 외국에서 받은 선물을 전시해둔 이 박물관을 제외하고는 수하르토 대통령을 특별히 기념하는 시설은 없었다. 족자카르타에 있는 브레데부르그요새박물관에는 1948년 12월 네덜란드가 무력으로 독립 인도네시아의 임시 수도 족자카르타를 점령하자 1949년 이를 수복하기 위해 벌였던 작전 당시의 수하르토의 공적이 강조되어 있다. 하지만 엄격히 말해 이 박물관은 수하르토 개인에 대한 기념 시설로 볼 수 없다. 또한 루방부아야와 '신성 판차실라 기념비' 등 수하르토 시대에 군부가 건립한 기념물에도 수하르토 개인의 역할이 확연히 드러나 있지는 않다. 2008년 수하르토가 사망한 이후 추도식 등의 행사는 그가 묻힌 솔로의 묘지에서 치러져왔다. 그렇다면 왜 수하르토 사후 5년, 하야 이후 15년이라는 시간이 흐른 후인 2013년에 그를 기념하는 시설이 건립된 것일까?

단기적인 정치적 동기, 즉 수하르토 가족 구성원들의 정계 진출과 관련해 기념관을 해석하는 논자도 있다. 실제로 2014년 4월 총선에서는 수하르토의 셋째 딸이 수하르토 기념관이 위치한 지역에서 국회의원으로 당선되었으며, 그의 전 남편인 프라보오 후보는 같은 해에 대통령 선거에 출마해 조코위 후보와 접전을 벌인 끝에 낙선했다. 필자가 2014년 7월 대선 직전의 주말에 수하르토 기념관을 방문했을 당시 기념관

입구에서는 프라보오 후보의 얼굴이 찍힌 배지를 무료로 배포하고 있었다. 수하르토의 아들이자 자신에게 불리한 판결을 내린 판사를 청부살해해 유죄 판결을 받은 적 있는 인물인 토미 또한 정계 진출 의사를 여러 차례 밝혔으며 2016년 신당을 창당하는 등 수하르토 가족 다수는 정계에 진출했거나 진출하기를 원했다. 따라서 기념 시설을 통해 수하르토에 대한 향수를 불러일으킨다면 자신들의 정치적 인기를 뒷받침할 수 있는 요소가 되리라고 판단했을 것이다. 그러나 이를 수하르토 기념관의 주요 목적으로 이해하기에는 기념관에서 다루는 내용이 수하르토 개인의 기여를 지나치게 간략하게 설명하고 있으며 수하르토의 기여 중 특정한 측면만 강조하고 있다는 인상을 준다.

수하르토 기념관 단지는 자바 농촌 출신이라는 수하르토의 태생을 두드러지게 강조한다. 입구에 들어가면 오른쪽으로 보이는 연못에는 물소를 타고 노는 아이들의 조각상이 설치되어 있다. 또한 정원 맞은편에는 '수하르토 대장군 기념관'이라는 글씨가 커다랗게 붙은 가설벽이 세워져 있는데, 수하르토의 덕성을 강조하는 문구가 자바어로 튀어나와 있다. 정원 한가운데에 서 있는 자바식 정자 뒤편에는 우물이 있는데, 박물관에서는 지금까지 단 한 번도 마른 적이 없는 우물임을 강조한다. 수하르토 가문의 신비한 힘을 과시하는 장치인 것이다. 수하르토 대통령이 자바 신비주의 전통에 심취해 있었고 자신에 대해 "인도네시아라는 정치적 우주의 진원지로서 군림하는 지도자라고 여겨지기를 원했다"[3]라는 평가를 고려할 때 이는 자연스러운 경향이다. 게다가 대대

3 R. William Liddle, "The Relative Autonomy of the Third World Politician: Soeharto and Indonesian Economic Development in Comparative Perspective," *International Studies Quarterly*, 35(4), p. 410.

로 내려온 가문의 샘물이 마르지 않는다는 신비화는 수하르토 자녀들에게 정치적으로 긍정적인 이미지를 구축하는 데에도 기여할 것이다.

그러나 정작 기념관을 들여다보면 수하르토 대통령이 지도자로서 32년간 재임하는 동안 무엇을 '했는지'에 대한 설명은 대단히 간략하다. 대통령 재임 기간 동안 이룬 업적은 기념관의 출구로 나가기 직전에 설치된 긴 벽 하나에서만 다루고 있다. 기념관의 다른 전시에는 터치스크린이나 디오라마가 아낌없이 쓰이고 있으나 이곳은 오로지 글과 사진으로만 구성되어 있다. 박물관의 마지막 코스인 이곳의 주요 전시 내용은 수하르토가 대통령 재임 당시 외국 정상들과 찍은 사진, 시찰하는 모습 등의 사진과 더불어, 몇 대 대통령으로서 어느 부통령과 함께 선출되었는가 하는 연표식으로 구성되어 있다. 수하르토 체제가 경제 정책의 일관된 집행으로 인해 재원을 확보하고, 그 재원은 농촌 개발과 각종 보조금을 통해 사회로 흘러 들어가 지지의 기반이 되었다는 '업적에 기반을 둔 정당화' 주장[4]에 비추어볼 때 그의 재임 기간 업적, 특히 경제성장과 개발의 업적이 더 자세히 다루어지지 않은 것은 이 기념관의 흥미로운 특징이다.

그 대신 기념관의 전시 내용은 수하르토가 대통령이 되기 이전 발생한 1949년 족자카르타 공격, 파푸아 점령, 1965년 9월 30일(10월 1일)의 쿠데타 시도라는 세 가지 사건에 집중되어 있다. 1949년 공격은 족자카르타 시내의 요새 박물관에서 다루고 있는 소재이지만, 이 기념관에서도 디오라마 3세트와 당시 민족 독립의 열기를 보여주는 포스터 등을 통해 상세히 다루면서 수하르토가 이끄는 부대의 역할이 공격의 절정

4 같은 글.

이었다고 기술하고 있다.

당시 '서부 이리안'이라고 불리던 파푸아 점령에 대해서는 수하르토 대통령이 침투 작전을 지휘했다는 사실과 수하르토 대통령 재임 기간인 1969년에 실시한 주민투표에 따라 파푸아가 인도네시아에 공식적으로 편입되었다는 사실을 당시 정권이 선별한 주민 대표들의 지장 또는 서명이 담긴 투표용지와 함께 보여준다. 인도네시아 정부가 선별한 1022명의 대표가 만장일치로 편입에 찬성한 주민투표의 절차적 문제점은 물론, 파푸아 병합에 수카르노 정부의 외교적 노력이 결정적이었다는 사실도 전혀 언급하고 있지 않아 수하르토의 역할을 다소 강조한 군부의 기념관이 아닌가 하는 착각이 들 정도다.

가장 상세한 내용이 담겨 있는 것은 1965년 쿠데타와 공산당의 반역에 대한 전시다. 군부의 공식 역사 서술과 마찬가지로 수하르토가 아무런 역할을 하지 않았던 공산당의 1948년 마디운 반란에서 시작하는 전시 내용은 1965년 이전에 공산당이 저지른 도발 행위들, 공산당 가맹 청년단·여성조직의 군사훈련 등 공산당의 무장, 1965년 10월 1일 이후 발생한 사건의 시간대별 묘사, 루방부아야에서 끄집어낸 장군들의 처참한 시체 사진, 공산당에 대해 분노한 민중의 시위로 이어지다가 수카르노 대통령이 수하르토에게 전권을 위임하는 1966년 3월 11일의 '수퍼세마르'로 끝을 맺고 있다. 육군 공수부대가 대통령궁을 둘러싼 가운데 대단히 긴장된 분위기에서 발생해 사실상의 쿠데타였던 것으로 알려진 수퍼세마르, 즉 전권 위임 명령에는 수하르토와 수카르노가 함께 유쾌하게 웃고 있는 사진을 배치했다. 이와 같은 내용을 10개 이상의 패널 전시 및 디오라마로 구성한 한편, 쿠데타 세력에게 살해당한 장군들의 초상은 형광 불빛 아래 도드라지게 배치했다. 또한 이 전시만을 위한 별개의 터치스크린이 설치되어 있는데, 수십 개의 화면에 채워진 내용은 주로 공산당이 쿠데타를 준비하는 과정에 관한 것으로, 내용의 출처만 없을 뿐 단행본 못지않게 상세하다.

이 기념관에서는 수하르토 시대의 군부가 공식 기념물, 책, 영화 등을 통해 선전하던 반공민족주의적 역사관을 수하르토 가족이 소유한 막대한 자금과 터치스크린 등 새로운 기술을 동원해 반복하고 있다. 소규모 전쟁기념관을 연상케 하는 이 기념관이 이러한 방식으로 기획된 이유에 대해 직접 기획자나 후원자를 만나 들을 기회는 없었지만, 전시들이 논쟁적 과거에 집중되어 있다는 것은 분명하다. 그렇다면 무엇이 논쟁적 과거이고 무엇이 논쟁적 과거가 아닌가?

4. 수하르토와 논쟁적 기억

수하르토의 재임기에 경제가 매년 평균 몇 퍼센트 성장했는가 하는 것은 논쟁의 대상이라고 볼 수 없다. 숫자는 다른 설명 없이도 자신을 웅변할 수 있기 때문이다. 인도네시아에는 여전히 가난한 사람이 많고 수하르토 시대에는 지금보다 더 많았겠지만, 어쨌든 수하르토 치하에서 매년 5% 정도의 경제성장률을 꾸준히 기록한 것은 논쟁의 여지가 없는 사실이다. 1960년대 초반, 비동맹 노선을 견지하며 당시 외교적으로 고립되어 있던 중화인민공화국의 벗을 자처한 수카르노가 서방 국가들에게 '신식민주의' 딱지를 붙이며 "원조를 가지고 지옥으로 꺼져라"라고 독설을 내뱉던 시절, 인도네시아의 경제는 하이퍼인플레이션을 기록하고 있었다는, 또 다른 논쟁의 여지가 없는 사실과 대비해보면 수하르토 시대의 경제성장은 더욱 두드러진다. 수하르토가 군부에 대한 장악을 바탕으로 그에 앞선 수카르노의 통치보다 더 효과적인 권위주의 체제를 운영할 수 있었다는 사실, 그리고 수하르토 가족이 대규모의 부패와 횡령을 저질렀다는 사실만큼이나 수하르토 시대의 경제성장률은 논쟁적 기억의 영역에 들어오기에는 지나치게 분명한 사실이다.

수하르토 시대에 경제가 성장한 이유가 공산당의 숙청에 기뻐하던 미국을 비롯한 서방의 국가들이 수하르토의 인도네시아에 막대한 원조를 제공했기 때문인지, 인도네시아의 젊은 경제 관료들이 대거 미국으로 유학해 미국식 경제관념을 배우고 돌아온 것이 효과가 있었기 때문인지, 아니면 동아시아 지역의 경제발전으로 인한 연쇄 효과 때문인지는 학자들이 논쟁할 문제다. 만 명이 넘는 공산당 정치범을 재판도 없이 강제수용소에 십 년 넘게 가두어두고 1975년에 포르투갈로부터 독립을 선언한 동티모르를 침공해 수만 명의 인명 피해를 낸 수하르토 정권에 원조를 제공한 것이 옳았는지 아닌지는 미국, 네덜란드 등지의 정치인들이 논쟁할 문제다.

수하르토라는 인물을 평가하면서 그의 공과 과가 7 대 3인가 아니면 5 대 5인가 따위를 논하는 것 역시 이 박물관의 초점에서 벗어난다. 대신 수하르토 박물관의 전시는 수하르토의 지지자들마저도 마음 한 구석에서 의구심을 가질 수 있는, 수하르토의 가장 약한 부분에 초점을 맞추고 있다. 그리고 이러한 부분은 현재진행형인 정치적 논쟁과도 관련되어 있다.

수하르토 체제의 정당성에 대한 의구심은 대개 그 기원으로 거슬러 올라간다. 기념관의 운영 주체는 정치 지도자로서의 수하르토의 정당성을 경제성장 등의 업적에 두는 것은 충분하지 못하다고 여기며, 1966

년의 수퍼세마르까지 이어지는 역사적 사건들과 함께 구국의 영웅이라는 수하르토의 역할을 강조함으로써 정당성의 기반으로 삼으려 하고 있다. 1965년의 '9월 30일 운동'은 인도네시아의 정치권력을 찬탈하는 데에 성공하지 못했지만, '9월 30일 운동'을 진압한 수하르토는 수카르노 대통령의 권력을 성공적으로 찬탈했다. 권력을 빼앗긴 수카르노는 병상에 누워 실질적인 감금 생활을 해야 했으며, 대통령 시절 주로 머무르던 보고르의 대통령궁 근처에 묻히고 싶다는 그의 마지막 소망 또한 실현되지 못했다.

수하르토가 수카르노에게 부당한 대우를 한 것 아닌가? 수카르노가 1950년대 말 의회민주주의를 정지시키고 군부와 공산당을 양대 축으로 하는 교도민주주의 체제를 출범시키며 1965년의 정치적 위기를 불러오기는 했지만, 어쨌든 그는 1920년대부터 인도네시아를 위해 온몸을 바쳐 싸운 민족주의자이자 1945년 8월에 인도네시아공화국의 독립을 선포한 건국의 아버지 아니던가? 그가 이끄는 공화국 정부는 결국 혁명의 승리를 쟁취하지 않았던가? 수카르노의 권력을 빼앗은 수하르토에게 수카르노에 비견할 만한 영웅적 공적이 있는가? 이 같은 질문은 여전히 조국의 역사에 관심이 있는 인도네시아인들이 충분히 관심을 가질 만한 사안이다. 2010년부터 거의 매년 수하르토에게 민족영웅 칭호를 수여할 것인지 여부를 두고 논쟁이 벌어지고 있기 때문에 더욱 그렇다.

기념관에서 1949년 3월의 공격과 관련한 내용을 전시한 것은 이에 대한 해답이라고 볼 수 있다. 수하르토가 건국의 아버지는 아닐지언정 청년 장교로서 족자카르타 수복 작전에서 혁혁한 공을 세웠기에 건국에 기여한 바가 크다는 것이 이 전시를 통해 강조된다.

수하르토는 임기의 첫 20년 동안 수카르노의 인기를 극도로 경계했다. 1984년에 자카르타의 공항이 초대 정부통령의 이름을 따서 '수카르노-하타 국제공항'으로 명명될 때까지 수카르노는 인도네시아에서 금기시되는 상징이었다. 그의 묘지는 누구나 쉽게 찾아올 수 있는 보고르가 아니라, 1965년에 숙청당한 공산당의 잔당이 결집해 3년이나 숨어 지낼 수 있었을 정도로 외진 동부자바의 도시 블리타르에 있어야만 했다. 그러나 민족주의 지도자로서 공화국의 첫 20년 동안 대통령직을 맡았던 수카르노의 인기는 그가 쓸쓸하게 권력에서 밀려난 데 대한 동정심과 신질서 체제에 대한 반발까지 더해져 쉽게 식지 않았다.[5] 1980년대에 정계에 진출한 수카르노의 딸 메가와티는 곧 대단한 인기를 얻어, 1996년에 수하르토가 편법으로 메가와티를 야당 지도자의 자리에서 끌어내림으로써 자신의 하야로 이어지는 정치적 위기를 자초해야 했을 정도였다.

선친의 후광, 그리고 1920년대로 거슬러 올라가는 민족주의 정당의 뼈대를 이어받은 메가와티와 그 가족들은 여전히 원내 제1당인 투쟁민주당의 당권을 쥐고 있다. 비록 메가와티 자신은 한 차례 대통령직에 오른 후 직선제 선거에서 계속 패배하는 아픔을 겪었지만, 현직 대통령인 조코위가 투쟁민주당 소속이며 인구 밀집 지대인 자바에서 투쟁민주당의 인기는 여전하다. 1949년 공격을 다룬 기념관의 전시는 수하르토의 역할을 강조함으로써 수카르노 가문이 구태여 내세우지 않지만 모두가 알고 있는 수카르노의 공적과 혁명기 수하르토의 공적 및 영웅

5 Klaus H. Schreiner, "National Ancestors: The Ritual Construction of Nationhood," Henri Chambert-Loir and Anthony Reid(eds.), *The Potent Dead: Ancestors, Saints and Heroes in Contemporary Indonesia*(Honolulu: University of Hawai'i Press, 2002), pp. 183~204.

성을 대비시키고 있다.

1965년 사태에 대한 장황한 해설 역시 현재진행형인 정치적 논쟁과 결부되어 있다. 수하르토와 군부가 공산당을 절멸시킨 데 대해 30년 넘게 그 누구도 공개적으로 이의를 제기할 수 없었다. 수하르토 정권은 장군들을 살해한 공산당의 악마 같은 잔인함을 부각시킨 호러 영화를 매년 방영하면서 공산당에 대한 자신들의 행위를 정당화해왔다. 그렇지만 널브러진 시체들을 보며 모든 사람이 '공산당, 잘 죽었다'라고 생각했을까? 지역 농민회의 간부였던 옆집 아저씨, 청년단에 가입했던 여고생이 죽임을 당할 정도로까지 못된 짓을 했던가?

공산당과 '9월 30일 운동'의 관계에 대해 연구자들은 당수인 아이딧 등이 '운동'의 주축이 되었던 장교들을 통해 쿠데타에 개입한 것은 사실이지만 쿠데타를 계기로 나라를 전복하면서 비공산 계열 인사들을 학살하려는 공산당 차원의 치밀한 계획은 없었다는 데에 대개 동의하고 있다. 그러나 이러한 연구 성과는 1965년에 대한 인도네시아의 국내 정치적 논쟁에 반영되지 못했다. 메가와티 대통령 시기에 쿠데타 세력의 이름을 '9월 30일 운동과 인도네시아공산당(G30S/PKI)'에서 그냥 '9월 30일 운동'으로 수정하려고 했다가 큰 반발을 불러와 취소된 것이 지금까지 존재했던 교과서 관련 '수정주의 논쟁'의 전부라 할 수 있다. 9월 30일 운동에 공산당 고위급이 개입한 것이 사실이라고 주장하는 학술서[6]의 번역본마저도 금서로 지정되었을 정도다(당시 번역본의 출판사에서 소송을 제기해 재판을 거치지 않은 검찰의 자의적 금서 지정이 위헌이라는 판결을

6 John Roosa, *Pretext for Mass Murder: The September 30th Movement and Suharto's Coup d'état in Indonesia*(Madison: University of Wisconsin Press, 2006). 위헌 판결은 2010년에 내려졌다.

이끌어내기도 했다).

2012년에 국가인권위원회가 1965년 사태에 수반된 학살과 불법 구금, 고문 등을 중대한 인권 침해로 규정한 이후 반공주의의 역공은 더욱 심화되고 있다. 2년 후 인권단체의 지지를 업고 당선된 조코위 대통령은 1965년 사태를 포함해 국가인권위원회가 중대한 인권 침해로 규정한 수하르토 시대의 '과거사' 문제를 처리하겠다고 공약했다. 그러나 수하르토 기념관의 전시에서는 공산당을 가해자로, 공산당에 의해 희생된 장군들을 유일한 피해자로 그려내는 수하르토 시대의 역사 서술을 그대로 반복하며 공산당원들도 인도네시아의 애국적 시민이었으며 1965년 사태로 인해 그들이 누구보다도 비인간적인 피해를 입었음을 인정하지 않겠다는 단호한 의지를 보여준다.

파푸아 문제 역시 현재진행형이다. 2005년에 평화협정을 체결한 이후 다시 무장투쟁이 발발할 조짐이 보이지 않는 아체와 달리 파푸아의 독립운동 세력은 최근 통합된 조직에 힘을 결집하고 있다. 따라서 파푸아 문제는 인도네시아 정부가 외교무대에서 다루어야 할 골칫거리 중 하나다. 조코위 정부는 파푸아인들의 독립 요구에 단호하게 반응하면서 파푸아의 인프라 개발과 물가 안정에 심혈을 기울이고 있다. 한편 파푸아 독립운동 세력은 수하르토 시대부터 이어진 파푸아인들에 대한 인권 침해와 인도네시아의 파푸아 병합이 파푸아인들의 의사를 고려하지 않은 불법적인 행위라는 점을 부각시키고 있다. 그러나 수하르토 기념관에서는 파푸아 땅이 '수하르토가 정권을 장악한 1969년에 치러진 주민대표 투표를 통해 파푸아인들의 자유로운 의사에 따라 인도네시아의 일부가 되었다'라는 옛 시대의 선전 내용을 반복하고 있을 따름이다.

수하르토 박물관은 수하르토 가족 구성원들의 단기적인 정치적 성공을 위해 수하르토의 공적을 그럴싸하게 포장하는 방식을 택하지는 않았다. 대신 수하르토 정권의 약한 고리이자 수하르토의 육신이 묻힌 이후에도 여전히 현재진행형의 논쟁으로 남아 있는 의문들에 대해 '수하르토는 구국의 영웅이다. 수하르토는 옳았다. 수하르토 치하의 인도네시아뿐만 아니라 앞으로의 인도네시아도 이렇게 믿어야 한다'라는 식의 우직한 해답을 주고 있다.

5. 민간 기념물과 논쟁의 부재

수하르토 기념관의 가장 심각한 문제는 어느 쪽도 기념관에 대해 논쟁하지 않으려고 한다는 점이다. 기념관이 수하르토에 대한 일반적인 비판을 전혀 다루지 않는다며 "불신자를 전향시키려는 의도는 전혀 없다"[7]라는 지적도 사실이지만, '불신자들' 측에서도 가족이 운영하는 민간 시설인 수하르토 기념관에 이의를 제기하지 않는 실정이다. 파푸아 독립운동 세력이나 1965년 피해자 그룹은 수하르토 기념관에 대해 딱히 관심이 없으며, 수하르토 사건의 피해자들을 내세워 소송을 제기하는 등 수하르토에게 민족영웅 칭호를 수여하는 데 격렬하게 반대해 결국 이를 좌절시킨 인권단체도 수하르토 기념관에 대해서는 아무런 논평을 내놓지 않고 있다. 이와 같은 현상이 지속된다면 수하르토 기념관

7 Cory Rogers, "Museum Places Soeharto as Warden of the Young Republic," *The Jakarta Post*(November 10, 2014), http://www.thejakartapost.com/news/2014/11/10/museum-places-soeharto-warden-young-republic.html(2017년 3월 3일 검색).

은 아무런 비판을 받지 않은 채 편향적인 역사관을 통해 수하르토의 지지자들을 결집시키는 기능을 계속할 것으로 보인다.

기념물과 기념관은 정치적 공동체가 기억을 통해 지속시키거나 극복해야 할 가치를 담는 매개로서, 공동체가 구성 및 재구성되는 과정에서 정체성을 확립하기 위해 등장하는 기획이다. 따라서 관 주도 사업이 부재한 상황에서 민간 기념물로 그 자리를 채우려는 것은 자연스러운 시도라 할 수 있다. 민간 기념물은 사회적 합의에 대한 부담을 비롯해 비용을 비교적 적게 치르고도 건립할 수 있으므로 대안적인 관점들을 쉽게 대변한다는 장점을 지닌다. 그러나 민주적 논쟁 없이 각자 다른 대안적 가치를 제시하는 민간 기념물이 생겨날 경우 편향된 관점의 과거만 옹호하는 세력이 이를 정치적 양극화의 도구로 이용할 수도 있다. 학살 등의 인권 침해에 대해서는 침묵하면서 공산당의 배신만 강조하는 수하르토 시대에 만들어진 관제 기념물의 내러티브를 답습하는 수하르토 기념관이 그러한 사례다. 만일 이 기념관에 국가 예산이 투입되었더라면 과거사에 대한 민주적 논쟁을 촉발하는 계기가 되었을 수도 있지만, 현재로서는 전시 내용에 대한 논쟁은 전무하다.

최근에는 반공주의의 부상으로 정치개혁에 의해 확립된 선거민주주의마저도 부활한 반공의 망령이라는 짐을 걸머지게 되었다. 2014년 대통령 선거에서 조코위 후보는 그가 사실 인도네시아공산당의 당원이라는 흑색선전을 뚫고 겨우 당선되었다. 2017년 지방선거에서도 투쟁민주당의 어느 주지사 후보가 사실 공산당 집안 출신이라는 식의 흑색선전은 위력을 떨쳤으며, 지금 인도네시아 사회에 대한 가장 큰 위협 요소가 공산주의라는 주장을 하는 정치인들에 의해 반공 입법은 더욱 강화되고 있다. 공식적인 과거사 정리가 제대로 이루어지지 않은 데다 여전히 반공의 망령이 힘을 떨치고 있어 "공산당도 피해자였다"라는 단순한 주장을 하는 것도 쉽지 않은 개혁 이후의 인도네시아가 수하르토 시대의 그림자를 극복하는 날은 아직 가까이 오지 않았고, 족자카르타의 학생들은 수하르토 가족의 구미에 맞는 '진실'만을 옹호하는 수하르토 기념관으로 견학을 간다.

독일 통일 후 베를린장벽 역사 기념물 만들기*

냉전시대 관광의 풍경에서 기억의 터전으로

육영수 | 중앙대학교 역사학과/문화연구학과

1. 견고했던 베를린장벽은 어디로 사라졌을까

> 공간의, 공간 안으로의 침투는 역사적으로 볼 때 제도적인 침투를 통해 헤게모니를 쟁취한 것만큼이나 중요성을 갖는다.
>
> _앙리 르페브르

> 추모지란 모범적인 일이 발생하거나 시범적으로 상처가 남는 곳이다. 박해, 수모, 패전과 죽음 같은 피로 쓰인 비문의 내용은 신화적·민족적·역사적 기억에 중요한 기치를 갖는다.
>
> _알라이다 아스만

독일 재통일 후 베를린은 세계 관광객들이 가장 방문하고 싶은 도시

---

* 이 글은 2016년 ≪역사비평≫ 116호에 「베를린장벽 역사기념물 만들기: 관광의 풍경에서 기억의 터전으로」라는 제목으로 게재된 글을 수정·보완한 것이다.

중에서도 으뜸으로 꼽힌다. 1991년에 본을 제치고 통일 수도로 복귀함으로써 베를린은 옛 프로이센과 1871년 제2제국 수도로서의 명성을 계승했다. 프리드리히 대왕이 통치하던 시기에 설계되었으며 '슈프레 강가의 아테네'라는 별명에 어울리는 고색창연한 프로이센 고전주의 공공건물들, 비스마르크 통일제국 시절에 지어진 장엄한 역사주의 건물들, 1989년 재통일 이후 재건축된 도시 건물들 등에 힘입어 베를린은 2005년 유네스코가 선정한 '디자인 도시(City of Design)'로 뽑혔고 "유럽뿐만 아니라 세계의 문화 수도"로 격찬을 받았다.[1] 나치정권이 파괴한 수도에 남은 폐허의 잔해와 냉전체제 베를린장벽의 흔적들이 공존해 빚는 독특한 도회 풍경은 일등 관광도시로서의 명성에 기여했다. 베를린은 로마나 프라하처럼 과거 유산을 팔아먹는 낡은 도시도 아니고 빌바오처럼 과거의 얼굴을 성형해 화려하게 부활한 재생 도시도 아니다. '현재적 미래'와 '현재적 과거'가 기이하게 공존하는 것이 통일 베를린의 치명적인 마력이다.[2]

20세기 현대사 관점에서 베를린은 '유령도시', '악의 도시', '분단도시' 등의 다양한 명칭으로 소개된다. 앞의 두 별명이 히틀러가 총지휘했던 나치즘의 심장부로서 제2차 세계대전과 홀로코스트의 악몽에 사로잡힌 도시 이미지를 반영한다면, '분단도시'라는 닉네임은 냉전체제가 구

---

1 *The New York Times*(June 22, 2008). 베를린 도시공간의 역사적·건축학적 변천 과정에 대해서는 전진성, 『상상의 아테네 베를린·도쿄·서울: 기억과 건축이 빚어낸 불협화음의 문화사』(천년의 상상, 2015), 제1부 참조.

2 Ignacio Farías, "Destination Berlin: Orderings of City-Identity in Contemporary Tourist Guidebooks," *Studies in Contemporary History*, 3(2007), pp. 425, 428. 빌바오는 스페인 북부 바스크 지방의 수도로, 2000년부터 시작된 성공적인 도시재생 프로젝트를 통해 폐허가 된 항구 공업 도시가 문화예술도시로 재탄생했다.

축했던 베를린장벽을 연상시킨다. 1961년에 건설되어 1989년에 해체될 때까지 28년 동안 건재했던 장벽이야말로 베를린의 독특한 운명을 보여주는 명소 아닌 명소다. 21세기 베를린이 "창조적 파괴의 파우스트적 국면"을 통과하는 과정에 있다면, 1989년 이후 사반세기 동안 베를린장벽이 온몸으로 경험한 흥망성쇠야말로 '창조적 파괴'의 모범적인 사례에 속할 것이다.[3]

오늘날 베를린을 방문하는 관광객들에게 베를린장벽은 일부러 찾아가지 않으면 구경하기 힘든 숨어 있는 역사 유적이다. 관광객들의 인기 방문지인 연방의회와 인근의 브란덴부르크문에서도 장벽의 흔적은 찾을 수 없다. 그곳에서 도보로 10분쯤 걸리는 포츠담광장에 가야만 비로소 장벽의 흔적을 만날 수 있다. 소니센터 앞 좁은 광장에는 10m도 채 되지 않는 길이의 장벽이 전시되어 관광객들 기념 촬영의 배경이 되고 있다. 광장 길 건너편에 우뚝 선 매리엇호텔이 장벽이 있던 자리를 허물고 지은 신축 건물이라는 사실을 아는 관광객들은 드물 것이다. 눈썰미 있는 이들은 발밑의 표지석을 보고 장벽이 서 있던 곳임을 알 수 있을 것이고, 운 좋은 관광객은 카페나 기념품 가게의 환영 아치 또는 고풍스러운 인테리어 소품으로 재활용된 장벽 조각들을 우연히 발견할 수도 있을 것이다. 역사적 호기심이 왕성한 관광객들은 따로 일정을 마련해 슈프레강변의 이스트사이드갤러리나 베르나우어가에 있는 '베를린장벽 추모기념물'을 방문하면 좋을 것이다. 30년 가까이 분단 베를린을 상징하는 아이콘이던 장벽은 이처럼 도시 일부 지역이나 박물관에서만 전시된 귀한 역사 유물이 되었다.

3 같은 글, p. 427.

▌관광객을 위한 선물가게(위) 또는 카페 입구(아래)에 인테리어처럼 전시된 장벽 조각(자료: 필자 제공).

한 세대 동안 베를린 도시 공간의 일상 풍경이던 장벽은 도대체 어디로 사라졌을까? 높이 4m, 길이 43km의 위용을 과시하던 베를린장벽이 통일 이후 짧은 기간 동안 거의 파괴된 이유는 무엇인가? 1989년 장벽이 붕괴된 후 거의 10년 동안이나 외면·방치되었던 장벽 문제에 대해 뒤늦게나마 관심이 제기된 배경은 무엇이며, 장벽을 역사 기념물

(Historical Monument)로 만드는 작업을 주도한 것은 누구인가? 베를린장벽을 '기억의 터전(Site of Memory)'으로 창출하는 데 어떤 이해관계가 충돌했으며 이러한 갈등구조는 어떻게 해결되었는가? 장벽의 보존과 기념화는 통일독일이 직면했던 새로운 국가(국민) 정체성 형성과 어떤 연관이 있는가? 꼬리에 꼬리를 무는 질문들에 대한 대답의 실타래를 정렬하는 것이 이 글의 기본 목표다. 이 글을 통해 베를린장벽의 흥망성쇠를 추적하면서 역사 공간과 역사 기념물에 각인된 역사 담론, 냉전 이데올로기의 뒤엉킴, 분단과 통일시대의 망탈리테(집단정신의 자세) 등을 비판적으로 이해해보고자 한다.

'베를린장벽이 붕괴된 이후의 생애'를 다룬 국내외 선행연구는 의외로 빈약하다. 장벽의 건립 배경, 장벽이 상징하는 냉전체제의 힘겨루기, 외교 게임에 관한 연구들이 풍부한 것과는 대조적으로 장벽의 붕괴·보존·기념화 과정을 설명하거나 분석한 글들은 매우 적다. '베를린장벽(Berlin Mauer)'이라는 키워드로 검색해보면 이 연구 주제의 우선적인 당사자라 할 수 있는 독일 전문가들이 출간한 책은 500여 권에 이른다. 그러나 아쉽게도 냉전시대에 베를린장벽이 건립되어 붕괴되기까지의 정치외교적 협상 과정, 군사적 출동과 탈주 등을 다룬 책이 대부분이고, 장벽의 역사 기념물화에 초점을 맞춘 책은 30권도 채 되지 않는다. 국내 학계로 눈을 돌리면 사정은 더 열악하다. 장벽이 주인공인 연구 논문이 단 한 편도 없기 때문이다. 독일 사례를 타산지석으로 삼아 통일 이후의 한반도를 전망해보려는 학술 작업이 열병처럼 번진 것에 비추어보면 기이한 현상이다. 몇 편 안 되는 글도 대부분 냉전시대가 남긴 살풍경한 베를린장벽의 동족상쟁적인 비극성과 폭력성을 판문점에 빗대어 비교하면서 정치외교 및 안보적 시각에서 접근한 것이다.[4]

반복적으로 과잉 생산·소비되는 독일·한국 비교 통일 담론에서 베를린장벽은 항상 중심 주제가 아닌, 냉전과 분단이 잉태한 소품이나 배경으로 처리되었다.

국내 학계의 연구 공백을 미력하나마 메우려는 이 글은 베를린장벽을 역사학의 '공간적 전환(spatial turn)'이라는 관점에서 접근한다. '공간적 전환'은 역사 연구가 오랫동안 '시간'이라는 차원에만 함몰되어 정작 사건이 발생했던 '공간'을 소홀히 했다는 반성이자 문제의식이다. 르페브르를 인용하자면, 특정한 의미가 부여된 공간을 생산하고 경영하는 기술은 정치경제적 제도를 창출하는 행위에 버금가는 헤게모니 쟁탈전이다.[5] 국립묘지, 전쟁공원, 평화공원 같은 '기념물 공간(space monumental)'은 과거의 '경험 기억'을 특정한 '문화 기억'으로 창출해서 보존하는 장소인 동시에 집단적 이해관계와 이데올로기적 갈등이 경합하는 권력투쟁의 역사 공간이다.[6] 기념물 공간이야말로 문자(텍스트)로는 서술될 수 없는 '과거의 결(텍스처, texture)'을 감각적으로 포착할 수 있는 중요한 사료이다. 베를린장벽 같은 추모 공간에 투영된 냉전과 분단의 기억들은 역사가들이 발굴해 고증해야 할 고고학적 현장인 것이다.[7] 한편 우리는 남북통일 후 역사 기념물을 통해 공공 기억을 점검하고 통일국가 정체성

---

4 김연수, 「판문점과 베를린장벽」, ≪북한≫, 175(1986.7); 노명환, 「기호학과 구성주의 시각을 통해 본 베를린과 빌리 브란트의 상호구성: "베를린장벽의 기호"와 동방정책 및 유럽통합정책의 구성과정을 중심으로」, ≪사림≫, 44(2013). 고려대학교 평화연구소와 독일 자유베를린대학교가 2009년에 '베를린장벽 붕괴 20주년과 한반도 통일에 주는 교훈'이라는 제목으로 공동 주최한 국제 학술대회도 정치 외교·안보 문제 편향성에서 자유롭지 못하다.

5 앙리 르페브르, 『공간의 생산』, 양영란 옮김(에코리브르, 2011), 34쪽.

6 이런 문제의식으로 서술된 사례 연구는 홍순용·육영수, 「제주 4·3평화공원에 새겨진 '뒤엉킨 권력'의 흔적」, ≪중앙사론≫, 42(2015.12) 참조.

7 알라이다 아스만, 『기억의 공간: 문화적 기억의 형식과 변천』, 변학수·채연숙 옮김(그린비, 2011), 453, 456쪽.

을 만드는 과제를 안고 있는 만큼, 베를린장벽을 정치문화적 주인공으로 재조명함으로써 이에 대한 시사점을 획득하는 것이 이 글의 또 다른 목표다.

2. 베를린장벽의 흥망성쇠

> 동베를린 건설 노동자들은 주택 건설에 전념해야 하므로 장벽을 건축할 여력과 의도가 전혀 없다.
>
> _울브리히트 동독 통일사회당 서기장의 1961년 6월 15일 발언

> 장벽 건설을 추동했던 애초의 요인들이 변경되지 않는다면 장벽은 50년은 물론 100년도 더 존속될 것이다.
>
> _호네커 동독 수상의 1989년 1월 19일 발언

1) 베를린장벽의 탄생과 냉전체제

주지하듯이 제2차 세계대전에서 패배한 독일 제3제국은 1949년에 독일민주주의공화국(동독)과 독일연방공화국(서독)으로 분할되었다. 그리고 베를린 동쪽은 소련 통치구역으로, 서쪽은 미국·영국·프랑스 통치구역으로 분리되어 냉전체제의 최전선이 되었다. 동독인은 분단 직후부터 서독으로 계속 이탈해 동독정부의 합법성을 위협할 정도의 위험수위에 도달했다. 1949년 봄부터 1961년 8월 사이에 280만~300만 명의 동독인이 서베를린으로 탈주했는데, 이는 당시 동독 인구의 16%

에 해당했다. 탈주자들 중에는 젊고 전문 직업에 종사하는 이들이 상당히 많아 동독의 미래에 치명적이었기 때문에 대책을 모색하지 않을 수 없었다. 특히 미국과 소련의 힘겨루기가 잉태한 1959~1961년에 '베를린 위기'가 발생하자 탈주 행렬이 가속화되었다. 1961년 7월 한 달에만 3만 415명이 동독을 떠났고 8월 첫 주에만 2만 1828명이 탈주했는데, 과반수가 25세 미만 청년들이었다.[8] 이대로 방치한다면 동독 전체가 텅텅 비게 될 것이라는 염려가 과장이 아닐 정도였다.

이런 배경하에 당시 동독 통일사회당(SED) 서기장 발터 울브리히트(Walter Ulbricht)는 1961년 8월 13일에 국경 지역 '반나치 방어막' 건설을 긴급 명령했다.[9] 불과 두 달 전 그는 탈주자들을 막기 위해 베를린 국경을 폐쇄할 가능성이 있는지 묻는 기자들에게 "동베를린 건설 노동자들은 주택 건설에 전념해야 하므로 장벽을 건축할 여력과 의도가 전혀 없다"라고 공언했는데, 이로써 그의 말은 거짓말로 판명되었다. 그 결과 베를린 시내를 관통하는 43km와 시내 외곽 브란덴부르크 지역에 설치된 112km를 합쳐 총 155km의 장벽이 세워졌다. 미국과 소련은 냉전체제가 또 다른 세계대전으로 점화되는 역할을 베를린이 감당하지 않도록 한다는 데 상호 암묵적으로 동의하긴 했으나 베를린장벽의 수립으로 동부유럽 지역에서 냉전체제가 공고화되자 이를 환영했다.[10] 동독인들이 서

8 Tony Judt, *Postwar: A History of Europe Since 1945*(New York: The Penguin Press, 2005), pp. 250, 252.

9 동독정부는 공식적으로는 '장벽(Mauer)'이라는 명칭을 사용하지 않았다. 그 대신 '반나치 방어막' 또는 '1961년 8월 13일에 설치된 국경선 보호물' 등으로 언급했다. 1980년대까지도 동독에서 발행된 공식 관광 안내서는 '(베를린)장벽'이라는 용어를 금기시했고 "분단 도시를 가로지르는 공간물", "1961년 8월 13일의 별칭" 등으로 에둘러 표현했다. Janet Ward, *Post-Wall Berlin: Borders, Space and Identity*(London: Palgrave Macmillan, 2011), pp. 72, 77.

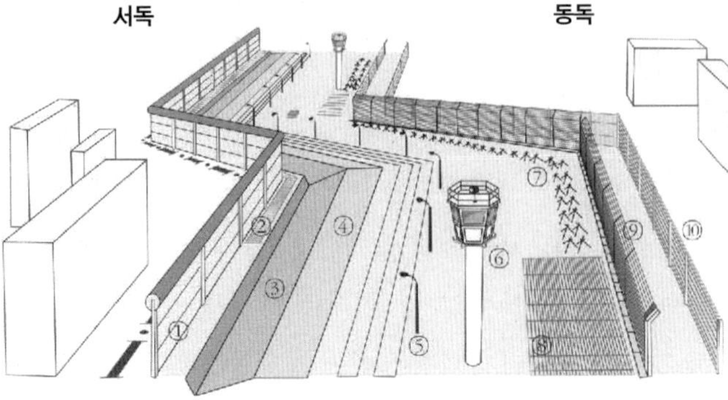

① 외벽(베를린장벽) ② 차량 저지대 ③ 보안지대 ④ 정찰 도로 ⑤ 감시 조명
⑥ 감시탑 ⑦ 탱크 저지물 ⑧ 스파이크 깔판 ⑨ 국경 표시 철조망 ⑩ 내벽

▮ 한스 헤르만 헤르틀레(Hans-Hermann Hertle)가 쓴 『베를린장벽 이야기(The Berlin Wall Story)』, 114~115쪽에 실린 베를린장벽과 부속 국경 시스템 스케치를 참조해 에릭메트로(Ericmetro)가 제작한 삽화다. 김만중 조교가 온라인에서 채집해주었다(자료: 필자 제공).

베를린으로 탈주하는 것을 금지하기 위해 임시방편으로 세웠던 국경 장벽은 이때부터 한 세대 동안 냉전체제의 대표적인 상징물로 존재했다.

장벽은 축성 시기와 건축 공법 등에 따라서 흔히 '세대'로 구분된다. 1960년대 초반 Y자형으로 축성되었던 제1세대 장벽은 진화를 거듭해서 1970년대 중반에는 L자 형태의 최첨단 제4세대 장벽으로 발전했다.[11] 엄밀히 말하면 장벽은 국경선을 방어하는 최후의 저지선인 '외벽

---

10 Judt, *Postwar*, p. 253.

11 제1세대 장벽은 원래 주거용으로 제작된 속이 텅 빈 콘크리트 블록을 Y자형으로 쌓은 후 가운데 공간에 철조망을 올린 모양이었다. 제2세대 장벽은 좀 더 견고한 도로건설용 격자 콘크리트가 주축을 이루었고, 1960년대 중반부터는 표준화 공정을 통해 후방에서 생산·조립된 콘크리트 석판으로 보강된 제3세대 장벽이 등장했다. 1970년 중반에 선보인 제4세대 장벽은 좀 더 첨단적인 산업 공정물인 수직 콘크리트 구획물로 구성되었다. 가장 최신형은 제4세대 장벽 중에서도 '국경장벽 75'로 알려진 L자형으로, 자동차로 돌파할 수 없을 정도로 강도가 세며 서베를린을 향한 벽면이 부드럽고 깨끗하게 위장되었다는 점이 특징이다. 오늘날 포츠담광장에서 관광객을 위한 기념사진 촬영의 배경이 되는 장벽은 제4세대 L자형 첨단 장벽이다. 장벽의 물리적인 진화 과정에 대해서는 다음을 참조. Hans-Hermann

(Vorderlandmauer)'이었다. 장벽 안쪽에 해당하는 동독 지역에는 '내벽(Hinterlandmaure)'이 설치되었고 두 벽 사이 '죽음의 지대(Todesstreifen, Death Strip)'라고 불리는 공간에는 "스탈린의 잔디"라는 애칭으로 불린 날카로운 스파이크 깔판, 차량 저지대, 전기 경보장치, 정찰 도로, 감시탑, 탱크 저지물 등이 촘촘하게 배치되었다. 장벽은 이런 보조물들과 함께 좁게는 15m에서 넓은 곳은 150m에 이르는 '국경 방어 시스템'의 한 세트를 구성했다. 그러므로 베를린장벽의 해체와 소멸은 흔히 알고 있듯 '외벽'만 파괴한 것이 아니라 내벽, 죽음의 지대, 감시탑 등이 한데 어울려 조성하는 역사적인 '장소/공간의 아우라'를 사라지게 한 것으로 이해할 필요가 있다.

물질적 구조물로서의 장벽은 인적 자원으로 보강되었다. 초기만 하더라도 장벽을 수비하는 일은 동독 내무부 관할이었으나 이는 곧 허점을 드러냈다. 1962년에만 77명의 국경수비대원이 탈주에 동참하자 제도적 보완책이 요구되었다. 국경 감시와 수비대 규율을 강화하기 위해 1971년에는 독립적인 국경중앙사령부로, 1992년에는 국방부 관할로 책임 소재가 변경되었다. 장벽의 물리적 진화에 발맞춰 수비 인력도 동독 비밀경찰 슈타지, 인민경찰, 국경수비대 사이의 긴밀한 공동 경비 체제로 승격되었다. 장벽이 첨단화되고 군사력이 증강함에 따라 동독 주민들이 서독으로 탈주하는 성공률은 감소했다. 탈출에 성공한 동독인의 수는 초기에는 네 자리 수였으나(1961년 8507명, 1962년 5761명, 1963년 3692명), 1970년에 처음으로 세 자리 수(901명)로 감소했고, 장벽이 붕괴되기 4~5년 전부터는 대략 200~300명 수준으로 집계되었다.[12] 장벽

Hertle, *The Berlin Wall Story: Biography of a Monument*(Berlin: Ch. Links Berlag, 2011), pp. 106~110.

이탈자에 대한 정확한 통계는 없지만 대략 136명이 사망하고 507명이 탈출에 성공했으며 7만 2000명이 탈출 미수 혐의로 동독 감옥에 수감된 것으로 알려져 있다.[13]

'반나치 방어벽'은 동독정부에 재정적으로 치명적인 부담이었다. 한 조사에 따르면, 1970년에 6억 마르크였던 국경수비대의 1년 총지출이 1983년에는 10억 마르크로 증가했으며, 1km당 장벽 유지비용으로 100만 마르크가 소요되었다. 1980년대 동독의 1인당 국민소득 중 국방비가 차지하는 금액은 957마르크로, 같은 시기 소련의 1인당 국방비 부담액보다 3배나 많았다.[14] 말하자면 동독정부에 장벽은 체제를 유지하기 위해 울며 겨자 먹기 식으로 막대한 세금을 지출해야 하는 '물먹는 하마'인 동시에, 국가 재정의 심각한 위기와 체제 붕괴를 서서히 유도하는 독약이었다. 특히 1970~1980년에 동서독 화해 분위기가 조성되고 상호 방문객이 증가하자 이들을 감시하기 위해 동독 비밀경찰 고용원도 4만 명에서 8만 명으로 늘렸고, 그에 상응해 동독정부의 금전적 비용도 늘어났다. 장벽을 둘러싼 동서독의 경쟁과 교류는 정치적·이데올로기적 논쟁을 일으켰을 뿐만 아니라 현실적이고 긴박한 '돈 문제'로도 부상했던 것이다.

아이러니컬하게도 장벽은 동독정부가 의존하는 외화벌이의 중요한 밑천이기도 했다. 동독과 서독은 상대방을 독립국가로 인정하고 국경선의 불가침성을 인정하는 기본협약을 1972년에 체결했다. 국교 정상

12 Hertle, *The Berlin Wall Story*, pp. 70~71 도표 참조.

13 Maria Nooke(eds.). *The Victims at the Berlin Wall 1961-1989: A Biographical Handbook*(Berlin: Verlag Berlin, 2011) 참조.

14 Hertle, *The Berlin Wall Story*, p. 116.

화 이후 서독정부는 이산가족의 상봉과 방문이라는 인도주의 차원에서 동독정부에 그 대가를 지불했다. 동독정부는 방문비자 증서, 국경통과 터미널 면세점 운영 수익금, 의무 환전 수수료 등을 통해 부자인 형제를 대상으로 외화벌이에 열중했다. 서독 국민들이 동독의 친지를 방문하는 데서 파생하는 외환 수입은 1975년 6억 마르크에서 1979년 15억 6000만 마르크로 증가했다. 내정 간섭 금지와 거주 이전의 자유 보장 등을 골자로 하는 헬싱키협약에 1975년 서명한 이후 서독정부는 1960년대 중반부터 동독 정치범을 석방해 서독으로 추방하는 프로그램을 실시했는데 이에 대한 운영 예산도 급증했다. 서독정부는 1964년부터 1980년까지 총 3만 3755명의 동독 정치범을 조기 방면해 서독으로 이주시키는 데 약 35억 마르크를 지출했다.[15] 요약하자면 동독정부는 장벽을 볼모삼아 서독 방문객들을 상대로 외화벌이를 함으로써 국가 재정 파탄의 위기를 모면한 반면, 동독인과 서독인의 상호 교류로 인해 유입된 인권과 자유-민주(자본)주의에 포획당하고 말았던 것이다.

장벽이 갑작스럽게 붕괴된 것은 급변한 국제 상황에서 파생된 일종의 사고였다. 1985년에 소련의 새로운 지도자로 등장한 고르바초프가 추진한 개혁개방 정책은 동서독의 상호 교류를 가속화하는 데 기여했다. 고르바초프는 바르샤바조약 멤버인 동유럽 국가들의 독립적이며 자율적인 지위와 권리를 1986년에 확인함으로써 브레즈네프 독트린의 종식을 선언했다. 이웃 사회주의 국가인 동유럽과 비교하면 동독 체제는 상대적으로 안정적이었다. 당시 동독 수상이던 에리히 호네커(Erich Honecker)가 1989년 1월에 "장벽 건설을 추동했던 애초의 요인들이 변

15 같은 책, pp. 136, 142.

경되지 않는다면 장벽은 50년은 물론 100년도 더 존속될 것"이라고 장담했으며, 같은 해 10월 동독정부 수립 40주년 기념식에서는 "동독은 세계 경제대국 10위권에 속한다"라고 자랑할 정도였다. 이처럼 근거 없는 헛된 자신감은 장벽 붕괴의 간접적인 원인으로 작동했다. 1989년 11월 9일 동독정부 대변인 귄터 샤보브스키(Günter Schabowski)는 동독인이 서독으로 (영구) 이민 및 여행하는 것에 대한 허가가 "즉각적으로 지체 없이" 실시된다고 발표했다. 동독 권력기관 사이의 소통 부재와 관료주의적 착오로 인해 샤보브스키의 말실수가 빚어졌고, 이는 "동독 국경선 즉시 개방!"이라는 헤드라인을 달고 언론 속보로 전 세계를 강타했다. 동독 권력층의 명령 체제 오작동과 매스미디어의 과잉 번역이 합작해 이루어진 장벽의 붕괴는 "기자회견 역사상 세계 최대의 참사"로 기록되는 에피소드다.[16]

'베를린장벽 개방'이라는 믿을 수 없는 뉴스를 직접 눈으로 확인하기 위해 동독인들은 9일 밤에 국경 지역으로 홍수처럼 밀려왔다. 집단 소란에 생명의 위협을 느낀 국경수비대는 동서독 민중의 국경선 상봉을 허용했고 견고했던 베를린장벽은 마침내 균열되고 개방되었다. 샤보브스키가 훗날 회상했듯, 당시 대부분의 동독 지도자는 장벽 개방이 공산주의 체제의 붕괴로 이어지리라고는 전혀 예측하지 못했다. 오히려 장벽 개방은 서독 방문과 이민을 원하는 동독인들의 욕구를 전향적으로 수용했으므로 동독 체제를 더 오래 유지하고 수호하는 안전판이 될 것이라고 오산했다. 동서독 국경선의 전면적인 개방이라는 꿈같은 뉴스 덕분에 1989년 크리스마스 휴일까지 서독을 방문한 동독인은 전체

16 동독 정치국 대변인 귄터 샤보브스키가 주역을 담당했던 이 에피소드의 전후 사정과 언론 인터뷰 일문일답에 대해서는 같은 책, pp. 194~195 참조.

인구 6명당 1명꼴인 240만 명에 달했다. 동서독인의 자유 왕래가 궁극적으로 독일 재통일로 완결되었으므로 1989년 베를린장벽의 붕괴를 재촉하고 그 물결을 선도했던 민중운동은 독일사에서 최초이자 유일하게 성공한 혁명으로 기록되었다.[17]

2) 베를린장벽의 붕괴와 분단의 상흔 지우기

동서독인의 합법적인 자유 왕래가 증가함에 따라 상징적 방해물이던 베를린장벽의 운명이 바람 앞의 촛불처럼 위태로워졌다. 1989년 11월 9일 자정이 지난 심야에 흥분한 '장벽 딱따구리(Mauerspechte)'들은 베를린 중심지의 장벽을 점령했다. 10일 오후 동베를린 브란덴부르크문 주변에 있는 탱크 저지 장벽에 올라탄 수천 명의 시민들은 "장벽은 사라져야 한다!"라고 합창하며 축제처럼 맥주에 취해 해머를 휘둘렀다. 이들은 냉전시대의 흉물스러운 유물을 경쟁적으로 파괴해 개인 기념품으로 간직했고, 약삭빠른 사람들은 장벽을 상업 목적으로 파괴·수집해 잠재적인 고객을 위한 관광 상품으로 보관했다. 1989년 11월 14일에는 장벽을 횡단하는 사람들에 대한 발포 명령이 공식적으로 철회되었으며, 1990년 9월 30일에는 동독 국경수비대가 공식적으로 해체되고 그들이 소지했던 무기가 회수되었다. 이에 따라 물 만난 물고기처럼 장벽 딱따구리들의 활약도 더욱 거침없어졌다. 장벽 딱따구리들에게 통째로 맨살을 뜯어 먹힌 브란덴부르크문과 포츠담광장 주변의 장벽은 이미 1990년 2월에 기본 뼈대조차 분간하기 어려웠다. 앙시앵 레짐 절대

---

17 Judt, *Postwar*, pp. 614, 616.

왕정의 상징물인 바스티유 감옥을 파리 시민들이 함락한 뒤 파괴된 감옥 벽돌을 프랑스혁명의 기념품으로 판매했던 역사 기념물 비즈니스[18]가 200년 후 베를린에서도 반복되었던 것이다.

장벽 흔적 지우기에는 동서독의 구분조차 없었다. 서독정부는 냉전체제 붕괴와 독일 통일에 협력했던 미국의 레이건 대통령과 부시 대통령 등에게 장벽 기념물을 헌정했다. 냉전체제 붕괴의 역사 교훈을 공유하려는 외교적 제스처로 서독정부는 베를린장벽의 일부를 세계 각국에 분배했다.[19] 냉전체제의 어두운 그림자가 드리운 장벽과 그 부속물이 상기시키는 '나쁜 기억'을 삭제하려는 서독정부의 과거 청소 작업은 1961년 '베를린 위기'의 현장이던 체크포인트 찰리(베를린장벽에 있던 검문소) 미군 초소를 철거한 데서도 엿보인다. 1990년 6월 22일에 동서독의 외무장관과 4개국 연합국 관리들이 참관하고 TV로 생방송되는 가운데 중장비를 동원해 미군 초소가 용도 폐기되었다. 철거된 원래 체크포인트 초소는 현재 베를린-첼렌도르프 지역의 연합국박물관에 방치되어 있다. 분단시대의 역사 유산을 구경하려고 베를린을 찾는 관광객들의 욕구에 부응해 2000년에는 체크포인트 찰리 미군 초소가 복제품으로 복원되었다. 이곳에서는 옛 미군 경비대 복장을 한 아르바이

---

18 육영수, 『혁명의 배반, 저항의 기억: 프랑스혁명의 문화사』(돌베개, 2010), 193쪽. 바스티유 감옥 유물의 상업화 과정과 역사 기억(신화) 만들기에 대한 상세한 내용은 Hans-Jürgen Lüsebrink and Rolf Reichardt, *The Bastille: A History of a Symbol of Despotism and Freedom*(Durham: Duke University Press, 1997), 특히 pp. 106~204 참조.

19 독일정부는 장벽의 일부를 북미·라틴 국가에 59개 조각, 유럽 지역 국가에 38개 조각, 아시아-태평양 지역(한국, 타이완, 이스라엘, 싱가포르, 방글라데시, 오스트레일리아)에 6개 조각, 아프리카 지역(남아프리카공화국)에 1개 조각 등을 기증했다. 가장 많은 베를린장벽을 기증받은 국가는 미국으로, 여러 도시에 총 50개의 장벽 조각이 소재한다(Wikipedia, 'Berlin Wall' 항목 참조). 서울 청계천 삼일교 옆에도 베를린을 상징하는 곰 동상을 배경 삼아 장벽 3칸이 전시되어 있다.

트 청년들이 관광객들을 상대로 기념사진 모델 역할을 하고 있다. 장벽(부속물) 보존에 대한 통일정부의 무관심으로 인해 포츠담광장에 남아 있던 마지막 감시탑은 2000년 파괴되고 말았다. 광장 근처 슈트레제만가에 있던 25m 길이의 내벽은 해체되어 그 장소에 신축된 연방환경·자연보존부 1층 로비에 '유폐'되었다.[20]

동독정부도 장벽을 팔아먹는 데 자본주의 못지않은 솜씨를 발휘했다. 1990년 1월 10일에 동독정부는 해체된 베를린장벽의 독점판매권을 관영 기업인 리멕스-바우 수출입회사에 부여했다. 리멕스-바우는 유럽의 유명한 경매업자들을 대상으로 1990년 4월 28일 서베를린 인터콘티넨탈 호텔에서 동독의 의료보장제도 도입 및 기념물 보존을 위한다는 명분으로 장벽 조각들을 판매하는 행사를 주최했다. '역사적 기념품이자 현대 미술품'으로 소개된 70개의 장벽 조각은 총 90만 마르크의 자본으로 교환되었다. 같은 해 6월 23일 모나코의 휴양도시 몬테카를로에서는 장벽 국제경매 행사가 더 큰 규모로 열렸다. 포츠담광장과 브란덴부르크문에서 해체된 장벽은 경매 카탈로그를 통해 '세계에서 가장 긴 예술작품 종석(宗石)'이라고 선전되었다. 총 16톤 무게의 장벽을 판매했고 구매자들에게는 회사가 발행한 진품증명서가 발급되었다.[21] 장벽 건설 당사자인 동베를린 지방정부는 파괴에도 앞장섰다. 1990년 6월 13일 베르나우우어가에 소재한 장벽을 파괴하는 작업에 공식적으로

---

20 Hans-Hermann Hertle, *The Berlin Wall, Monument of the Cold War*(Berlin: Ch. Links, 2007), pp. 162~163; Thomas Flemming, *The Berlin Wall: Division of City*(Berlin: be.bra verlag, 2013), p. 75.

21 베를린장벽의 국제 경매에 관해서는 독일 포츠담에 소재한 현대사연구센터(www.zzf-pdm.de)의 포털에 소개된 '베를린장벽 1961~1990년 연대기(www.chronik-der-mauer.de)'를 참조했다.

착수해 같은 해 11월에 마무리했다. 열악한 도로공사에 필요한 자재로 재활용한다는 명분으로 불도저와 크레인을 동원해 4만 개 이상의 장벽 조각을 도로건설용 원료로 분쇄했다.

동서 베를린이 합작해 장벽 파괴 작업을 실시한 결과 1990년 말까지 베를린 시내 주변에 있던 106km의 장벽, 302개의 감시탑, 총 127.6km의 철조망이 대부분 철거되었다. 베를린 시내 중심부에 세워졌던 43km 길이의 장벽 중에서 겨우 1.9km만 여섯 군데에 흩어져 보존되었고, 단 세 개의 감시탑만 현재 남아 있을 정도로 장벽 흔적 지우기는 분별없이 빠른 속도로 진행되었다.[22] 더욱 놀라운 사실은 역사적 희귀종이 된 감시탑마저도 경매를 통해 민간 소유물이 되었다는 점이다. 실제로 필자는 2004년 8월 베를린을 방문했을 때 관광객들이 많이 찾는 포츠담광장 부근 에르나-베르거가 인도 위에 있는 감시탑 내부를 구경하기 위해 경비에게 입장료 3유로를 지불해야 했다.

1999년 한 독일 언론이 "전 세계에 기증된 장벽이 현재 베를린 시내에 남아 있는 장벽보다 더 많은 실정이다"라고 한탄한 것이 결코 엄살이나 과장이 아닐 정도로 장벽이 붕괴된 지 10년 후에는 장벽의 파괴와 소멸이 완결 수준에 도달했다.[23]

---

22 니더키르히너가, 베르나우어가, 이스트사이드갤러리로 알려진 리젠가 등 세 군데에 보존된 감시탑 중에서 원래 위치에 그대로 보존된 감시탑은 단 한 개도 없었다. 이들 세 개의 감시탑이 불완전한 상태로 그나마 보존될 수 있었던 것은 2001년에 킬러 거리에 있던 감시탑 철거를 둘러싸고 벌어진 개발업자와 시정부의 법정 소송에서 법원이 옛 국경선 지역에 있는 부속 군사 시설물들의 사료적인 가치를 확인하고 파괴를 금지시키는 판결을 내린 덕분이었다. Axel Klausmeier and Leo Schmidt, *Wall Remnants—Wall Traces: The Comprehensive Guide to the Berlin Wall*(Berlin/Bonn: Westkreuz-Verlag, 2004), pp. 8, 27.

23 Anna Saunders, "Remembering Cold War Division: Wall Remnants and Border Monuments in Berlin," *Journal of Contemporary European Studies*, 17: 1(Summer 2003), p. 9.

포츠담광장 부근 연방환경·자연보존부 건너편 골목을 지키고 있는 감시탑. 아래편에 경비가 입장료를 받기 위해 앉아 있던 의자가 이채롭다(자료: 필자 제공).

베를린장벽은 이렇게 빠른 속도로 파괴되고 사유화되기까지 왜 방치되었을까? 통일독일정부와 베를린시정부가 베를린장벽의 파괴를 막기는커녕 장벽의 해체에 동참한 이유는 무엇일까? 다양하고 복합적인 요인이 작동했겠지만, 독일 현대사의 비극적인 냉전체제와 동족상쟁의 부끄러운 상처를 서둘러 지우려는 동서독 사람들의 암묵적인 동의가 베를린장벽의 파괴를 가속화한 가장 큰 원인이었다. 한 세대에 가까운 28년 동안 동서 베를린을 분단하고 136명의 희생자를 잉태하면서 슬픈 가족 이별의 말없는 증언자였던 장벽은 통일독일이 건강하게 재탄생하기 위해 제거되어야 할 암 덩어리처럼 취급되었다.

이런 관점에서 관찰하자면, '장벽 딱따구리'로 대변되는 보통 사람들의 장벽 파괴는 역사의식의 예민함과 무지함을 동시에 드러내는 이중적인 행위로 해석된다. 장벽 파괴는 한편으로는 냉전·분단시대를 청산하고 포스트 장벽 시대를 개막하고자 하는 자유와 해방의 살풀이였으나, 다른 한편으로는 부정적인 상흔을 '애도'(아픈 과거 직면·기억하기)라는 치유적인 절차 없이 반사적으로 삭제·망각하려는 몰역사적인 행위였다고 평가할 수도 있다.[24] 붕괴 직전인 1989년 10월에 예언처럼 장벽 보존을 역설했던 역사작업장(History Workshop) 소속 역사가들과, 붕괴 당일에 행한 즉흥 연설에서 베를린장벽을 역사 유물로 보존해야 한다고 했던 동방 정책의 입안자 빌리 브란트(Willy Brandt) 전 서독수상의 발언은 냉전·분단 기억 지우기라는 대의명분(거대 담론) 또는 윽박지르기에 밀려 예외적인 소수의견으로 남을 수밖에 없었다.

장벽이 빠르게 소멸되는 것을 방관할 수밖에 없었던 또 다른 요인은 서독정부가 나치정권이 물려준 역사 숙제인 유대인 학살이라는 과거를 청산하는 데 우선적으로 치중했기 때문이다. 서독정부는 시간적으로도 선행했던 홀로코스트 추모 작업에 전문 인력과 국가 예산을 지속적으로 투입했다. 2005년 5월에는 브란덴부르크문 바로 옆에 베를린장벽의 흔적을 말끔히 없애고 그 공간에 '유럽 유대인 희생자 추모기념물'을 설립했으며, 2006년에는 그 건너편에 '나치 박해 동성애자 기념물'을 제막했다. 2010년에는 게슈타포와 친위대 본부가 있던 장소에 '테러의 지형학'이라는 명칭으로 제3제국의 반인권적인 범죄를 고발하는 박물관이 완공됨으로써 나치정권에 대한 과거 청산이 일단락되었다. 홀로코스트 기념사업과 베를린장벽 보존사업을 경쟁 관계로 볼 수는 없겠지만, 전

24 과거에 발생했던 집단적인 트라우마가 애도와 기념하기를 통해 '성찰적으로 극복'되는 일련의 정신분석학적인 과정에 관해서는 다음을 참조. 육영수, 「기억, 트라우마, 정신분석학: 도미니크 라카프라와 홀로코스트」, 육영수 엮음, 『치유의 역사학으로: 라카프라의 정신분석학적 역사학』(푸른역사, 2008), 371~409쪽.

자는 '기억 문화'의 중심에 있었던 반면 후자는 변방에 위치했다.

분단독일이 겪었던 냉전체제를 역사(기념)화하려는 시도는 '인류 역사상 미증유의 절대 사건'인 홀로코스트의 독특성과 중요성을 상대적 관점에서 접근하는 위험천만한 행위로 비판되었다.[25] 동서독이 공동으로 부담해야 할 가장 무거운 역사적 죄의식이 유대인을 포함한 소수인종의 학살이므로 이를 해결하는 것이 긴급한 과제임을 부정할 수는 없다. 그렇지만 홀로코스트와 냉전체제에 대한 역사-기억 만들기가 양립 불가능한 상호 경쟁적이며 배타적인 국가 기념사업이 되어서는 안 될 것이다. 이런 관점에서, 베를린장벽이 붕괴된 이후 동부·중부의 현실사회주의 국가들이 공산주의 과거 청산에 높은 관심을 가졌던 것과는 대조적으로, 독일을 포함한 서유럽 국가는 나치라는 과거 청산의 늪에서 헤어나지 못했다는 비평은 경청할 만하다.[26]

통일독일 이후에 진행된 도시 개발은 장벽 보존과 역사 기념물화를 훼방하는 또 다른 주요 요인이었다. 특히 1996년 7월에 국경 지역 토지를 옛 소유지에 되돌려주고 공익에 위배되는 경우를 제외하고는 사유재산 사용과 매매를 전적으로 개인에게 맡기는 법률이 통과된 이후 장벽은 도시개발업자와 부동산업자들의 좋은 투자거리로 변신했다. 통일 이후에 동서 베를린을 연결하는 인프라 건설과 흔히 '젠트리피케이션'이라는 용어로 요약되는 낙후된 옛 동베를린 지역의 재개발이 동반한 막대한 경제적 이익은 장벽에 남은 앙상한 뼈대와 속살마저 훼손시

25 Hope M. Harrison, "The Demise and Resurrection of the Berlin Wall: German Debates about the Wall as a Site of Memory," Birgit Hofmann(ed.), *Diktaturenueberwindung in Europa*(Heidelberg, 2010), p. 198.

26 Tony Judt, *Postwar*, p. 826.

켰다. 2013년 3월 옛 동베를린 지역 슈프레 강변에 위치한 이스트사이드갤러리에 세워져 있던 5m 길이의 장벽이 고급아파트 단지 건설을 위해 민간건축업자와 부동산업자들에 의해 파괴된 사건이 대표적인 사례다.[27] 개인 토지와 도시 공간에 대한 자본주의적인 사용권과 역사 기념물 보호라는 공공권 간의 충돌은 장벽을 더욱 '멸종 위기에 처한 역사 유물'로 전락시켰다.

3. 장벽의 부활 또는 또 다른 생애

> 디즈니랜드는 모든 종류의 얽히고설킨 시뮬라크르들의 완벽한 모델이다. …… 디즈니랜드의 상상세계는 참도 거짓도 아니다. 실재의 허구를 미리 역으로 재생하기 위해 설치된 저지기계다.
>
> _장 보드리야르

> 베를린장벽 추모기념물의 공간에 디즈니월드를 세우고자 하는 사람은 아무도 없다.
>
> _베를린장벽 추모기념물 대변인 토마스 클라인의 2008년 발언

---

27 이 사건에 대해서는 ≪경향신문≫ 2013년 3월 27일 자 온라인 에디션 참조. 엄격히 말하자면, 이스트갤러리 '장벽'은 옛 동독 지역에 세워진 '내벽'이었다. 동독 쪽을 향한 장벽은 공공예술 공간으로, 전 세계 예술가들이 장벽 붕괴를 기념해 그린 유명한 벽화들의 캔버스가 되었다. 반면, 슈프레강 쪽(서독 방향)을 향한 이면(裏面) 장벽은 오늘날까지도 아마추어 화가들이 표현의 자유를 만끽하는 야외 도화지로 사용되고 있다. 필자가 이스트갤러리를 방문했던 2014년 여름에도 한 젊은 화가가 아무런 제지 없이 벽화를 그리고 있는 모습을 발견하고 "역사 유물에 낙서해도 법적으로 아무 문제가 없는가?"라고 묻자 괜찮다는 대답이 돌아왔다.

1) 분단시대의 전리품에서 통일독일의 역사 유물로

앞에서 언급한 복합적인 이유 때문에 베를린장벽에 대한 보존은 방관되고 지연되었는데, 이 일이 시급하다고 선구적으로 주창한 집단은 독일역사박물관 관계자들이었다. 장벽 붕괴의 흥분과 소동이 가라앉은 1990년 봄, 이들은 살아남은 장벽에 울타리를 쳐서 사냥꾼과 투기꾼들의 손아귀로부터 장벽을 보호해야 한다고 호소했다. 잔존한 국경방어 시스템을 원래 장소에 원형 그대로 보존하자는 이들의 견해에 반대하는 사람들은 이를 디즈니랜드 기획안 같은 낭만적인 견해라고 비난했다.[28] 다행히 베를린 상원은 베를린장벽협회 출범을 1991년에 승인함으로써 독일역사박물관의 제안에 긍정적으로 반응했다. 이에 힘을 얻은 독일역사박물관은 1994년 기념물 설계 공모를 실시했고, 1998년에는 베르나우어가에 건립된 베를린장벽 추모기념물의 초안을 마련했다.

베를린시 상원의원 폴커 하세머(Volker Hassemer)는 장벽이 소멸하면 냉전체제도 빨리 망각된다는 독일역사박물관의 경고에 크게 동의한 인물이다. 그는 1995년 국립독일보존위원회 학술대회에서 다음과 같이 경고했다. "우리는 '쉽사리 믿기 어려운 장벽'이라는 표현을 심각하게 받아들여야 한다. 얼마 지나지 않아 장벽이 베를린 도심 중간에 존재했었다는 사실을 믿지 않게 될 것이다. 그러므로 이 흉물스러운 건축물의 잔해는 분단시대의 사라지지 않는 증인으로서 필요하다."[29] 그가 장벽에 대한 관심을 촉구하는 물꼬를 트자 동료의원들이 이를 이어갔다. 베

---

28 Gerd Knischewski and Ulla Spittler, "Remembering the Berlin Wall: The Wall Memorial Ensemble Bernauer Strasse," *German Life and Letters*, 59: 2(April, 2006), pp. 282~283.

29 Axel Klausmeier and Leo Schmidt, *Wall Remnants—Wall Traces*, p. 8 재인용.

를린시 상원은 1996년 '횡단/이행'이라는 제목으로 공공예술경연대회를 개최해 사라져가는 국경선에 대한 기억을 되새기려 노력했다. 총 32개의 출품작 가운데 7개를 뽑아 옛 동서 베를린의 국경 통과 지점 일곱 군데에 각각 전시함으로써 통일독일이라는 이행기를 사는 독일인들에게 새로운 국가 정체성을 구성하기 위한 예술적 영감을 제공하려 했다. 포스트 장벽 이후에도 내부적으로 상존하는 마음의 벽을 허물자는 의도의 미래지향적 기획이었으나 이미 주택가로 변해버린 옛 국경지대에 작품이 대부분 전시된 관계로 기대했던 만큼 영향력을 발휘하지 못했으며 여론 조성에도 미흡했다.[30]

간헐적이지만 집요하게 전개된 베를린장벽의 보존 및 기념화운동의 가장 중요한 결실은 1998년 8월 13일에 문을 연 베를린장벽 추모기념물이다. 중심지에서 다소 비켜 있는 베르나우어가에 이 기념물이 건립된 것은 이 지역이 특별한 역사적 상징성을 갖고 있기 때문이다. 베르나우어가는 베를린장벽이 1961년 8월 13일에 세워진 이틀 후인 15일에 최초의 동독인 탈주가 발생한 지역이며, 같은 달 22일에 동독 여성이 자신의 아파트 창문에서 서베를린에 속하는 인도로 뛰어내리다가 사망한 장소였다.[31] 거주지는 소련이 관할하는 동베를린에 속하지만 코앞의 보도는 프랑스가 관할하는 서베를린에 속하는 이 지역의 지리적 특성은 장벽의 폭력성과 비극성을 보여주기에 안성맞춤이었다. 잠재적 탈주범으로 몰린 이 지역 주민 2000명은 강제이주 당했으며 국경에 근

---

30 Anna Saunders, "Remembering Cold War Division," pp. 13~15 참조.

31 당시 19세였던 동독의 국경경찰관 콘라트 슈만(Conrad Schumann)은 베르나우어가와 루피머 사이에 설치된 철조망을 뛰어넘어 서베를린으로 간 첫 탈주자로 기록되었다. 그는 통일 후인 1998년에 자살했다.

접한 관계로 지하터널을 통해 탈주가 시도되는 명소이기도 했다. 무엇보다 인근에 공동묘지가 있어서 실제 유적물이 이곳에 가장 많이 보존되었다는 현실적인 이유가 기념 장소로 지정되는 데 결정적으로 작용했다.

베를린장벽 추모기념물의 중심축은 베르나우어가에 남북 방향으로 펼쳐진 70m의 장벽과 부속 건물 및 야외 전시 공간이다. 구체적으로 열거하면, 동베를린 지역에 구축된 내벽, 서베를린을 향한 국경선에 바투 세워진 외벽, 약 60m 길이의 죽음의 지대, 그 사이 공간에 설치된 좁은 경비 루트와 감시램프 등이 있다. 원래 이곳에 있던 감시탑들과 탱크 저지물은 복원되지 않은 상태로 남아 있다. 방문객들은 내벽 뒤쪽으로만 입장할 수 있도록 안내되는데, 이곳에서는 죽음의 지대와 외벽을 옛 서베를린 방향의 내벽 콘크리트 틈새를 통해 제한된 앵글로 관찰할 수 있다. 베를린장벽 추모기념물이 개장할 당시에는 입구 쪽 상단 철판에 "1961년 8월 13일부터 1989년 11월 9일까지의 베를린시 분단을 기억하며"라는 설명문이 부착되었는데, 장벽 희생자 가족의 항의로 "공산주의 독재의 희생자들을 추모하며"라는 구절이 추후 삽입되었다.[32] 부속 건물과 공간 북쪽 잔디 공터에는 분단 시절 베르나우어가의 역사를 설명하는 설명문과 탈주 루트로 사용되었던 지하터널 등을 표시하는 지도 등이 설치되어 방문객들의 걸음을 멈추게 한다.

베를린장벽 추모기념물의 두 번째 건물은 1999년 장벽 길 건너편에 있는 도큐멘테이션 센터다. 명칭 그대로 베를린장벽의 설치·진화 과정·탈주·붕괴 등 베를린장벽의 흥망성쇠를 기록한 연대기, 아카이브,

32 Gerd Knischewski and Ulla Spittler, "Remembering the Berlin Wall," p. 285.

▮ 베르나우어가에 위치한 베를린장벽의 외벽과 내벽을 연결하는 철판과 그 위에 새겨진 추모 글귀. 필자는 8월 16일에 이곳을 방문했는데, 그 밑의 꽃다발들은 베를린장벽을 설치한 날인 8월 13일부터 시민들이 희생자들을 추모해 바친 조화인 것으로 짐작된다(자료: 필자 제공).

시청각 자료, 증언록과 구술사 등 다양한 매체를 보관·전시한 곳이다. 도큐멘테이션 센터는 단순히 상설·기획 전시 기능을 담당하는 데 그치지 않고 관련 세미나, 영화 상영, 초빙 강연, 장벽 가이드 등을 통해 장벽의 역사와 의의, 교훈을 능동적으로 홍보·교육한다. 다만, 이 건물은 공공 소유물이 아니라 '베를린 프로테스탄트 화합교구'에 속하기 때문에 운영비를 전적으로 정부의 단기적인 예산에 의존해야 하므로 활동 범위가 제한적이다. 필자가 방문했던 2014년 8월 중순에는 유감스럽게도 도큐멘테이션 센터가 '수리 확장 중'이라는 푯말을 내걸고 임시 휴관 상태였다. 확인 결과, 추가 확보된 연방 예산의 도움으로 사료들을 더 많이 수집하고 전시 공간도 확장해 2014년 연말에 재개장했다.

베를린장벽 추모기념물의 세 번째 주인공은 '화해의 교회'다. 1894년에 같은 이름으로 건립된 이 프로테스탄트 교회는 1961년에 세워진 장벽 때문에 '죽음의 지대'에 고립되었다. 동독정부는 국경선을 감시하는 데 방해가 된다는 이유로 1985년에 이 교회를 폭파했는데, 통일 이후 소유권을 되돌려 받은 교단이 새 교회를 2000년에 건축했다. '화해'라는 옛 명칭이 갖는 예언적인 힘에 힘입어 이 교회는 매년 8월 13일(장벽이 건축되기 시작한 날)이나 11월 9일(장벽이 붕괴된 날)에 정부 관료, 정치인, 희생자 유족과 일반 시민들이 방문해 헌화·묵념하는 새로운 전통의 장소로 정착되었다. 이 교회 주임목사 파레르 피셔(Pfarrer Fischer)는 베르나우어가의 장벽 파괴를 막는 데 앞장선 인물이었다. 그는 동독 독재 시절의 희생자들을 추모하는 시민단체 '시민을 위한 사무실(Bürger-Büro)'과 함께 기념물 건립을 위한 아래로부터의 시민운동을 주도했다. 또한 장벽 기념물 설립을 방해하기 위해 몽니를 부리는 옛 동베를린 프로테스탄트 소피아교구 목사 파레르 힐데브란트(Pfarrer Hildebrandt)와도 싸웠다. 힐데브란트는 동독정부가 몰수했던 교회 공동묘지 구역을 복귀하고 제2차 세계대전 폭격 당시 희생되어 장벽 아래 묻힌 사람들의 시신을 수습한다는 명분하에 추모기념물 프로젝트가 진행되지 못하도록 방해했다. 그의 생떼로 인해 결국 베르나우어가 남쪽 지역(방문객센터 건너편) 장벽 80m가 철거되고 말았다.[33]

베를린장벽 추모기념물 건립에 10년 가까운 기간이 소요된 것이 특정 개인의 비협조 때문만은 아니다. 다른 요소들도 복잡하게 얽혀 있었는데, 특히 지역 이기주의인 님비도 한 몫을 담당했다. 베르나우어 지역에 위치한 노인 병원 및 요양원의 관계자들은 분단 시절의 아픔과 비극을 상기시키는 기념물이 설치되면 환자들의 정신건강을 해칠 것이라

33 각각 서베를린과 동베를린 출신인 두 목사가 장벽 보존을 둘러싸고 겪은 갈등에 대한 상세한 에피소드는 다음을 참조. Gerd Knischewski and Ulla Spittler, "Remembering the Berlin Wall," pp. 283~284.

며 반대했다. 지역 주민의 반대 로비가 일시적인 소란이었다면, 베를린 장벽 추모기념물 프로젝트를 후원하는 공공 예산과 전문 인력의 부족은 더 근원적인 요인이었다. 연방정부가 기념물 건립 경비를 부담하고 베를린 주정부가 운영 경비를 지불한다는 기본 합의에도 불구하고, 연방정부는 제도화되고 장기적인 예산 책정을 꺼리고 지연시키면서 기념사업을 주정부 책임으로 떠넘겼다. 시민단체들이 결성한 베를린장벽협회의 회장 가브리엘레 캄프하우젠(Gabriele Camphausen)은 2000년에 "장벽이 연상시키는 과거는 혼란스러운 짐이기 때문에 아무도 이를 알기를 원하지 않으며 …… 우리를 지지하는 정당을 나는 기억할 수 없다"라면서 중앙정치권의 의도적인 무관심을 비판했다.[34]

베를린장벽 추모기념물에 각인된 이데올로기적 편견 또한 언급하지 않을 수 없다. 베르나우어가를 찾은 대부분의 방문객은 동베를린 지역에 세워진 내벽의 틈만으로는 장벽의 이모저모를 실감나게 살펴볼 수 없다고 불만을 터트렸다. 냉전체제의 어두운 흔적을 탐험하려는 다크투어리스트들의 요구에 부응하기 위해 도큐멘테이션 센터 위층인 3층에는 2003년에 전망대가 설치되었다. 이곳에 올라서면 앞에서 묘사한 외벽, 죽음의 지대, 내벽은 물론, 추모기념물 오른쪽 공간인 잔디 터에 배열된 야외 전시장, 왼쪽에 위치한 소피교회 공동묘지, 그 내부에 설치된 '추모의 창' 등을 입체적으로 조망할 수 있다. 역사적인 장소에서 사진을 남기려는 관광객들의 허영심에 기대어 만들어진 전망대는 베를린장벽의 역사적 사실성을 훼손시키는 일종의 만화경이다. 국경방어 시스템이 어떻게 작동하는지 전혀 알지 못한 상태에서 하나뿐인 목숨

34 같은 글, p. 286 재인용.

▮ 베를린장벽 추모기념물의 옛 동독 쪽에 있던 내벽의 틈새로 서독 방향의 외벽을 관찰하고 있는 사람들의 모습. 오른쪽 상단에는 길 건너편 전망대에서 추모기념물을 조망하는 관광객들이 보인다. 그 아래는 도큐멘테이션 센터의 공사 현장이다(자료: 필자 제공).

을 걸고 이곳을 횡단해야 했던 동독인들의 공포는 외면한 채 역사 현장이 관광의 풍경으로 변질되고 말았다.[35] 전망대에 올라서서 초라한 장벽과 부속 공간을 내려다보는 시선은 서독 중심주의적인 응시의 권력으로서, 이는 베를린장벽과 그 부속 공간에 각인된 장소의 아우라를 희석시키고 이를 초현실적으로 만들어버리기 때문이다.

박물관 전시 전문가들은 베를린장벽 추모기념물이 냉전시대의 역사적 사실을 비정상적으로 왜곡시킨다고 지적했다. 이런 우려에 대해 추모기념물 대변인 토마스 클라인(Thomas Klein)은 "베를린장벽 추모기념물의 공간에 디즈니월드를 세우고자 하는 사람은 아무도 없다"라고 반박했다. 피셔 목사는 클라인의 이 같은 말을 비웃으며 베르나우어가의 기념공간에 전시된 "오브제의 변형이 오브제 자체보다 더 드라마틱하

35 Janet Ward, *Post-Wall Berlin*, pp, 106~107; Gerd Knischewski and Ulla Spittler, "Remembering the Berlin Wall," p. 285.

▪ 전망대 왼쪽에서 내려다본 베를린장벽 추모기념물의 정경. 뒤쪽 중앙에 보이는 원형 건물이 '화해의 교회'이며, 도로 옆 사선으로 세워진 붉은 색 작은 기둥들은 베를린장벽이 서 있는 위치를 표시한다. 잔디밭 위에는 야외 설명서를 읽고 있는 사람들도 보인다(자료: 필자 제공).

다"라고 촌평했다.[36] 베를린장벽에 각인된 대체 불가능한 비극적인 사실성을 공간적으로 구경거리로 전락시켰다는 비난을 에둘러 표출한 것이다. 체크포인트 찰리의 길 건너편에 2012년 들어선 '베를린장벽 파노라마'가 장벽 너머 동독의 일상 풍경을 대형 입체 스크린에 예술적으로 재현한 것과 유사하게, 베를린장벽 추모기념물도 잔인한 냉전(분단) 시대에 대한 사실과 진실을 극장 감상용으로 분칠했다는 혐의에서 완전히 자유롭지는 못하다. "참도 거짓도 아니며" "진짜보다 더 진짜처럼 보이는 허구"인 시뮬라크르[37]는 미국 디즈니랜드의 독점물이 아니었다. 냉전체제의 비극성을 '영화처럼' 재현한 시뮬라크르의 또 다른 모델이 베를린에 등장해 구경꾼을 호객하고 있다고 해도 과언이 아닐 것이다.

---

36 Gerd Knischewski and Ulla Spittler, "Remembering the Berlin Wall," p. 285 재인용.

37 장 보르리야르, 『시뮬라시옹』, 하태환 옮김(민음사, 2001), 39, 41쪽.

2) 역사 기념물에서 기억의 터전으로

전문가와 관광객 모두에게 불만족스러웠던 베를린장벽 추모기념물 프로젝트는 사립 체크포인트 찰리 장벽박물관이 2004년에 주최한 '장벽십자가' 행사를 계기로 새로운 단계에 진입했다. 박물관장 알렉산드라 힐데브란트(Alexandra Hildebrandt)는 장벽 문제에 대한 공공기관의 무관심을 고발하기 위해 체크포인트 찰리 인근의 옛 국경 지역에 장벽 희생자들을 상징하는 1065개의 나무십자가를 사망자들의 이름, 얼굴과 함께 전시했다. '프리덤 메모리얼(Freedom Memorial)'이라는 그럴듯한 제목으로 많은 관람객을 성공적으로 모은 이 행사는 역사적인 오류들로 얼룩진 상업적 이벤트였다. 장벽을 횡단하다가 실제 희생된 사람의 수는 전시된 십자가의 1/3 수준이었고, 앞에서 설명한 것처럼 전시 무대의 배경인 체크포인트 찰리도 실은 관광객 기념사진 촬영용으로 만들어진 복제품이었다.

이로 인해 아마추어·사이비 역사학자가 주관하는 검증되지 않고 비사실적인 흥행성 행사에 베를린장벽이 이용당하는 것을 더 이상 간과할 수 없다는 여론과 경각심이 증가했다.[38] 장벽을 소재로 한 가짜 드라마 만들기를 중단시키기 위해 역사 유물 보존 전문가들이 동원되었다. 사실 '장벽십자가 사건'이 발생하기 전부터 잔존하는 장벽을 꼼꼼하고 실증적으로 현장 조사해야 한다는 필요성이 제기되었다. 베를린주 상원 도시발전부는 브란덴부르크기술대학교(BTU) 건축물보존학과에 베를린 시내와 메트로폴리탄 지역에 현존하는 장벽에 대한 종합적인 실

---

38 Hope M. Harrison, "The Demise and Resurrection of the Berlin Wall," p. 204; Janet Ward, *Post-Wall Berlin*, p. 108.

태 조사를 의뢰했다. 2001~2003년에 걸친 현장 조사 후 2004년에 「장벽의 잔해들과 장벽의 흔적들: 베를린장벽에 대한 종합안내서(Wall Remnants—Wall Traces: The Comprehensive Guide to the Berlin Wall)」라는 보고서를 영문으로 제출했는데, 이는 당시로서는 현존하던 장벽에 대한 최초의 총체적인 보고서였다.

역사가들도 '장벽의 역사유물화와 기억의 터전 만들기'를 공론화하는 데 중요한 역할을 담당했다. 독일 현대사 연구의 중심지인 포츠담 현대사 연구소는 2005년 봄 베를린장벽 기념 문제에 대한 학술대회를 개최했다. 여기서 논의된 주요 내용을 요약하면 다음과 같다.[39] ① 현존하는 장벽 잔재물만 그대로 보존할 것이 아니라 과거 장벽의 주변 상황을 유추할 수 있도록 장벽 부속 경비시설도 일부 복원할 필요가 있다. ②'장벽십자가' 행사의 오류를 되풀이하지 않기 위해서는 희생자 개개인의 신상과 탈출 동기, 사망 원인 등을 학술적으로 시급히 조사해야 하며 그 연구 결과를 참조해서 추모 공간을 조성해야 한다. ③ 베를린장벽 기념물이 여기저기 흩어져 있으므로 관람객들에게 장벽의 역사를 총체적으로 설명해주는 정보관 설치가 필요한데, 브란덴부르크문 지역이 최적의 후보지다. ④ 베를린장벽을 독일사의 관점에서뿐만 아니라 세계적인 냉전체제 맥락에서도 파악할 수 있도록 기념물 조성 원칙을 세워야 한다.

전문가 집단의 보고서 제출과 조언에 자극받아 연방정부도 드디어

---

39 K. H. Jarausch, M. Sabrow und H.-H. Hertle, *Die Berliner Mauer – Erinnerung ohne Ort? Memorandum zur Bewahrung der Berliner Mauer als Erinnerungsor*(Potsdam, 2005). 보고서 제목은 「베를린장벽 – 실제 베를린장벽이 있던 곳과 상관없이 기억할 수 있는가? 베를린장벽을 어떻게 기념장소로 보존할 것인가에 대한 제안」으로 번역된다. 독일어 까막눈인 필자를 위해 고맙게도 최승완 선생이 자료집의 주요 내용을 요약해주었다.

움직이기 시작했다. 2004년 11월 2명의 동독 출신과 2명의 서독 출신 연방 하원의원이 합세해 "장벽과 독일 분단을 기념하고 장벽의 평화로운 해체를 추모하는" '기억의 터전'을 브란덴부르크문 부근에 조성할 것을 발의했다. 이들의 제안을 접수한 연방의회는 연방정부와 베를린 지방정부가 협력해 "베를린장벽을 사적(史蹟)으로 지정하고 희생자들을 추모하는" 것을 목표로 하는 기본 제안서를 2005년 8월까지 제출하기로 결의했다.[40] 그 후 역사가, 문화재 관리 공무원, 희생자 가족, 시민단체, 박물관 책임자와 큐레이터 등이 참여해 18개월 동안 합동조사, 현장 답사, 공청회, 자문회의 등을 진행했다. 그 결과물인 '베를린장벽 기념사업 종합계획안'(이하 종합계획안)이 베를린시 상원의원 토마스 플리에를(Thomas Flierl)의 책임하에 2006년 6월에 발표되었다.[41] 종합계획안에 만족한 연방정부와 베를린 지방정부는 4000만 유로의 합동 예산을 지원했다. 그리고 2008년 7월에 통과한 연방의회 법률에 따라 베를린장벽의 역사 및 보존기념사업과 분단시대 동독의 희생자들을 기리는 추모 사업을 총괄하는 베를린장벽재단이 마침내 출범했다. 오랫동안 홀로코스트 과거 청산에 정신을 빼앗겼던 중앙정부가 뒤늦게나마 냉전체제 기념사업에도 눈길을 돌린 것이다.

종합계획안은 여러 경로를 통해 제출·수합된 현장 조사 자료, 시민 청원서, 분석 보고서 등을 총망라해 갈무리한 결정판이었다. 핵심 내용은 특정 지역에 소재한 역사 기념물이나 기억의 터전 한 곳을 대표로 선

---

40 Hope M. Harrison, "The Demise and Resurrection of the Berlin Wall," p. 205.

41 T. Flierl(ed.), *Gesamtkonzept zur Erinnerung an die Berliner Mauer: Dokumentation, Information und Gedenken*(Berlin: Senatsverwaltung für Wissenschaft, Forschung und Kultur, 2006). 독일어 원문 PDF 보고서는 다음 주소에서 접속 가능하다. http://www.berlin.de/imperia/md/content/senwfk/pdf-dateien/mauerdialog/asv2006616_1.pdf.

정해 집중적으로 지원하는 대신, 베를린 시내 일곱 군데를 장벽 보존·기억의 터전으로 지정하고 이를 역사 교육과 유적 답사의 주요 거점으로 유기적으로 연결시키자는 것이었다. 역사 기행의 편리성을 높이기 위해 장벽 가이드가 출간되었고 스마트폰 GPS와 연계해 대중교통을 안내해주는 디지털 시스템이 2008년에 도입되었다. 2009년에는 소극장, 세미나실, 서점 등을 갖춘 방문객센터가 하우트반호프 지하철역 앞에 들어섰다. 이전까지는 장벽 추모기념물의 하드웨어를 건립하는 데 중점을 두었다면, 종합계획안은 베를린 시내와 외곽에 산재한 장벽을 유기적으로 연결해 교육시키는 소프트웨어의 개발과 서비스를 강조했다.

종합계획안에서는 지역 분권적인 기억의 터전을 여러 개 조성하도록 권했지만 베르나우어가에 집결된 베를린장벽 추모기념물도 소홀히 취급하지는 않았다. 2008년에 확정된 베를린장벽 추모기념관 확장계획안을 지지해 소피교회가 소유한 공동묘지 내부에 '추모의 창'을 2010년 설치했다. 이곳에는 장벽을 탈주하다가 사망한 128명의 희생자 이름과 사진, 생몰연도 등을 전시했는데, '장벽십자가'에서 범한 사실적인 오류를 수정해 그들이 차가운 '통계'에 그치는 것이 아니라 각자 뜨거운 피를 가진 귀중한 생명이었음을 환기시켰다.

뒷짐을 지고 있던 중앙정부가 2005년을 전후해서 베를린장벽 역사 기념사업을 본격적으로 추진하는 데 동참한 까닭은 무엇일까? 냉전체제를 증언하는 공간과 물질 유산이 소멸될수록 과거에 대한 왜곡이 심각해지고 거짓 사실이 만들어진다는 위기감은 장벽을 기억의 터전으로 조성하는 과정에 정부가 적극적으로 개입하도록 만들었다. 그 연장선상에서 영향을 미친 또 다른 결정적 요인은 젊은 세대의 역사 인식이 빈약하고 비상식적이라는 사실이었다. 장벽이 붕괴된 지 10년이 지나

▮ 소피교회 공동묘지 내부에 세워진 '추모의 창'과 관람객들 모습(자료: 필자 제공).

지 않은 시점에서 어느 지역과 도로가 옛 동(서)베를린에 속했는지를 분별하지 못하는 독일 젊은이들이 증가했다. 통일 이후 화려한 쇼핑거리와 카페 골목으로 재개발된 프렌츠라우어구를 옛 서베를린 지역으로, 낙후된 노이쾰른구를 옛 동베를린 지역으로 착각하는 젊은이가 많았다. 더욱 심각한 것은 베를린장벽 자체에 대한 무관심이었다. 자유베를린대학교 동독연구소(통일사회당국가연구소)가 2005~2007년 기간에 15~17세 청소년을 대상으로 "누가 장벽을 세웠는가?"라고 질문했는데, 동베를린이라는 답이 17%, 서베를린이라는 답이 26%였으며, 미국이라고 잘못 대답한 사람도 많았다.[42]

베를린장벽 붕괴 20주년인 2009년의 기념식이 어린이·청소년의 역사 교육과 계몽에 초점을 맞춰 기획된 것도 이들의 잘못된 역사 지식을 바로잡자는 의도에서였다. 독일과 세계 각국에서 참여한 1만 5000명의

42 Hope M. Harrison, "The Demise and Resurrection of the Berlin Wall," p. 199; Wieland Giebel, *The History of Berlin*(Berlin: Berlin Story Verlag, 2014), pp. 62~63.

고등학생이 1000개 이상의 도미노를 운반해 무너트리는 행사가 하이라이트였다. 넓이 1m, 높이 2.5m 크기의 도미노 판에는 베를린장벽과 관련된 역사적 사실들이 기입되어 행사에 참여한 청소년들의 역사 교재 또는 참고서로 활용되었다. 기념식에서는 베를린시의 심장부인 연방의회에서 브란덴부르크문을 거쳐 포츠담광장에 이르는 1.5km에 임시로 도미노를 설치하고 장벽이 붕괴된 11월 9일에 이를 무너트리는 행사를 진행했는데, 이는 탈냉전체제의 미래를 짊어질 젊은 세대를 위한 역사 교육의 현장과도 같았다.[43] 당일 밤 브란덴부르크문 앞 광장에서 개최된 20주년 기념행사에는 독일 수상 앙겔라 메르켈(Angela Merkel), 전 소련 대통령 미하일 고르바초프(Mikhail Gorbachev), 전 폴란드 대통령 레흐 바웬사(Lech Walesa) 등이 참석했다. 이들은 그 자리에서 남북이 분단된 한반도에 건재한 또 다른 장벽이 붕괴되도록 촉구하는 것도 잊지 않았다.

4. 누구와 무엇을 위한 기억의 터전인가: 포스트 장벽 시대의 과제와 전망

> 곱사등이에게서 그의 혹을 떼어낸다면 그것은 곧 그에게서 정신을 떼어내는 것이다.
>
> _프리드리히 니체

43 장벽 붕괴 20주년 기념에 관한 상세한 행사와 정보는 www.nauerfall09.de 참조.

베를린으로부터 배울 점은 무엇인가? 그것은 베를린이 세상의 모든 분단과 세상의 모든 분단된 도시를 상징하는 쪼개진 도시였다는 점이다.

_자크 데리다

베를린장벽이 붕괴된 지 10년 후에 본격적으로 착수된 '장벽의 역사 유물화와 기억의 터전 만들기'를 추진하는 과정과 잠정적인 결과는 분단시대를 건너야 하는 우리에게 몇 가지 시사점을 제공한다. 첫째, 장벽 자체에서 반사되는 이데올로기적인 편견은 연방(통일)정부로 하여금 추모기념물 사업을 방관하거나 망설이게 했다. 동독 지배층의 시각에서 보면 장벽은 동독인들의 납치와 서독 스파이를 막기 위한 '반나치 방어벽'이지만, 서독 시각에서는 인권 탄압에 기반을 둔 비정상적인 국가의 민낯을 감추려는 '치욕의 벽'이었다. 동서독 정부는 장벽 너머의 형제 국가를 "역사상 최대 규모의 집단 수용소"(동독), "반공산주의를 가장한 제국주의 집단"(서독)이라고 자신들의 '미운 아버지'인 나치 정권에 비유하며 상호 비방했다.[44] 동서독은 장벽을 이데올로기적인 올바름과 국가 정통성의 양립 불가능한 경계선으로 인식·선전했고 스스로 그 벽 안에 안주함으로써 냉전체제의 한쪽 축을 담당했다. 기념물 공간이야말로 국민들의 합의와 통치자의 권력의지가 합동으로 제작한 '진정한 집단[국가] 거울'이었으므로[45] 서로 싸우면서 닮아갔던 서독과 동독은 부끄럽고 일그러진 자신들의 자화상인 베를린장벽을 서둘러 지우는 데 무의식적으로 공감했을 것이다.

---

44 Pertti Ahonen, "The Berlin Wall and the Battle for Legitimacy in Divided Germany," *German Politics and Society,* Issue 99, Vol. 29, No. 2(Summer, 2011), p. 49.

45 앙리 르페브르, 『공간의 생산』, 327~329쪽.

둘째, 독일 통일 이후에도 베를린장벽은 여전히 지워지지 않는 '머릿속의 장벽'으로 계승되었다. 장벽을 바라보는 옛 동독인들의 기억과 감정은 각자의 처지 — 장벽 탈주자와 이주자, 정치범과 반체제주의자, 슈타지 비밀요원 같은 냉전체제 수호자 등 — 에 따라 다양할 것이다. 특히 '침묵의 다수자'로 불리는 동독의 보통 사람들이 분단시대를 긍정적으로 재인식하기 시작했다는 점을 간과할 수 없다. 갑작스러운 재통일로 서독 체제에 흡수 통합된 이들은 이른바 '소비자 사회주의' 시절을 그리워했다. 1970년대에 호네커 정권이 정권 수호 차원에서 긴 유급 휴가를 실시하고 실업(의료)보험·주택 보조·고용 안정 등이 보장되었던 '좋은 시절'에 대해 향수를 느끼는 동독 출신들이 늘어났다. "동독 시절은 멋진 나날이었다"라는 진술에 동의하는 이는 1994년 48%에서 2004년 54%로 상승했다. "동독 체제는 나쁜 면보다 좋은 면이 더 많았다"라는 평가에 찬동하는 동독인도 1994년 35%에서 2004년에는 40%로 증가했다.[46] 보수적인 서독 정치인과 언론 권력이 옛 조국에 대해 장벽과 비밀경찰로 대변되는 나쁜 기억을 주입하고 있음에도, 많은 옛 동독인은 '장벽 저쪽'에서 자본주의적 광풍을 피해 나름의 멋과 여유를 향유했던 '오스(동쪽)탤지어(Ostalgie)'의 포로가 되었던 것이다. 사회주의(공산주의)가 한때 약속했던 지상낙원은 헛된 환상에 불과했지만 '노스탤지어로서의 과거 인식'이 현실 정치와 국민 정체성에 미치는 힘과 영향력을 과소평가할 수는 없다.[47]

한편, 장벽이 붕괴된 이후 서독의 일반 국민들은 동독 지역의 낙후된

46 김누리, 「동독의 귀환」, ≪괴테연구≫, 제21집(2008), 199쪽. 이 이슈에 대해서는 다음을 참조. 김누리 엮음, 『머릿속의 장벽: 통일 이후 동서독 사회문화 갈등』(한울아카데미, 2006).

47 Tony Judt, *Postwar*, pp. 768~769.

사회경제적 인프라 개혁과 통일 비용으로 늘어난 세금과 재정 부담에 괴로워했다. 이들은 '옛 공산주의 국가에서 몰려온 가난하고 게으른 자매 형제'를 이류 시민으로 은근히 차별했다. 그리고 장벽이 28년이나 건재할 수 있도록 독재 정부 타도에 수동적이었던 동독인들을 전체주의 공범자 또는 부역 시민이라고도 깔보았다. 가부장적인 아버지(동독 통일사회당)가 사망하자 졸지에 고아 신세가 된 동독인들이 잘난 체하는 부자 형제에게 느끼는 원망과 분노를 오스탤지어로 표출했다면, 서독인들은 '한 지붕 두 가족'으로 갑자기 강제 편입된 이복 자매 형제 때문에 좁아진 주거 공간에서 밥그릇 싸움까지 해야 한다고 불평했다. 통일 이후 동서독의 일반 국민들이 각기 다른 빛깔과 무늬로 간직했던 '머릿속의 장벽'이 질투와 경쟁, 흉보기와 유산 싸움 등이 난무하는 '가족 로망스'로 변주되었던 것이다.[48] 이는 가족관계의 재편성 및 새로운 탄생을 위해 피할 수 없는 진통이자 산통이었다.

셋째, 베를린장벽 추모기념물 프로젝트는 많은 이해집단 간 타협의 산물이며 시간과 인내를 요구하는 어려운 과제였다. 앞에서 살펴본 것처럼 베를린장벽 추모기념물 프로젝트에는 지역 이기주의와 공공적인 이해관계의 충돌, 역사 유물 보존주의자들과 관광 헤리티지 산업 종사자 간의 줄다리기, 위로부터의 일방적인 정책 결정에 항의하는 아래로부터의 시민운동, 사유재산의 신성함과 공익적 점유권 간의 갈등 같은 복잡하고도 다층적인 요인이 뒤엉켜 있었다. 신속하고 총체적이며 중앙집권적인 메모리얼 프로젝트가 완결되기란 불가능한 것처럼 보인

48 여기에 대해서는 프랑스혁명으로 앙시앵레짐의 권력구조와 가족관계가 상응해 재편성되는 양상을 지그문트 프로이트의 '가족 로망스' 개념을 빌려 분석·설명한 린 헌트, 『프랑스혁명의 가족로망스』, 조한욱 옮김(새물결, 1999) 참조.

다. 이런 분위기 속에서 포츠담현대사연구소가 2005년에 브란덴부르크문 지역에 베를린장벽 종합정보관을 설립하자고 제안했던 계획은 실현되지 못했고, 장벽 붕괴 20주년인 2009년 11월 9일까지 같은 장소에 '자유와 통합의 기념비'를 건립하자고 결의했던 연방의회의 약속도 결국 실천되지 못했다. '장벽의 역사유물화와 기억의 터전 만들기'의 진행 과정을 긍정적인 시각에서 보면, 이는 역사 유물 보존과 기념에 관한 다양한 이견을 조정해 민주적인 합의에 도달하려는 신중한 태도일 수도 있다. 그러나 부정적인 시각에서 보면, 장벽이 붕괴된 지 30년 가까이 되도록 사망한 베를린장벽을 '봉인'하지 못하고 해부된 미완의 상태로 남겨둔 것은 기회주의적인 역사의식을 반영한 것이라고 볼 수도 있다.

베를린장벽재단의 공식적인 출범은 장벽 문제에 대한 최종 해결이라기보다 오히려 새로운 과제에 대한 논쟁의 출발점이 되어야 마땅하다. 각기 다른 개인과 집단에 각기 다른 의미를 지니고 있는 장벽의 역사적 성격 중에서 어떤 부분을 발굴해 기념하고 어떤 파편을 기억의 쓰레기장에 버릴 것인가? "역사가 새로 만들어지는 기억과 강요되는 망각 사이의 투쟁"이라면[49] 장벽에 흩뿌려진 때로는 모순되고 때로는 모호한 기억 중에서 통일 시대의 젊은 세대가 아로새겨야 할 역사적 교훈은 무엇일까? 베를린장벽은 독일 현대사가 연출한 또 다른 '특수한 길'일까, 아니면 20세기 후반 지구적으로 뒤엉킨 냉전체제의 네트워크가 공동 제작한 세계 역사의 문화유산일까?

베를린장벽이 붕괴된 이후 4반세기가 지난 오늘날 되돌아보면, 장벽

---

49 육영수, 「역사, 기억과 망각의 투쟁」, 이진우·김민정 외, 『호모 메모리스: 기억과 망각에 관한 17가지 해석』(책세상, 2014), 240~282쪽 참조.

은 통일독일이 여전히 직면한 딜레마이자 세계사적으로 재조명되어야 할 냉전체제의 생채기다. 장벽 파편에 갇힌 트라우마를 드러내고 애도하려는 용기를 가질 때 장벽의 역사적 의의와 유산을 재발견할 수 있다. 부서지고 소멸되었으며 덧칠당한 장벽의 기구한 운명이야말로 포스트 냉전시대가 포용해야 할 진면목이다. 자크 데리다(Jacques Derrida)의 표현을 빌자면, "세상의 모든 분단과 세상의 모든 분단된 도시를 상징하는 쪼개진 도시" 베를린은 역설적으로 "분단되고 통합되지 않는 정도에 비례해 배울 점이 있는 도시"로서의 잠재력을 소유하고 있다.[50] 니체의 입을 빌려 다시 번역하자면, 냉전(분단)체제의 위대한 유산인 베를린장벽(즉, '곱사등이의 혹')을 멸종시킨다면 그것은 도시 공간으로서 베를린이 가진 생명력과 독창적인 영혼을 앗아가는 몰역사적인 야만 행위일 것이다. 베를린장벽은 호사가들이 비싸게 수집해야 할 골동품도 아니고 흥망성쇠를 해마다 추념해야 할 기념물도 아니다. 베를린장벽은 은폐하거나 파괴하기보다는 역사 비판 또는 반시대적 고찰을 위해 반드시 성찰적으로 극복해야 할 대상이다.[51]

결론적으로, 베를린이 21세기의 문화 수도로 새롭게 부상한 것은 이 도시 공간에 이 세상에 실존하는 모든 경계 — 동쪽과 서쪽, 평화와 전쟁, 민족과 세계, 자유주의와 공산주의, 개인과 공동체, 사랑과 증오, 배제와 통합, 기독교와 이슬람, 다문화와 디아스포라 등 — 가 담겨 있기 때문이다. 그러므로 무너진 베를린장벽 옛터는 냉전시대를 극복하고 대안적인 글로벌리즘을

50 Jacques Derrida, "Response to Daniel Libesskind," Daniel Libeskind, *Radix-Matrix: Architecture and Writing*(Munich: Prestel, 1997), pp. 110~115 재인용.

51 프리드리히 니체, 『반시대적 고찰 II: 삶에 대한 역사적 공과』, 이진우 옮김(책세상, 2005) 참조.

견인하는 지렛대가 될 것이다. 다소 유토피아적으로 전망하자면, 냉전 시대에 축적한 장벽의 경험은 트랜스내셔널 시대의 새로운 미래와 세계관을 만들어가는 기대 지평으로 승화될 것이다.

| 3부 |

이데올로기와 역사 기억

『공산주의 흑서』 논쟁과 자유주의의 역사정치*

윤용선 | 한성대학교 역사문화학부

1. 머리말

1980년대 후반에 접어들자 19세기에 시작된 이념의 시대가 마침내 막을 내릴 조짐을 보이기 시작했다. 소련의 젊은 공산당 서기장 고르바초프는 1985년 4월 소비에트 사회주의의 전면적인 개혁을 선언하고 나섰다. 체제의 위기를 자인한 것이다. 1989년 7월 14일 파리에서는 프랑스 미테랑 대통령, 미국 부시 대통령, 영국 대처 총리, 독일 콜 수상 등이 참석한 가운데 프랑스혁명 200주년 기념식이 성대하게 거행되었다. 동구권의 위기는 행사의 분위기를 한껏 고조시켜주었다. 다음날인 7월 15일 파리 라데팡스에서 개최된 G7 정상회의는 고르바초프가 개혁을 위해 간절히 요청한 1000억 달러에 달하는 자금 지원을 보류하기로 결정했다. 그들이 원했던 것은 '인간의 얼굴을 한 사회주의'가 아니라 사

* 이 글은 1999년 ≪역사비평≫ 48호에 「20세기의 공산주의 대학살: 흑서논쟁」이라는 제목으로 게재된 글을 수정·보완한 것이다.

회주의의 몰락이기 때문이었다. 자유주의가 사회주의의 생사여탈권을 쥐게 된 것이다. 상황은 더욱 극적으로 발전해 11월 9일 동독이 스스로 붕괴했으며, 소비에트 연방 역시 2년을 더 버티다 1991년 12월 스스로 해체했다.

이처럼 극적인 역사 드라마는 신중한 학자들마저 흥분시킬 정도였다. 미국 스탠퍼드대학교의 후쿠야마 교수는 소련 붕괴 후 1년도 채 지나지 않은 1992년 『역사의 종말(The End of History)』이라는 책을 통해 인류 역사에서 자유민주주의와 자본주의 시장경제가 최후 승리했다고 주장했다. 이 책은 저자 개인은 물론 학문의 역사에도 오점으로 남을 만큼 성급하고 비역사적이었다. 승자의 환호와 승리의 도취감이 어느 정도 가라앉자 이번에는 패자에 대한 고발과 비난이 이어졌다. 러시아 10월 혁명 80주년 기념일 하루 전날인 1997년 11월 6일 파리 서점가에는 『공산주의 흑서: 범죄, 테러, 탄압(Le Livre noir du communisme: Crimes, terreur, répression)』(이하 『흑서』)이라는 제목의 책이 등장했다. '공산주의 희생자 1억 명'이라는 자극적인 표현의 띠지를 두른 이 책은 소련, 중국, 동유럽제국, 북한, 캄보디아, 베트남, 라오스, 쿠바, 니카라과, 페루, 에티오피아, 앙골라, 모잠비크, 아프가니스탄 등의 공산 정권이 자행한 테러 행위를 다룬 11명 연구자의 글을 담고 있었다.

그러나 이 책 역시 『역사의 종말』처럼 학문적으로는 주목할 만한 책은 아니었다. 유일하게 소련 부분만 기록보존소의 문서에 기초해 쓰였을 뿐, 나머지 국가들에 대한 서술은 공산당이 건재하거나 사료가 빈약해 신뢰성이 크게 떨어졌다. 그럼에도 이 책은 커다란 반향을 일으켰다. 프랑스 의회에서는 이 책을 둘러싸고 공산당과 보수 정당 의원들 사이에 고성이 오갔으나, 이는 장차 유럽 학계와 지성계에서 몇 개월에 걸쳐 치열하게 벌어진 논쟁에 비하면 작은 소란에 불과했다. 우파의 입장에서 볼 때 실존 사회주의가 붕괴한 마당에 좌파를 도마 위에 올려놓는 것은 지극히 당연했다. 프랑스혁명사 분야의 저명한 역사학자인 프랑수아 퓌레(François Furet)가 갑자기 유명을 달리하면서 『흑서』의 서문을 대신 집필하게 된 스테판 쿠르투아(Stéphane Courtois)는 폭력과 테러가 공산주의의 본질이라고 주장함으로써 논쟁에 불을 붙였다. 그는 소련 부분을 집필한 니콜라 베르트(Nicolas Werth)가 모스크바 기록보존소에서 찾은 문서를 근거로 급진 마오주의자에서 극우주의자로 전향한 자신의 결정이 옳았음을 입증하려 했다.

『흑서』를 둘러싸고 벌어진 좌우익의 논쟁에서 쟁점은 크게 다음 두 가지였다. 테러는 공산주의의 본질적 특징인가? 공산주의와 마찬가지로 폭력적이던 나치즘(파시즘)과 공산주의는 본질적으로 유사한 체제인가? 두 질문에 대한 답이 모두 '예'일 경우 서구 좌파는 네오나치와 흡사한 잠재적 폭력 집단으로 전락하고 자본주의 비판에서 여전히 권위를 잃지 않은 마르크스의 이론은 역사의 뒤안길로 사라져야 할 판이었다. 그러나 이념 논쟁에서 하나의 결론을 도출하거나 옳고 그름을 가려내기를 기대하는 것은 무리다. 논쟁의 의의는 동일한 대상이나 주제를 놓고 다양한 (심지어 대립적인) 견해와 해석을 나눌 수 있다는 데 있다. 논거의 다양성이 지닌 넓이와 깊이는 그 사회의 지적 수준과 비례하며, 사유의 수준이 높을수록 사회 갈등이 평화적이고 합리적으로 해결될 가능성 또한 높아진다. 『흑서』 논쟁 역시 공산주의가 자행한 폭력의 다양한 측면을 보여주었다.

한편 역사 논쟁은 역사정치의 한 과정이기도 하다. 역사정치란 정치적 목적이나 이념적 당파성에 근거해 역사를 (재)해석하거나 심지어 왜장·왜곡해 이를 대중에게 인식시키려는 일체의 시도를 일컫는다. 『흑서』 역시 이러한 역사정치의 한 형태로, 단순히 공산주의의 폭력을 고발하는 데 그치는 것이 아니라 이를 통해 자유주의의 비폭력성과 우월성을 내세우기도 하고 자유주의의 어두운 그림자를 감추기도 한다. 독도가 역사적으로 누구의 영토인가를 둘러싸고 벌어지는 논쟁에 비해 이념사적 논쟁은 훨씬 다양한 층위와 의미를 내포한다. 『흑서』 논쟁에서는 유감스럽게도 이러한 역사정치적 측면이 별로 다루어지지 않았는데, 이는 아마도 죄를 상대화하려 한다는 비판을 의식했기 때문인 것으로 풀이된다. 즉, 공산주의의 폭력을 부각시키는 것은 곧 자유주의를 신화화하기 위한 것이라는 비판 역시 공산주의의 죄를 희석시키려는 의도로 인식될 여지가 있었다. 그러나 공산주의와 자유주의의 죄를 비교하는 것이 죄를 상대화하기 위한 것은 아니다. 오히려 이는 자유주의의 자기성찰을 자극할 수도 있다.

죄의 상대화 위험에도 불구하고 『흑서』 논쟁에서 자유주의의 역사정치에 주목해야 할 이유는 충분하다. 지구상에 존재하는 것은 모두 역사적 형성물이다. 공산주의와 파시즘에 관한 비판적 논의에서 역사적 차원을 배제할 수 없다면 자유주의 역시 역사 법정에 서지 않을 수 없다. 자유주의는 공산주의와 파시즘보다 일찍 역사의 무대에 등장했으며, 이 두 이념이 자유주의에 대한 저항이자 대안으로 탄생했음을 간과해서는 안 된다. 이 단순한 연대기는 우리에게 중요한 사실을 일깨워준다. 즉, 공산주의와 파시즘이 폭력을 자행했던 시기가 아닌 탄생한 시기로 거슬러 올라가면 자유주의의 추악한 면모가 여지없이 드러난다. 게다가 결코 지워지지 않는 그 치부는 경쟁자이자 적인 두 이념이 사라진 오늘날에도 여전히 형태를 달리하며 존재하고 있다. 경쟁에서 이겼다고 허물마저 없어지는 것은 아니기 때문이다.

이 글에서는 정치 이념처럼 매우 예민한 문제와 결부된 역사를 유럽 사회가 어떻게 바라보고 정리하는지 논하고자 한다. 특히 분단 상황에서 총부리를 겨누었던 동독이 포함된 공산주의의 폭력에 관해 논하는 독일 학계와 지성계의 목소리는 결코 단조롭지 않다. 다채롭고 풍부한 논의를 찬찬히 살펴보는 것은 지적으로 흥미진진할 뿐만 아니라 역사의 흐름을 외면한 채 여전히 냉전 중인 한반도의 현재 및 미래와 관련해서도 의미 있는 일이다. 이와 더불어 자유주의적 논거에서 드러나는 역사정치적 측면에 대해 필자의 견해를 덧붙이고자 한다. 냉전시대에 정권을 유지하거나 체제 비판을 억압하는 데 반공주의가 얼마나 중요한 역할을 했는지는 잘 알려진 사실이다. 따라서 『흑서』 논쟁에서 자유주의의 역사정치는 빼놓을 수 없는 주제다.

2. 공산주의의 폭력성을 둘러싼 논쟁

쿠르투아는 20세기 역사를 공산주의의 폭력에 침묵했다는 이유로 '반이 마비된' 역사로 규정한다. 그가 보기에 이러한 현상이 나타난 이유는 동구권이 붕괴되었음에도 사회주의 혁명에 대한 기대가 여전히 남아 있기 때문이다. 소련이 제2차 세계대전에서 나치즘을 물리친 승전국이었다는 사실 또한 공산주의의 테러를 은폐하는 데 일조했다고 본다. 나치즘에 대한 승리는 반파시즘으로 등식화되었고, 전후 연합국에 의해 나치즘이 절대 악으로 간주되면서 공산주의는 자연스럽게 선의 진영으로 분류되었다는 것이다. 그러나 그는 나치즘과 공산주의가 폭력을 통치 수단으로 삼았다는 점에서 매우 유사하다고 보았고, 그의 이러한 주장은 격렬한 논쟁을 야기했다.

쿠르투아는 소비에트 사회주의가 처음부터 '피비린내 나는 독재'를 실시한 원인을 다음 네 가지로 규정한다. ① 퓌레가 지적한 혁명에 내재하는 폭력성, ② 이반 뇌제[1] 이후 러시아 정치사에서 반복해서 나타나는 정치폭력의 전통, ③ 제1차 세계대전 및 10월 혁명 직후에 발발한 '추악한 전쟁'인 백군과 적군 간의 내전이 사회에 끼친 영향, ④ 레닌과 볼셰비키의 폭력적 통치 방식 등이다. 물론 그가 제시한 네 가지 요인은 사회주의 혁명에만 국한되지 않는 혁명의 보편적 특징이자 러시아적 특수성으로, 이로부터 폭력이 사회주의의 본질적 특징이라는 결론을 도출할 수는 없다.

그러나 그는 곧이어 역사상 유례가 없는 것으로 평가되는 나치의 유대인 학살과 비교함으로써 사회주의를 직접적으로 공격한다. 나치의 인종 이데올로기와 공산주의의 계급 이데올로기는 각각 특정한 적을 상정한다는 측면에서 유사한데, 전자는 유대인을, 후자는 1932~1933년 우크라이나 등지에서 의도적으로 자행된 대규모 기아(이하 홀로도모르)[2]의 희생자인 쿨락(부농)을 적으로 설정했다고 본다. 쿠르투아는 공산주의에서는 계몽주의적 이데올로기가 폭력의 명분으로 기능했으며, 테러는 사회주의적 가치를 실현하기 위한 것으로 정당화되었다고 주장한다. 소비에트 사회가 내세운 인간 해방이라는 가치는 항상 잔혹한 테

---

1 16세기에 러시아를 통치한 이반 4세는 온 나라를 피로 물들인 폭군으로 평가되며, 뇌제(雷帝)라는 별명은 그의 폭력성에서 비롯되었다.

2 러시아어 '홀로도모르(Голодомор)'의 사전적 의미는 기아에 의한 살인을 뜻하는데, 스탈린 치하인 1932~1933년 우크라이나와 중앙아시아 일부 지역에서 발생한 대규모 아사 사건을 지칭하는 용어로 사용되기도 한다.

러를 정당화시키는 도구로 기능했다는 것이다. 그의 견해를 달리 표현하면, 나치 독일과 소련에서 국가에 의해 자행된 테러는 폭력으로 인식되지 않고 이데올로기가 추구하는 가치를 실현하는 행위이자 과정이었다. 이렇게 보면 사회주의 이념 자체가 폭력의 원인인 셈이다.

이러한 주장에 대해 비판이 빗발쳤다. 먼저 공산주의에 대한 비역사적인 일반화가 지적되었다. 당시 베를린자유대학교 역사학과 교수로 세계역사학회 회장을 역임한 위르겐 코카(Jürgen Kocka)는 쿠르투아의 일반화와 관련해 세 가지 문제를 면밀하게 검토할 필요가 있다고 본다. ① 살인이 공산주의의 본질적 특징인가, ② 모든 기아를 의도적인 살인으로 볼 수 있는가, ③ 소비에트 공산주의의 성격을 규정하는 데 스탈린 시기와 그 이후 시기를 동일시할 수 있는가. 코카가 지적하는 바는 소련은 단지 공산주의의 여러 사례 중 하나이며 스탈린주의 또한 소비에트 역사의 단지 한 부분으로, 소비에트 체제는 역사적으로 변화를 거듭하며 다양한 모습으로 존재했다는 점이다. 역사학은 일반화를 꺼린다는 점에서 사회과학과 구분된다는 사실을 고려할 때, 역사가임을 자처하면서도 거친 일반화를 마다하지 않는 쿠르투아는 코카의 지적처럼 비판받을 여지가 있었다.

그러나 학살이라는 결과만 놓고 볼 때 폭력은 파시즘과 마찬가지로 사회주의의 본질이 될 수 있지 않을까? "스탈린 정권이 의도적으로 야기한 기아의 희생자인 우크라이나 쿨락 자녀의 죽음은 나치 정권에 의해 아사한 바르샤바 게토의 유대인 어린이의 죽음과 똑같이 중요하다"라는 쿠르투아의 주장에 대해 베를린자유대학교 역사학과 볼프강 비퍼만(Wolfgang Wippermann) 교수는 다음과 같이 반박한다. "바르샤바 게토의 어린이는 자신의 출신 때문에 죽었다. 이 어린이는 단지 유대인이기 때문에, 나치가 볼 때 열등한 인종에 속했기 때문에 살해되었다. 우크라이나인이나 쿨락(이들은 우크라이나에만 있었던 것이 아니다)과 달리, 이 인종에 속하는 사람은 모두 열등한 것으로 간주되었으며, 따라서 이들은 자신의 계급과 상관없이 계획적으로 살해되었다." 비퍼만이 말하고자 하는 바는 현상적으로는 모두 참혹한 학살이지만 나치의 학살은 색다르다는 것이다. 즉, 계급인 쿨락에게는 쿨락이기를 포기할 수 있는 가능성이 있었지만, 인종으로서의 유대인에게는 이러한 가능성이 아예 차단되었다는 것이다. 계급과 인종은 비교의 대상이 아니며, 따라서 계급 학살과 인종 학살의 평면적인 비교는 무의미하다는 주장이다.

독일의 튀빙겐대학교에서 소련사를 강의하던 디트리히 바이라우(Dietrich Beyrau) 교수는 이데올로기로서 인종과 계급의 차이를 좀 더 구체적으로 설명한다. 유대인과 쿨락은 공히 절멸의 대상이었지만, 후자는 전자와 달리 재교육이 가능했으며 실제로 훗날 계급적으로 동화되었다고 본다. 그에 따르면, 스탈린 말기에는 수용소에 쿨락이 거의 남아 있지 않았으며, 그들은 심지어 붉은 군대의 일원으로 제2차 세계대전에 참전하기도 했다. 부르주아 출신 엘리트들도 마찬가지였다. 그러나 나치에 희생된 유대인에게는 이러한 '자정(自淨)'의 기회가 전혀 주어지지 않았다는 점에서 양자 사이에는 분명한 차이가 있다는 것이다.

또한 소비에트 사회에서의 테러는 스탈린 집권 시기와 그 이후가 뚜렷이 구분된다. 75년 소비에트 역사의 절반 이상을 차지하는 포스트 스탈린 시기(1953~1991)에는 과거와 달리 당에 저항했다고 해서 공개재판, 자아비판, 살인 등이 자행되지 않았으며, 만족할 만한 수준은 아니었지만 과거에 대해 비판적 성찰이 광범위하게 이루어지기도 했다. 소련 공산당은 여전히 과거의 목표에 매달렸지만 도달하지 못한다는 것을 알면 과감하게 수정을 선택했으며, 그럼에도 위기를 극복하지 못하자 1991년 12월 외압 없이 스스로 해체되었다. 소련과 같은 거대한 권력이 유혈 사태 없이 평화적으로 붕괴된 경우는 인류 역사에서 유례를 찾기 어렵다. 따라서 폭력은 공산주의가 아니라 스탈린주의에 국한되는 것일 수 있다.

그러나 쿠르투아는 민족주의적 성향이 강한 우크라이나 학자들의 의견을 빌려 홀로도모르가 계급 학살이 아니라 우크라이나인에 대한 의도적인 민족 학살이었다고 본다. 이는 홀로도모르가 공산주의 이념으로 정당화된 학살, 즉 공산주의 이념의 본질에서 비롯된 학살이라는 앞서의 주장과 다소 상반된다. 게다가 『흑서』의 소련 부분을 집필한 베르트 역시 쿠르투아의 이러한 주장에 동의하지 않는다. 베르트에 따르면, 홀로도모르는 우크라이나 외에 카자흐스탄과 캅카스 북부 지역에서도 발생했기 때문에[3] 안드레이 사하로프(Andrei Sakharov)[4] 박사가 말한 '스탈린의 우크라이나 공포증'으로 보기 어려우며, 이들 세 지역에서 스탈린의 농업집단화에 대한 반발이 가장 거셌던 것이 비극의 원인이었다. 이처럼 베르트도 학살의 동기에서 인종과 계급 간에 차이가 있었다는 데 견해를 같이한다.

스탈린 테러의 최대 희생자인 농민은 농업 국가에서 일어난 사회주

3 KGB의 전신인 게페우(GPU)의 조사에 따르면, 1930년에 약 1만 4000건의 농민 봉기 및 반란이 발생했는데 이 중 약 85%가 이들 지역에서 일어났다. 우크라이나 농민이 홀로도모르의 최대 희생자(약 400만 명)인 것은 사실이지만, 카자흐스탄과 캅카스 북부 지역에서도 각각 100만 명 정도의 희생자가 발생했다. 카자흐스탄의 경우 이들 희생자 외에도 50만 명은 중앙아시아로, 150만 명은 중국 지역으로 이주해야만 했다.

4 사하로프 박사는 소련의 물리학자로 수소폭탄 개발을 주도했으나 훗날 핵무기 경쟁을 반대하는 평화 운동으로 돌아선 후 소련 반체제 운동에도 적극 가담했다. 그는 평화 운동에 기여한 공로를 인정받아 1975년 노벨평화상을 수상하기도 했다.

의 혁명이 낳은 비극이었다. 마르크스는 동서고금을 막론하고 농민은 토지 소유에 대한 집착을 가지고 있기 때문에 본질적으로 사회주의적 계급이 아니라고 보았다. 그럼에도 볼셰비키는 농민이 인구의 대다수를 차지하는 러시아의 현실을 고려해 내키지 않는 노농동맹을 선택했지만, 농민은 이러한 화해의 손길을 거부했다. 그로 인해 농민은 1920년대 말부터 스탈린에 의해 동맹 세력에서 계몽되거나 타도되어야 할 계급으로 전락했다.

그러나 여기서 간과해서는 안 될 점은 농민 계급의 소멸은 다양한 방식으로 이루어질 수 있었으며, 실제로 스탈린주의적 방법만 존재했던 것은 아니라는 사실이다. 소비에트 농민은 홀로도모르가 일어나기 12년 전인 1921~1922년에도 기아를 겪었는데, 1920년 수확량과 상관없이 강제적으로 추진된 농산물 징발이 원인이었다는 점에서 홀로도모르와 흡사했다. 기아에 직면해 1921년 6월에 지식인들을 중심으로 민간구호조직이 결성되었고, 레닌은 더 이상은 안 된다는 단서와 함께 일정량의 정부 구호물자 지급을 허락했다. 1921년 7월 21일 법적으로 인정받은 이 구호조직은 정부기관이 아닌 민간단체로서는 소비에트 역사상 가장 많은 결정권을 갖고 기아 문제 해결에 힘썼다. 이처럼 농촌의 기아 문제에 대한 볼셰비키의 정책이 항상 폭력적이었던 것은 아니다.

테러에 있어 레닌과 스탈린 사이에 연속성이 있다고 주장하기 위해서는 좀 더 면밀한 검토가 필요하다. 역사학자들은 레닌 역시 폭력을 통치 수단으로 활용했다는 주장에 대체로 동의한다. 그러나 레닌 시기와 스탈린 시기는 상황이 전혀 다르다. 예를 들어, 혁명 직후 발발한 내전 시기(1918~1920)에 자행된 테러는 체카(KGB의 전신)에 의해서만 일어난 것이 아니었으며, 농민들 역시 잔인한 폭력을 일삼았다. 1919년 4월

30일 탐보프에서는 쿨락과 적군(赤軍) 탈영병들이 농산물 징발, 남성과 말의 징발에 반대해 반란을 일으켜 지방 당 조직을 공격해 7명의 공산 당원을 산 채로 토막 내는 만행을 저질렀다. 이어서 체카는 60명을 체포해 50명을 즉각 사형에 처하고 마을을 불태워버렸다. 1919년 여름과 가을 안톤 데니킨(Anton Denikin) 휘하의 백군(白軍)은 우크라이나에서 약 15만 명에 이르는 유대인을 학살했다. 1918년 8월 30일 레닌에 대한 암살과 페트로그라드 체카 수장인 모이세이 우리츠키(Moisei Uritsky)에 대한 암살이 각기 다른 장소에서 시도되어 전자는 미수에 그치고 후자는 성공했으며, 이어서 볼셰비키의 강력한 보복 조치가 뒤따랐다. 이처럼 레닌 시기에는 스탈린 시기와 달리 테러가 볼셰비키와 국가의 전유물이 아니었다. 게다가 스탈린 사후에는 볼셰비키 정권 초기와 달리 테러 자체가 사실상 자취를 감추었다.

스탈린 시대에 자행된 테러의 상당수는 일국사회주의론[5]에 내재한 안보에 대한 심리적 불안감 속에서 급속하게 진행된 산업화와 관련이 있었다. 불안과 조급함은 치밀한 계획이 아니라 즉흥적인 조치를 남발했고, 저항이나 장애물을 향해서는 극도의 공격성을 드러내도록 했다. 대부분의 테러는 중앙의 지시가 아니라 현장의 열정과 즉흥성이 만들어낸 결과였다. 계획경제는 숫자놀음으로 변질되고 무계획적인 할당량 하달로 표현되었다. 여러 유인책에도 불구하고 모두 가기를 꺼려하는 시베리아와 오지의 자원을 개발하려는 경제적인 목적으로 만들어진

5 일국사회주의론은 스탈린에 의해 제기되었으며, 그의 정적인 트로츠키의 영구혁명론과 대비되었다. 유럽 및 세계의 공산주의 혁명을 적극 지원해야 한다는 공세적인 영구혁명론과 달리, 일국사회주의론은 자본주의 국가들에 의해 포위된 소비에트 사회주의의 위기와 이에 대한 극복을 강조함으로써 방어적인 성격을 띠었다.

수용소에 수감자를 동원하는 과정에서도 할당량이 주어졌고, 그 결과 수많은 사람들이 이유 없이 체포되어 그곳으로 보내졌다.

또한 테러를 일반화하기 어려울 만큼 예외적인 사례도 적지 않았다. 예를 들어, 레닌은 1918년 멘셰비키에 대해 "모두 총살해야 한다"라며 극단적인 폭력성을 드러내지만, 실제로 형장의 이슬이 된 멘셰비키는 없었고 대부분 교도소에 수감되었다. 이와 반대되는 경우도 있었는데, 신경제 정책의 도입으로 농산물의 강제 징발이 폐지된 지 거의 2년이 지난 1922년 말에도 농촌에서는 농산물 징발대의 테러가 여전히 자행되었다. 이처럼 복잡한 상황을 일반화하는 것은 무의미하다. 스탈린, 크메르 루지의 폴 포트(Pol Pot), 에티오피아의 멩기스투 하일레 마리암(Mengistu Haile Mariam) 등이 인민을 사회주의라는 천국으로 인도하기 위해 학살도 마다하지 않았다면, 고르바초프, 체코의 알렉산데르 둡체크(Alexander Dubček), 칠레의 살바도르 아옌데(Salvador Allende) 등은 자신에게 주어진 권력을 상실하면서까지 평화적으로 개혁 사회주의를 추구했던 인물이다. 그럼에도 이들 모두를 사회주의라는 범주로 뭉뚱그리는 것은 학문적으로 무의미하며 정치적 의도에 대한 의혹을 불러일으킬 뿐이다.

소비에트 공산주의와 나치즘의 폭력성 비교에서 빠지지 않는 주제 중 하나는 수용소 체제의 비교다. 일반적으로 홀로코스트는 잔혹함, 규모, 성격 등에서 인류 역사에서 유례를 찾기 어려운 대학살로 간주된다. 유대교와 기독교의 갈등에서 비롯된 전근대적인 유대인 혐오가 근대적 방식(국가의 행정 체계, 철도망, 수용소, 독가스 등)에 의한 대규모 학살과 결합된 것은 매우 독특한 현상이었으며, 학살의 참혹성과 규모 역시 다른 경우와 비교될 수 없는 것으로 간주되었다. 그런데 쿠르투아는 아우슈비츠가 이처럼 유일무이한 학살로 규정됨으로써 그동안 공산주의가 자행한 학살이 감추어질 수 있었다고 본다. 1945년 이후부터 아우슈비츠가 '근대적 야만의 패러다임'으로 자리매김됨으로써 20세기에 자행된 여러 대학살로 향해야 할 시선을 독점했다는 것이다.

그런데 소비에트 공산주의와 나치즘의 관계와 관련해 서독에서는 1986년 쿠르투아의 주장보다 훨씬 더 과격한 주장이 제기된 적이 있다. 당시 베를린자유대학교 역사학과 교수였던 에른스트 놀테(Ernst Nolte)는 히틀러의 주장에 근거해 나치즘이 볼셰비즘에 대한 대응이었으며 나치의 폭력은 볼셰비키에게 배운 것이었다고 주장함으로써 역사가 논쟁(Historikerstreit)을 불러일으켰다. 파시즘 연구의 세계적인 권위자인 그의 명성은 발언의 파장을 더욱 증폭시켰다. 독일은 1871년 뒤늦게 민족국가가 형성된 탓에 급진적 민족주의, 권위적인 국가로 인한 시민사회의 미성숙 등 서구와 다른 '독일의 특수한 길(Deutscher Sonderweg)'을 걸었고 이것이 나치 독일로 귀결되었다는 것이 당시 서독 학계와 사회의 통념이었다. 즉, 나치즘은 철저하게 독일적인 현상으로 인식되었다. 따라서 나치즘과 홀로코스트를 대응이자 모방으로 볼 경우 그동안 독일이 전적으로 홀로 떠안아야 했던 나치 과거의 책임과 죄가 절반은 사라지는 셈이었다. 위르겐 하버마스(Jürgen Habermas)를 위시해 좌파 지식인과 학자들이 놀테의 주장에 흥분한 것은 그 때문이었다.

놀테는 '아시아적 야만'인 볼셰비즘이 동쪽으로부터 유럽을 위협하는 상황에서 나치 독일이 유럽을 보호하는 역할을 수행했다고 본다. 그는 바이마르 시대의 정치·사회적 혼란기에 빈번하게 벌어진 나치와 공산당의 갈등, 볼셰비즘의 위협을 누누이 강조한 히틀러의 연설과 주장 등을 근거로 제시했다. 그러나 이러한 근거들은 모두 소비에트 러시아와 직접 관련이 없었다. 나치와 공산당의 대립에 소련이 개입했다는 증거는 없으며, '볼셰비즘의 위협'은 히틀러의 주장일 뿐이므로 이를 입증할 증거가 필요했다. 따라서 쿠르투아는 소비에트 수용소와 나치 수용소의 연관성에 주목했다.

쿠르투아는 자신보다 앞서 공산주의의 폭력성을 고발한 놀테의 주장에 대해 1986년에는 이를 입증할 만한 사료가 없었다는 점을 들어 동의하지 않았다. 역사가 논쟁이 벌어지던 당시는 소련이 아직 건재해 기록보존소의 문서가 공개되기 전이었다는 것이다. 그러나 이제 소비에트 수용소가 아우슈비츠의 모델이었음을 보여주는 명백한 사료가 있으며, 이에 따르면 나치 독일은 소비에트 수용소를 체계적으로 연구해 수감자들의 경험을 수집했다는 것이다. 이처럼 소비에트 수용소가 아우슈비츠의 모델로 간주되자 홀로코스트는 더 이상 유일무이하지 않게 되었다. 굳이 홀로코스트의 특수성을 찾자면, 소비에트 수용소는 조직과 운영이 다소 비체계적이었던 반면, 나치 수용소는 문명화된 학살 방식이 보여주듯 효율적이고 조직적으로 가동되었다는 점뿐이었다.

그러나 수용소 모방설 역시 두 체제의 폭력성 비교와 마찬가지로 수용소 군도와 아우슈비츠를 평면적으로 비교하는 데 불과하며 구체성이 결여되었다. 쿠르투아의 과도한 일반화는 또 다시 베르트에 의해 반박되었다. 베르트는 1953년 초에 존재했던 소비에트 수용소를 세 가지 유형으로 분류했다. ① 5년 이하의 형이 확정된 일반 사범을 수용한 노동 식민지(Arbeitskolonien)는 1000~3000명을 수용하는 규모로 전국적으로 500여 개가 존재했고, ② 10년 이상 형이 확정된 일반 사범과 정치범을 수용한 노동수용소(Arbeitslager)는 주로 북부와 동부에 60여 개가 존재했으며, ③ 1948년 2월 내무인민위원부(NKVD)가 만든 특별 감옥(besondere Zuchtlager)은 특별히 위험한 정치범 20만 명 정도를 수용했다. 신경제 정책 말기에는 정부의 탄압이 강화되고 경제 상황이 악화되자 검거와 범죄가 증가해 교도소가 포화 상태에 이르렀다. 이에 1928년 3월 26일 자 법령은 죄가 경미한 사범의 경우 기업, 공사장, 삼림 등에서 무임금 노동이나 직업 교육과 관련된 노동으로 처벌을 대신하도록 규정했으며, 1929년 6월 27일 자 법령은 3년 이상의 형이 확정된 사범들은 동부와 북부의 지하자원을 경제적으로 채굴하는 노동수용소에 수감하도록 했다. 오늘날 대부분의 학자는 소비에트 수용소가 급속한 산업화 과정에서 노동자들이 꺼리는 오지의 자원 개발을 목적으로 노동력을 강제로 동원하는 기능을 수행했다는 사실에 동의한다. 이처럼 소비에트 수용소는 형법상의 처벌과 강제 노동을 결합시킨 경제적 성격을 띤 체제로서, 인종 학살을 의도한 나치의 절멸 수용소와는 성격이 전혀 달랐다.

소비에트 수용소는 제2차 세계대전 후 경제적 역할이 약화된 것으로 평가되어 해체의 길로 접어들었다. 수용소는 소수민족에 대한 탄압으로 인해 포화 상태에 이르렀고, 수감자의 파업으로 노동 생산성도 저하되었으며, 수용소 내부에서 범죄가 나타나기 시작했다. 수용소의 경제성에 문제가 있다고 판단한 정부는 1951년부터 수용소를 전면 개편하고 수감 인원을 대폭 감축할 필요가 있다고 보았다. 수감자 감축 필요성은 당내에서 광범위하게 인식되었던 것으로 보인다. 내무인민위원부 수장이자 1936~1938년에 벌어진 당내 대숙청을 주도한 인물 중 하나인 라브렌티 베리야(Lavrenty Beriya)는 스탈린이 사망한 지 3주가 채 지나지 않은 1953년 3월 27일 전체 수감자의 43%에 해당하는 120만 명(전체 수감 인원 275만 명)에 대한 특별사면을 발표했다. 소련에 비판적이었던 이탈리아의 원로 좌파 로사나 로산다(Rossana Rossanda)조차 소비에트 수용소의 특수성을 인정했다. 그에 따르면, 수용소 인근의 산업 복합 지역에는 과거 수용소 수감자들과 일반 노동자들이 함께 살았다고 한다. 한 예로 우랄산맥 남부에 위치한 산업 도시 마그니토고르스크에는 수감자 출신이 전체 주민의 40%를 차지했다. 이처럼 로산다 역시 강제 노동과 일반 노동 간의 경계가 유동적이었다고 봄으로써 수용소의 경제적 기능을 지적했다.

정리하자면, 수용소 모방설은 두 가지 점에서 한계를 드러낸다. 먼저, 1918년 내전의 발발로 인해 등장한 소비에트 수용소는 연대기적으로는 나치 수용소에 앞서지만 기능이나 성격에서는 양자가 전혀 달랐다. 경제적인 기능을 수행한 수용소와 인종 학살을 목적으로 만들어진 수용소 간의 인과관계를 말하는 것은 그다지 설득력이 없다. 둘째, 수용소 모방설을 포함해 소비에트 체제의 폭력성을 주장하는 입장은 정태적 분석에 불과하다는 비판을 면하기 어렵다. 혁명 직후 반혁명 세력의 저항을 진압하고 볼셰비키 지배를 공고화하기 위해 어느 정도 불가피했던 폭력과 스탈린 시대의 근거 없는 폭력은 1953년 이후 사실상 사라졌다. 이후 이따금씩 나타났던 반체제 인사에 대한 개별적인 탄압을 나치의 폭력과 동일선상에 올려놓는 것은 의도가 의심스러운 과도한 비교다.

3. 역사정치로서의 논쟁

20세기에 자행된 대학살이 히틀러 독일뿐만 아니라 스탈린 소련에서도 자행되었다는 지적은 사실에 기초한 것으로 타당하다. 그러나 이를 근거로 양자가 본질적으로 유사하다는 주장에 대해서는 검토가 필요하다. 공산주의와 나치즘은 초점을 어디에 두고 비교하는지에 따라 유사하기도 하지만 전혀 다르기도 하다. 우리는 공산주의에서는 계급 해방이라는 보편적 가치를 보지만, 나치즘에서는 인종주의라는 배제와 절멸의 이념을 본다. 한편에서는 평등과 국제주의를 보지만, 다른 한편에서는 인종주의적 불평등과 민족주의를 본다. 이처럼 극단적으로 대립하는 두 이념은 비교가 불가능해 보인다. 그러나 양자 모두 결과적으로는 대학살을 자행했으며, 이는 공산주의와 같은 찬란한 유토피아도 나치즘 같은 저급하고 충동적인 인종주의와 마찬가지로 끔찍한 괴물이 될 수 있음을 보여주는 비극적인 증거다. 그렇다면 여기서 학문은 어디에 초점을 맞추어야 할까? 추구하는 가치를 볼 것인가, 결과만을 볼 것인가, 아니면 양자를 모두 볼 것인가? 이 세 개의 과거 중 하나를 대화의 파트너로 선택하는 주체 역시 복수(複數)인 현재들이다.

쿠르투아는 공산주의의 폭력에 대한 자신의 주장에 내재한 논리적 약점을 윤리적 평가로 가리고자 한다. 그는 공산주의의 범죄가 기록보존소의 사료 공개를 통해 알려진 이상 나치즘과 비교하는 작업이 반드시 이루어져야 하며, 이를 거부할 경우 그 이유를 설명해야 한다고 좌파를 몰아세웠다. 그는 여기서 특정한 주장 안에 감추어진 의도를 공격하는 이데올로기 비판을 시도했다. 그러나 이데올로기 비판의 대상은 오히려 쿠르투아일지도 모른다. 앞서 언급한 바대로, 공산주의와 나치즘은 이념적으로 대립적이었을 뿐만 아니라 현실 정치에서 각자의 이념을 내세운 채 노동자 대중을 놓고 치열하게 경쟁해야 했다. 그럼에도 불구하고 폭력성에서 양자의 유사성을 찾으려 한다면 자유주의 역시 두 이념과 유사하지 않은지 살펴볼 필요가 있다. 자유주의도 공산주의 및 나치즘과 비록 형태는 다르지만 본질적으로 유사한 폭력성을 갖고 있기 때문이다.

쿠르투아는 아우슈비츠를 절대 악으로 간주하는 좌파가 당파성 때문에 공산주의의 폭력이라는 진실에 눈을 감아서는 안 된다고 일갈한다. 하지만 그의 진실 찾기에 대한 요구를 액면 그대로 받아들이기는 곤란하다. 그의 요구가 역사정치의 성격을 띠고 있기 때문이다. 공산주의와 파시즘의 폭력성을 비교하는 작업은 독일 우익에 나치 과거의 죄와 책임을 절반으로 줄여주는 효과를 발휘하는 한편, 쿠르투아의 경우 공산주의를 비판함으로써 자유주의를 신화화하는 역할도 한다. 일반적으로 역사학에서 수정주의는 지적으로 생산적이며 인식의 지평을 넓히는 데 기여하지만, 이데올로기적인 의도나 타산에서 비롯된 역사정치적 수정주의는 대개 역사를 도구화하려는 경향을 띤다. 자고로 악을 비교하는 일은 근본적으로 윤리적 의혹을 야기한다. 악을 비교하려는 이유는 무엇이며, 악을 비교할 경우 이는 누구에게 득이 될까? 가해자는 또 다른 죄가 존재하므로 자신의 죄를 상대화하거나 희석시킬 수 있으며, 고발자는 하나가 아닌 두 개의 적이 저지른 죄를 부각시킴으로써 자신의 도덕적 우월성을 배가시킬 수 있다.

이 글의 머리말에서 언급한 바대로 자유주의는 공산주의와 파시즘보다 시기적으로 앞서 등장했으며, 이는 뒤에 등장한 두 이념이 스스로를 자유주의의 대안으로 인식했음을 의미한다. 따라서 두 이념은 특히 노동자 대중을 둘러싸고 격렬하게 대립했지만, 동시에 양자 모두 자유주의에 적대적이었다. 프랑스혁명을 연구한 퓌레는 '전체주의적 보편주의(Universalismus)'인 공산주의와 '전체주의적 개별주의(Partikularismus)'

인 파시즘은 개인주의적인 자유주의에 대한 대응이었다고 봄으로써 파시즘과 공산주의의 대립을 주로 부각시키는 놀테와 거리를 둔다.

이들 세 이념은 모두 서로에게 적대적이었기 때문에 결코 타협하거나 동맹할 수 없었다. 공산주의의 눈에 비친 자유주의는 프롤레타리아 계급을 착취하는 부르주아 계급의 이념이기 때문에 타도되어야 마땅했다면, 파시즘의 눈에 비친 자유주의는 프랑스혁명 이래 추상적이고 모호하기 짝이 없는 개인의 자유를 내세움으로써 사회를 분열시키고 이기주의와 물질주의를 만연하게 만드는 해악과 다름없었다. 또한 파시즘이 보기에 공산주의가 내세우는 계급투쟁은 사회의 갈등을 전제한다는 점에서 자유주의적 자유와 다르지 않았으며, 공산주의가 보기에 파시즘이 이에 대한 대안으로 내세운 통합과 단결의 토대인 민족이라는 개념은 개인의 자유만큼이나 추상적이어서 부르주아 계급이 시장을 분할하기 위해 동원하는 수단에 불과했다. 마지막으로 자유주의가 보기에 공산주의와 파시즘은 둘 다 계급과 민족을 자유와 개인보다 우선시하므로 전체주의적이며, 두 이념의 폭력성이 바로 여기서 기원했다. 이와 같이 세 이념은 각각 다른 두 상대의 한계를 자신의 존재 이유와 가능성을 정당화하는 수단으로 활용했다. 따라서 세 이념의 존재와 상호적대적 관계는 이들 모두가 불완전하다는 사실을 말해주는 것이기도 하다.

이처럼 삼자의 관계를 이념적·역사적으로 보면, 특정한 이념이 다른 두 이념을 비판적으로 평가하는 것은 다른 이념의 한계를 지적한다는 면에서는 정당하지만, 동시에 자신의 한계는 감춘다는 면에서는 정당하지 못하다. 파시즘과 공산주의가 보기에 자유주의 체제는 본질적으로 매우 폭력적이다. 반자본주의적인 공산주의가 보기에 자유주의는 소비에트 수용소 군도를 비난하기에 앞서 인종 학살만큼이나 수치스러운 노예무역, 19세기 유럽은 물론 심지어 오늘날까지도 제3세계에 만연한 아동 노동, 19~20세기 유럽의 제국주의와 식민주의, 자본주의 체제의 구조적인 문제로 해결 불가능한 제3세계의 절대 빈곤 등을 먼저 말해야 한다. 이런 관점에서 보자면 '자본주의 『흑서』'는 침묵한 채 '공산주의 『흑서』'를 운운하는 것은 부도덕해 보인다.

국가에 의한 폭력은 유토피아를 외치는 이념에서만 나타나는 것이 아니라 이윤이 있는 곳이라면 지옥도 마다하지 않는 자유/자본주의에서도 존재한다. 그렇다면 자유/자본주의의 폭력은 어떤 형태로 자행되는가? 공산주의와 파시즘은 당의 명령에 따라 국가 기구를 동원해 자국민과 유대인을 대상으로 폭력을 자행했다. 희생자들은 행정기구에 의해 관료주의적으로 체포되어 체계적으로 처형되었다. 이와 반대로 욕망과 이윤 추구에 근거하는 자유/자본주의는 획일적이지 않고 분산적이며, 체제를 움직이는 힘은 수많은 개인의 이기주의다. 자유/자본주의는 단지 경계선만 그어주며, 그 울타리 안에서는 무자비한 경쟁과 적자생존의 원리가 지배하고, 불평등은 지극히 자연스러운 것으로 간주된다. 자유/자본주의는 자신이 직접 나서서 폭력을 행사하는 대신 사회 구성원들로 하여금 서로 경쟁하게 함으로써 손에 직접 피를 묻히는 일이 없다. 경쟁이 지배하는 이 체제에서는 가해자-희생자가 아니라 승자-패자만 존재하며, 패자는 자신이 겪는 고통에 대해 남이 아닌 자신을 탓해야 한다. 필연적으로 다수의 패자가 나올 수밖에 없는 구조임에도 항상 책임은 패자 개인의 몫이 된다.

게다가 자본주의는 도덕을 경시하고 이윤을 중시한다. 2008년 금융위기로 수많은 개인 투자자와 투자사가 도산하는 와중에도 천문학적인 액수의 연봉을 챙긴 월스트리트의 '살찐 고양이들', 수익에 눈이 멀어 치명적인 독극물이 들어간 제품을 판매한 가습기 살균제 회사 등은 빙산의 일각일 뿐이다. 1350조 원에 달하는 주택담보대출로 연 30조~40조 원의 이자를 챙기는 한국의 은행들은 부도덕한 축에 끼지도 못한다. 이처럼 자유/자본주의 체제는 항상 패자들의 희생을 조건으로 생존해 왔고 앞으로도 생존할 것이다. 이렇게 보면 자유/자본주의가 이룩한 체제 경쟁에서의 승리는 전혀 영광스럽지 않다. 스탈린주의의 정치 폭력은 비판적으로 지적하면서 자유방임적 시장에서 일상적으로 자행되는 경제 폭력은 당연하게 여기는 태도는 납득하기 어렵다. 따라서 공산주의와 파시즘의 본질만 폭력으로 규정하는 자유주의적 정의는 다분히 자의적이고 일방적이다.

공산주의가 특정 시기에 일회적으로 자행한 범죄로 인해 싸잡아서 비난받지 말아야 하는 이유는 더 있다. 오늘날에도 대규모 집회에 여전히 등장하는 적기(赤旗)와 체 게바라의 초상은 무엇을 의미하는가? 이매뉴얼 월러스틴(Immanuel Wallerstein)은 서유럽에서 19~20세기 전반까지만 해도 폭력적이던 자본주의가 20세기 후반에 '인간의 얼굴을 한 자본주의'로 개량되기까지는 동구권의 존재가 커다란 영향을 끼쳤다고 본다. 복지국가를 실현하려 고군분투한 서유럽의 사회민주주의가 냉전시대에 집요하게 반(反)반공주의를 고집한 것도 이와 무관하지 않았다. 공산주의와 서유럽 수정자본주의 간의 이러한 인과관계로 인해 러시아에서는 『흑서』에 대해 볼멘소리가 터져 나왔다. 즉, 동유럽에서 막강한 군사력으로 무장한 프롤레타리아 국가들의 존재는 서유럽의 자본 및 국가가 사회적 약자에게 더 많은 것을 허용하고 노사 갈등 시 일정한 선을 넘지 못하도록 압박했으며, 그 결과 체제의 전복 없이 인권과 노동권에서는 괄목할 만한 개선이 이루어졌다는 것이다. 사실이 이러한데도 수혜자인 서유럽은 이제 와서 소비에트 공산주의의 죄를 운운하며 배은망덕하게 군다는 것이다.

『흑서』는 자본주의를 곱지 않은 시선으로 바라보는 좌파에게 성찰이 아닌 전향을 강요한다. 끊임없이 위기와 위험에 직면하는 자유주의 체제는 스탈린주의의 테러에 근거해 자신을 공산주의와 비교함으로써 도덕적 정당성을 찾으려 하며, 이 과정에서 자본주의와 의회민주주의는 이상으로 추앙된다. 좌파는 전향을 요구하는 『흑서』에 저항한다. 스탈린주의 테러로 희생된 사람들에 대한 애도는 온데간데없고 좌우파 간에 난투극이 벌어진다. 『흑서』가 스탈린 치하 소련에서 벌어진 비극적인 사건을 밝히는 데 만족하고 공산주의의 전면적인 부정과 비난으로 나아가지 않았다면, 이웃의 비극을 내 집안을 살피는 계기로 삼았더라면, 이념의 이름으로 자행된 폭력이 자유주의적 시장경제에서는 없는지 돌아보았더라면, 그래서 자유주의 사회의 사회·경제적 폭력 역시 스탈린주의적 폭력과 질적으로 전혀 다르지 않다는 사실을 인식하는 계기가 되었더라면 『흑서』는 자유/자본주의에 매우 의미 있고 생산적인 연구가 되었을 것이다.

코먼웰스 오스트레일리아의 기억에서 타자화된 원주민들*

이민경 | 서강대학교 사학과/전인교육원

1. 코먼웰스 오스트레일리아의 원주민

현재 영국 여왕을 수장으로 하는 16개국의 영연방왕국(The Commonwealth Realm) 가운데 코먼웰스 오스트레일리아는 다문화 및 다인종을 표방하는 대표적인 이민 국가다.[1] 한때 오스트레일리아는 백인성으로 통일된 정체성을 수립하기 위해 '백호주의(White Australia)'를 표방했던 나라이기도 하다. 이 용어는 지금까지도 오스트레일리아의 역사 맥락에서 백인 역사 외의 타 인종의 역사, 특히 국가 형성기 이전부터 존재

* 이 글은 2016년 ≪영국연구≫ 35호에 「영제국 초기 오스트레일리아 원주민과 영국인 정착민: 바바라 다우슨의 ≪구경꾼의 눈으로≫를 중심으로」라는 제목으로 게재된 글을 수정·보완한 것이다.

1 기존의 'The British Commonwealth'라는 표현은 현재 'The Commonwealth of Nations'로 바뀌었고, 간략히 'The Commonwealth'라 칭한다. 한글 공식 표기는 '코먼웰스'다. 그 가운데 영국 여왕을 수장으로 하는 나라는 2017년 현재 16개국으로, 이 글에서는 이를 반영해 '영연방왕국(The Commonwealth Realm)'이라고 명기했다.

▮ 케빈 러드 총리가 과거 원주민 아동 격리에 대해 사과하는 TV 방송을 지켜보는 호주 사람들. 자료: https://commons.wikimedia.org/wiki/File:RuddSorry.jpg(2016년 6월 13일 검색).

해온 원주민 역사의 은폐를 대변하는 '차별과 갈등의 역사'를 보여주는 것이기도 하다.[2] 2008년 2월 13일 케빈 러드(Kevin Rud) 총리가 원주민과의 과거사에 대해 공식 사과를 발표한 일은 이러한 역사를 집약한 사건이었다. 당시 러드 총리는 '원주민 아동 격리 정책'으로 인한 '도둑맞은 세대'에 대한 잘못된 처우 및 '원주민들에게 고통과 고난 및 깊은 슬픔을 안겨준 정부 법규와 정책'에 대해 '공식 사죄'를 표했다. 하지만 그것은 다른 한편으로는 원주민에 대한 '백인의 사과'였으며,[3] 그들이 동료 오스트레일리아인임에도 격리 - 배제하거나 백인화시키려 했던 잘

---

2 코먼웰스 오스트레일리아에 관해서는 다음을 참조. http://thecommonwealth.org/; http://www.creativespirits.info/aboriginalculture/people/how-to-name-aboriginal-people#toc0 (2016년 6월 14일 검색).

3 러드 총리의 사과에 대해서는 다음을 참조. http://sites.google.com/a/newington.nsw.edu.au/citizenship-of-the-aboriginal-people-6b-2014/the-stolen-generation-and-kevin-rudd-s-apology(2016년 6월 12일 검색).

못된 행위를 인정하고 이 같은 관행을 다시 되풀이하지 않기 위한 변화의 출발이었다. 그렇다면 오스트레일리아 역사에 이 사과의 대상인 원주민은 어떻게 기록되어 있으며 우리는 무엇을 알고 있는가?

'오스트레일리아'는 '남쪽 땅(Terra Australis)'을 가리키는 라틴어에서 유래한 명칭이다. 공식적으로는 1817년 영국에서 파견된 뉴사우스웨일스의 주지사 라클란 맥쿼리(Lachlan Macquarie)가 항해사 매튜 플린더(Matthew Flinder)가 제작한 오스트레일리아 해도를 승인해 이 지역에 관해 바터스트(Lord Barthust)경에게 보낸 특전에서 사용했다. 이후 맥쿼리 주지사는 식민청(Colonial Office)에 이를 공식 명칭으로 채택할 것을 추천, 1824년부터 이 대륙은 '오스트레일리아'로 불리게 되었다.[4]

하지만 오스트레일리아 대륙에 영국인들이 도착하기 이전인 15세기경 이미 인도네시아 어부들이 대륙 원주민과 접촉했던 것으로 알려져 있다. 16세기 탐험의 시기에는 스페인인과 네덜란드인들이 이 대륙을 발견했으나 흥미를 갖지 않았다고 한다. 이후로 태평양 식민지화에 대한 영국의 관심으로 오스트레일리아를 본격적으로 탐험하면서 1788년 식민지 건설의 대상으로 부상했고, 전략적으로 유익한 죄수 유형지로 선택되었다. 오스트레일리아에 해군, 장교, 목사, 죄수들을 포함한 영국인들의 정착이 본격적으로 시작된 것이다.[5] 이처럼 오스트레일리아 역사에는 영제국 식민지 형성의 역사가 맞물려 있으며, 이 과정에 처음 대륙에 발을 디딘 영국인들 및 그들과 조우한 원주민들이 자리한다. 이

4 http://www.etymonline.com/index.php?term=australia(2016년 6월 13일 검색); Rupert Gerristsen, "A note on 'Australia' or 'Austrialia'," *The Globe(ANZMapS)*, No. 72(2013), p. 3.

5 F. G. 클라크, 『호주의 역사: 유형지에서 공화국 전야까지』, 임찬빈 옮김(나남출판, 1996), 35~40쪽.

글은 바로 이에 대한 서술과 기억에 주목해보고자 한다.

먼저 오스트레일리아 원주민을 칭하는 어휘를 살펴보면, '다양한 개개인'을 의미하는 '애버리지널 피플(Aboriginal People)'이 통용되고 있다. 다른 대륙 원주민과 구별하기 위해 '애버리진(Aborigine)'이나 '토인들(the indigenous)'이라는 어휘를 사용하는 경우도 있지만, 영국 식민지 시대의 '인종주의 차별'을 상기시킨다는 이유로 원주민들은 이 용어를 좋아하지 않는다. 따라서 이 글에서는 '애버리지널 피플'을 번역한 의미로 '원주민들' 또는 '오스트레일리아 원주민들(Aboriginal Australians)'이라는 표현을 사용하기로 한다. 우선 오스트레일리아 원주민의 현황을 살펴보도록 하자.

1788년 오스트레일리아의 보타니 만에 제임스 쿡 선장(Captain James Cook)이 이끈 영국 함대가 도착했을 때, 오스트레일리아에는 약 30만에서 100만 명가량의 원주민들이 존재했던 것으로 알려져 있다. 이들은 50명에서 200명의 작은 집단들이 비규칙적으로 모여 있는 일종의 '무리(band)' 형태로 산재해 있었다. 공통의 언어 유형을 가진 집단끼리 제한된 지역에 살고는 있었으나 같은 언어 유형이 동종의 집단을 가리키는 것은 아니었다. 따라서 약 250개의 언어를 사용하는 그룹으로 나뉘어 있었으나 집단과 집단 사이의 소통은 부재했던 것으로 알려져 있다. 현재는 약 120~145개의 언어군이 존속해 있으며, 몇몇의 언어군은 사멸 위기에 처해 있다. 2006년 인구조사 당시 자신을 오스트레일리아 원주민이라고 밝힌 사람은 약 51만 7200명으로, 인구 전체의 2.5%에 해당하는 것으로 나타났다. 이 가운데 10%만이 순수 원주민 혈통이고 나머지는 혼혈 원주민이었다.[6] 2011년 조사에서는 총인구의 3%가 오스트레일리아 원주민인 것으로 나타났다.

이로부터 한 가지 분명한 사실을 알 수 있는데, '원주민'이라는 단어가 내포하는 총체적 단순화와 달리 오스트레일리아에는 다양한 언어군과 문화적 특성을 가진 집단 및 원주민들이 존재한다는 것이다. 따라서 이들의 개개 역사는 한 가지로 맥락화할 수 없는 특수성을 지니고 있으며, 오스트레일리아 역사를 유럽과 어느 한 집단 간의 관계로만 이해해서는 안 된다.

이러한 맥락에서 최근 오스트레일리아 원주민 학자 앤 맥그라스(Ann McGrath)가 주장한 "원주민 역사 연구에 관한 '접근의 전환'"이라는 시각이 주목을 받고 있다. 원주민에 관한 역사 서술에 "원주민 관점의 표현"이 필요하며 "더 좋은 자문이 뒷받침되어야 한다"라는 것이다.[7] 이는 캐나다 원주민 출신 작가 에버 햄튼(Eber Hampton)이 말한 "어떤 명칭도 한 민족을 다 포함하지는 못하며, 어떤 용어도 완전히 정확할 수는 없다"라는 주장과도 연결된다.[8] 이는 '원주민'에 대한 사고의 확장을 요구하며, 현재 사용되고 있는 '원주민'이라는 용어에도 많은 함의가 담겨 있다는 것을 깨닫게 한다. 우리가 알고 있는 '원주민'은 백인 관점에서 형성된 이야기에 등장하는 정의로운 주인공의 보조를 위한 객체일 수 있기 때문이다. 이러한 사실을 기억하며 역사 서술 속에 등장하는 오스트레일리아 원주민을 만나보자.

---

6 Australian Bureau of Statistics, "Population Distribution, Aboriginal and Torres Strait Islander Australians"(15 August, 2007), pdf, p. 18. 오스트레일리아의 언어 분포도에 관해서는 다음을 참조. "Australian Aboriginal Languages," Encyclopaedia Britannica, Inc., http://global.britannica.com/topic/Australian-Aboriginal-languages/images-videos/Distribution-of-the-Australian-Aboriginal-languages/18877(2016년 6월 21일 검색).

7 Pamela A. Sharp, "A Study of Relationship Between Colonial Women and Black Australians"(MA Thesis, Deakin University, 1991), pp. 17, 23.

8 엘리자베스 콜, 『과거사 청산과 역사교육』, 김원중 옮김(동북아역사재단, 2010), 158쪽.

2. 오스트레일리아의 원주민에 대한 정복자 남성의 서술 전통

영국의 첫 함대가 이 대륙에 발을 디딘 후 초기 정착민 영국인과 원주민의 만남은 '전쟁' 또는 '폭력 내지 학살 및 정복'과 같은 아메리카 신대륙 발견 시와 유사한 이미지로 생각되는 경우가 일반적이다. 이로 인해 오스트레일리아 원주민은 아메리카 원주민의 모습으로 추정되고, 영국의 오스트레일리아 식민화는 미국의 인디언 정복과 유사하게 추측되기도 한다.[9] 하지만 오스트레일리아 대륙에는 다양한 원주민 그룹이 존재했다. 더욱이 영국인들이 이 대륙을 영국의 땅으로 선포했을 당시 그것은 전쟁을 통한 정복으로 인한 것이 아니었다. 단지 주인 없는 땅을 차지한 대륙의 소유자로서 그 당위성을 영국 여왕의 이름 아래 깃발을 꽂는 행위로 주장한 것이었다.

이후로 전개된 대륙의 개척과 식민지 건설 확장 과정 동안 발발한 지역 원주민과의 다양한 충돌은 기록으로 전해 내려오고 있다. 하지만 이러한 기록은 '용감한 백인 남성 개척자'가 주체가 된 '원주민 공격'과 방어 차원의 '원주민 살해'에 관한 서사가 대부분이다. 이들 기록에서는 원주민을 악을 상징하는 것으로 상정하면서 '사악하고 야만스러운 원주민'이 상상되도록 유도한다. 실제로 식민지 초기 영국인 정착민이 남

9 F. G. 클라크, 『호주의 역사: 유형지에서 공화국 전야까지』, 51~62쪽; 이민경, 「식민지 이주 정착민과 영제국: 19세기 오스트레일리아를 중심으로」, ≪호모 미그란스≫, 12(2015. 6): 31쪽; Douglas Sanders, "Indigenous Peoples: Issues of definition," *International Journal of Cultural Property*, 8(1999), pp. 4~13; Dr. Silke Von Lewinski, *Indigenous Heritage and Intellectual Property: Genetic Resources, Traditional Knowledge, and Folklore*(2nd ed.)(The Netherlands: Kluwer Law International, 2008), pp. 130~131.

▮ 오스트레일리아 원주민. 자료: https://commons.wikimedia.org/wiki/File:Bathurst_Island_men.jpg(2016년 6월 13일 검색).

긴 기록은 첫 함선의 장교들로부터 시작해 당대의 역사가들까지 '적대적인 원주민'과 '공격당한 영국인 정착민' 또는 '강탈당한 백인'이라는 공통된 서술적 특성을 보이고 있다.[10]

이 같은 특징에 대해서 앤 서머스(Anne Summers)는 다음과 같은 주장을 했다. "오스트레일리아는 '남성의 관점에서 남성만의 우주가 묘사되는 역사적 전통'을 가진 '남성 구역의 나라'로 언급되어왔다"는 것이다. 하지만 이러한 서술적 특징은 무엇보다도 식민지 오스트레일리아 초기에 백인들이 정착한 방식과의 연관성에 대해 주목할 필요성을 제시한다.[11]

---

10 Pamela A. Sharp, "A Study of Relationship," pp. 4, 30; Elizabeth Windschuttle(ed.), *Women, Class and History: Feminist Perspectives on Australia 1788-1978*(Melbourne: Fontana Books, 1980); Patricia Thompson and Susan Yorke, *Society of Women Writers* (Sydney: New South Wales Branch, 1980); Ruth Tale(ed.), *Colonial Eve: Sources on Women in Australia 1788-1914*(Melbourne: Oxford University Press, 1978).

11 Pamela A. Sharp, "A Study of Relationship," p. 4.

▮ 자료: Groote Eylandt, "Claendon Bay Peace Mission Collection of the Northern Territory Library, Australia," *NT*(1933), https://en.wikipedia.org/wiki/Indigenous_Australians#/media/File:Aboriginal_boys_and_men_in_front_of_a_bush_shelter_-_NTL_PH0731-0022.jpg(2017년 6월 5일 검색).

먼저, 오스트레일리아에 처음 영국 함대가 도착해 그 땅을 '영국 식민지'로 선언하던 시기의 영국인들은 죄수와 선원 및 해군, 그리고 종교인이었지, 자유인 여성은 거의 동반되지 않았다는 사실에 주목할 필요가 있다. 또한 이 시기 기록의 서술자는 원주민이 아니라 영국인 남성이 대부분이었다는 것도 간과해서는 안 된다. 이러한 상황은 '강한 남성성'만을 강조하게 했고, 이후에도 식민지 땅에서나 오스트레일리아 역사에서 여성 그리고 원주민을 비가시적이게 만들 수밖에 없었을 것이다. 요컨대 인종과 젠더에 대한 선택과 배제가 역사 서술에 더해졌던 것이다.

이와 같은 남성 관점의 서술 전통은 식민지 건설 시기 영국에서 광범위한 대중으로부터 인기를 모았던 항해자 이야기나 모험·탐험 여행기 같은 문학 작품에서 그 뿌리가 관찰된다. 특히 19세기 초 상업적 순회

도서관 및 공공 도서관들이 무수히 증가하던 영국사회의 독서 열풍을 고려해볼 때, 이들 작품에서 묘사된 원주민 이야기는 이후로 원주민에 대한 선입견을 세우는 데 크게 일조했다고 할 수 있다.

일례로 윌리엄 댐피어(William Dampier)가 쓴 『새로운 세계 일주 항해(A New Voyage Round the World)』(1699)와 『항해와 묘사(Voyages and Description)』(1699)를 들 수 있다. 초기 오스트레일리아 여행기인 이 책들은 19세기 전반까지 영국의 독서 대중에게 큰 영향을 끼친 기행문으로서 당대 베스트셀러였다. 원래 해적이었다가 탐험가로 변모한 댐피어는 이 책들에서 인종적 관점에서 원주민의 육체적 특징을 이용해 백인과 차별하는 묘사를 하고 있다. 원주민의 성별이나 나이에 관계없이 "키, 머리의 크기, 눈, 자세, 턱, 치아" 등이 "매우 기분 나쁜 모습"이라거나, "우아한 얼굴을 가진 이가 아무도 없다", 또는 "기아나의 흑인들처럼 피부색이 새카맣고, 흑인들과 같은 까맣고 짧은 곱슬머리를 하고 있다"라고 묘사하고 있다. 이처럼 인종적이고 감정적인 언어를 사용해 원주민들을 '야만적'이고 '이상한' 사람들로 표현한 댐피어의 묘사 방식은 이후 원주민에 대한 상투적인 서술 유형에 영향을 주었다.[12]

또 다른 예는 쿡 선장과 첫 번째 오스트레일리아 항해를 함께 했던 탐험가 죠셉 뱅스(Joseph Banks)의 기록에서도 나타난다. ≪인데버 저널(Endeavour Journal)≫에 1768년에서 1771년까지 실린 그의 여행 기록 일기는 당시 많은 인기를 얻었다.[13] 이 출판물에서 그는 원주민들이 "문

---

12 Barbara Chambers Dawson, *In the Eye of the Beholder: What 6 Nineteenth Century Women Tells Us about Indigenous Authority and Identity*(Canberra: Australian National University Press, 2014), pp. 3~4.

13 Hames Banks, "Daily Entries in Banks's Journal from 25 August 1768 to 12 July 1771," SouthSeas, the Web Academic Resources Publisher, http://southseas.nla.gov.au/

명화된 교양 있는 백인들과 피부색, 습관, 그리고 행동에서 차이가 난다"라는 것을 강조했다. 특히나 원주민들에게서는 "농업적 경작 유형을 전혀 관찰할 수 없는 것으로 보아 원숭이보다 약간 우위에 놓을 수 있다"라고 평가했다. 또 원주민의 빠른 달리기 속도나 민첩성, 그들의 기술을 언급하며 '동물과 같은 사람들'로 인식했다. 원주민들을 비문명화된 야만 인종으로 인식하고 "계몽되지 않은 퇴화된 서열"에 배치하고자 한 그의 평가는 이후 세대에 큰 영향을 주었다.[14]

이와 유사한 언급은 오스트레일리아에 대한 논평가 로데릭 플래너건(Roderick Flanagan)이 저술한 『오스트레일리아의 애버리진들(The Aborigines of Australia)』(1888)에서도 볼 수 있다. 그는 원주민들을 19세기 영국의 관례로 보기에 "타락한 식인종 같은 낮은 층위의 야만적 인간 종(種)"이라고 설명했다. '고립성과 산재성, 방랑적인 삶의 방식, 거칠지만 해롭지 않은 무기, 기념비적 폐허의 부재, 예배 형태나 잘 정립된 종교 또는 신앙의 부재, 정부 체제의 부재' 등이 그 이유였다.[15]

이 같은 인종적 시각의 어법은 오스트레일리아 환경에 대한 문학적 상투 어법과 합세해 원주민을 아주 열등한 인종으로 인식하게 하는 데 기여했다. 더욱이 영국인들이 오스트레일리아의 경험을 19세기적 기

---

journals/banks/about.html, 2004; http://southseas.nla.gov.au/journals/banks/contents.html(2016년 4월 20일 검색).

14 Barbara Chambers Dawson, *In the Eye of the Beholder*, pp. 4~5. 뱅스의 이런 설명은 나린제리족과 메루족에 대해 그들의 육체적 기술을 들어 짐승과 유사한 사람들로 평가한 데서 나타난다.

15 Roderick J. Flanagan, *The Aborigines of Australia*(Sydney: Edward F. Flanagan and George Robertson and Company, 1888), pp. 1~2, 17~18, https://archive.org/details/aboriginesaustr00flangoog(2016년 4월 21일 검색); Barbara Chambers Dawson, *In the Eye of the Beholder*, pp. 32~34.

대와 취향에 맞는 이야기로 변신시키는 어법에서 이러한 방식은 강화되었다. 예를 들어, 식민지 땅은 늘 '비문명화된 황무지이며 텅 빈 야생의 공간'으로 등장한다는 것을 발견할 수 있다. 이러한 배경에서 원주민은 '공포를 자아내는 식인종', '나체,' '죄악으로 오염된 황폐하고 사악한 땅'의 극적 장치에 맞는 '사악한 야만인'으로 등장하곤 한다. 그리고 그곳에서 '원주민 공격의 희생양이 된 백인 또는 백인 여성'은 동정심을 야기하는 주인공으로 고용되어 있다.

이러한 상투적인 어법은 원주민을 서스펜스와 스릴을 일으키는 '비문명화된 야생성'을 가진 '야만인' 또는 '낯선 주변인'으로 인식하도록 만든다.[16] 이에 따라 '인종적 충돌,' '전쟁', '구원'이라는 주제 아래 쓰인 백인 개척사 또는 원주민 묘사에는 고정관념인 '원주민=야만'이라는 클리셰가 작동되어온 것이다.[17]

식민지 정복자인 남성의 기록 유형에서도 이와 같은 상투적인 서사가 관찰된다. 대체로 개척자들은 식민지 확장이나 정복에 대한 기억을 옮길 때 '원주민 몇 명이 살해되었다'라거나 '백인의 죽음에 대한 보복' 또는 '원주민과의 전쟁'이라는 방식으로 '몇 명의 원주민과 싸웠다'라고 기록하고 있기 때문이다. 한 예로, 1834년 서부 호주에서 병사 1명이 죽은 일로 보복한 기록을 들 수 있다. 이 사건은 "스털링 주지사가 이끈 핀자라 싸움(the Battle of Pinjara)으로 1명의 백인 남성과 14명의 원주민들이 살해되었다"라고 기록되어 있다. 같은 사건에 대한 다른 기록으로

---

16 Barbara Chambers Dawson, *In the Eye of the Beholder*, xvii, pp. 35~37, 45, 49, 77~78.

17 Gordon Briscoe, "Aboriginal Australian Identity: The Historiography of Relation between Indigenous Ethnic Groups and Other Australians, 1788 to 1988," *History Workshop*, No. 36(Autumn, 1993), p. 142; Barbara Chambers Dawson, *In the Eye of the Beholder*, xvii, xxii, pp. 34, 45~47.

는 "서부 구역에서는 약 158명의 원주민이 살해되었다"라거나, 백인 남성 1명의 죽음에 대한 보복으로 "1840년 우드사이드에서는 원주민 100~150명이 살해되었다"라는 식의 기록이 있다.[18] 이 같은 남성 정복자들의 서술 방식과 기록은 오스트레일리아 역사에서 백인 남성에게 중요한 사건에만 집중되어 있다. 하지만 정착민들이 싸움만 하면서 살지는 않았을 것이 아닌가?

이처럼 한 방향만을 보게 만드는 서술 방식은 고든 브리스코(Gordon Briscoe)의 주장을 떠올리게 한다. 그는 원주민과 영국인 간 관계의 내막에는 "낭만적 과거의 재구성을 선호하는 정치적 기회주의자들에 의한 특정 사고의 장려가 있었다"라고 주장한 바 있다. 이는 기존 기록에서는 '영국인의 승리'를 이용하기 위한 특정 목적 때문에 개척자와 원주민이라는 대립적인 두 집단을 상정하고 두 집단 간의 전쟁을 구성했으며, 그 가정이 사실로 고수되어왔음을 뜻하는 것이다. 다시 말하면 식민지화는 '개척자들에 의해 죽은 원주민 사건'으로 가시화되고 구성된 과거의 역사로 남게 되었다는 것이다. 이러한 기록을 바탕으로 오스트레일리아 역사는 '정복의 역사'로 그려지고 상상될 수밖에 없음을 알 수 있다. 백인들의 목적을 위해 같은 땅의 원주민은 타자화되었으며, 그들의 이야기는 이처럼 백인의 관점에서 '신화화'되어왔던 것이다.[19]

18 Pamela A. Sharp, "A Study of Relationship," pp. 50~51.

19 Gordon Briscoe, "Aboriginal Australian," p. 136.

3. 오스트레일리아 원주민에 대한 정착민 여성의 서술

그렇다면 오스트레일리아에 비슷한 기간 동안 정착했던 영국 여성의 기록을 비교해보자. 우선, 초기 식민지 오스트레일리아에 도착한 영국인 여성 가운데 엘리자베스 매카서(Elizabeth Macarthur)와 캐서린 커클런드(Katherine Kirkland)의 경우를 살펴보면,[20] 남성 서술의 경우처럼 원주민에 대한 혐오와 반감 및 폭력적 상황은 쉽게 찾기 어렵다. 1790년 두 번째 함대가 시드니에 도착했을 때 오스트레일리아 땅을 밟았던 매카서는[21] 원주민들과 자주 접촉한 것으로 기록되고 있다.

> 다링가(Daringa)라는 이름을 가진 콜비 부인(Mrs. Coleby)은 나에게 보여주려고 자신의 신생아 여아를 데려왔는데 …… [신생아는] 나무의 부드러운 껍질에 싸여 있었고 …… 나는 그녀를 처음 만났을 때 유약하고 창백해 보여 그 가난한 여성에게 줄 먹을 것을 가져오라고 했고 그녀가 잠시 동안 적절한 보호를 받도록 했다. 그 후로 그녀는 정기적으로 [우리를] 방문했다. …… 그 아기는 놀라울 정도로 잘 자랐고 나는 다링가에게서 진심으로 흥미로운 상냥한 태도들을 발견할 수 있었다.[22]

---

20 Barbara Chambers Dawson, *In the Eye of the Beholder*, pp. 75~76. 캐서린 커클런드의 회고록 "The Life in the Bush"는 William Chambers and Robert Chambers, *Chambers's Miscellany of Useful and Entertaining Tracts*, Vol. 1, No. 8(1847), Digitized by University of Toronto(2011), http://www.archive.org/details/chambersmiscell00cham 에 실려 있다. 커클런드의 할아버지는 글라스고 상공회의소를 창립한 상인이었으며, 그녀의 남편 존 커클런드(John Kirkland)는 설탕정제소를 경영했던 사업가였다. 커클랜드 가족은 1830년대의 스코틀랜드 이민자 물결에 속했던 이민자 가족으로 서부 해안 스코틀랜드인들의 네트워크를 만들었다. 그녀는 자신이 겪은 원주민과의 경험을 1841년부터 간행물에 기고했고, 그녀의 기록은 회고록과 에세이로 출판되었다.

21 Pamela A. Sharp, "A Study of Relationship," pp. 31, 36.

이와 같은 그녀의 기록은 상호 우호적인 원주민 여성과의 관계를 보여준다. 이와 유사한 예는 커클런드의 경우에서도 찾을 수 있다. 커클런드 가족은 1838년 영국을 떠나 오스트레일리아 태즈메이니아의 반디멘스 랜드를 거쳐 1839년 멜버른 서쪽 빅토리아 지역 트라왈라 및 와타우롱 지역에 정착한 목축업계 정착민이었다. 그녀는 원주민에 대해 "'역겨운 모습'을 갖고 있지만 '호기심 많고 우호적이면서 두려움이 없는 사람들'"이라고 묘사하고 있다. 또한 멜버른 남쪽 포트 필립의 서부 지역을 처음 탐사하는 오지 여행 과정에서 만난 와타우롱(Wathaurong)족[23]에 대해서는 "좋은 성품에 유머러스하며 악의가 없다"라면서 "우호적이며 전통적인 예의를 갖추고 그들[자신들]을 환영했다"라고 기록하고 있다.

> 그들[원주민들]은 20개의 큰 모닥불을 밝히고 여성과 아이들이 주변에 앉았으며 남성들은 자신들의 방식으로 빨강과 흰색으로 페인트칠을 했다. …… 격한 소리를 내며 같은 태도로 춤을 추었으며 모습은 매우 야생적이었다. …… 여성들은 결코 춤을 추지 않았다.[24]

이는 원주민들이 영국인 개척자들을 조우했을 때 자신들과 다른 백인들을 적대적인 감정으로 대하지 않았고 친화적인 태도로 맞았음을 보여준다.

---

22 같은 글, pp. 25, 35~36.

23 이들은 멜버른 인근 벨라린 반도 지역까지 거주하고 있는 원주민이다. 이들에 대해서는 http://www.wathaurong.org.au/fmfm 참조.

24 Barbara Chambers Dawson, *In the Eye of the Beholder*, p. 79.

이러한 예는 원주민 여성들로부터 받은 도움에 대한 언급에서도 나타난다. 그들은 주변 수풀에서 식용 가능한 식물과 열매에 대한 정보나 해안의 먹을거리에 대한 지식과 취득법, 조리법에 대한 정보로 커클런드 일가에 도움을 준 것으로 기록되어 있다. 때로 정착민들이 원주민이 좋아한 수건이나 옷으로 원주민이 가진 주머니쥐나 여우 가죽과 물물교환을 했다는 언급도 있다.[25] 이로부터 식민지 오스트레일리아에 영국인들이 도착했던 초기에는 전쟁과 폭력을 통해 식민지를 건설한 것이 아니라, 원주민들의 도움과 환영, 그리고 공존을 통해 자신들의 정착지를 확장해갔음을 알 수 있다.

1834년에서 1848년까지 태즈메이니아와 뉴사우스웨일스에 정착했던 애니 박스터(Annie Baxter)는 자신이 속한 부족으로부터 방치되어 죽어가던 원주민 여성을 일주일간 간호했던 경험을 기록했다. 그녀는 백인 여성과 원주민 여성이 상호 출산 시 도움을 주었고, 영국인이 장시간 도보로 새로운 환경의 탐험에 나설 때 원주민이 다양한 식량 취득법을 알려주었다는 것을 기록으로 남기고 있다.[26]

더욱이 영국인의 정착 초기인 1838년, 목사 조셉 닥커(Joseph Docker)의 장녀인 12세의 메리 제인(Mary Jane)은 자신의 가족이 원주민을 조우한 회상을 다음과 같이 기록하고 있다. 이 기록은 다양한 사실이 침묵됨으로 인해 진정한 영국인 개척자와 원주민 관계가 왜곡되어온 것은 아닌지 재고하게 만든다.

---

25 같은 책, pp. 79~80, 86~87. 20세기 오스트레일리아 사회인류학자인 로널드와 캐서린 번트(Ronald and Catherine Berndt)는 이와 같은 개인과 개인, 그룹과 그룹 사이의 협력을 강조하며 풍요로운 사회적 전개를 위한 권리와 의무의 상호성을 강조하고 있다.

26 Pamela A. Sharp, "A Study of Relationship," pp. 79, 83~85, 88. 병약했던 원주민 아들은 맥크래의 아들과 친구관계였다고 기록되어 있다.

> 아버지가 하루는 부어하만 방향으로 소들을 위한 장소를 찾기 위해 목축 종사자들과 말을 달리다 원주민들을 만났다. 그들이 달아나려 하자 아버지는 쫓아가 그들을 해치지 않겠다는 표식들을 보여주었다. 아버지는 원주민들에게 넥타이, 칼, [그 외에] 나누어줄 수 있는 것들을 주었고, 또한 그들이 [우리] '원두막'에 올 수 있다고 이해시켰다. 곧 그들은 [아버지가 전달한 의미대로] 그렇게 했다. 비록 유럽인들을 본 적 없는 많은 이들[원주민들]이 때로 [우리]집에 왔지만, 그 불쌍한 사람들은 결코 내 아버지가 고용한 누구도 해치지 않았다.[27]

1879년 오스트레일리아에서 태어나 자란 로즈 스콧 코웬(Rose Scott Cowen)의 경우도 마찬가지다. 그녀는 자신의 가정에서 일하던 원주민 여성 및 남성들의 "상냥함과 공손함, 그리고 충성심과 도덕적인 면"을 기록했는데, 특히 원주민들이 가졌던 지식으로부터 도움을 받았던 사실, 그리고 자신의 집에서 일하던 원주민이 제1차 세계대전 시 참전했던 이야기들을 전하고 있다.

이러한 예들은 정착민 또는 백인 대 원주민이라는 정형화된 대립 구도의 단일한 이미지를 오스트레일리아 전체로 반영해 해석하는 것은 문제가 있다는 것을 보여준다. 남성 개척자들의 시각에서 쓰인 역사가 진정한 사실 모두를 기록하고 있는 것은 아니며, 알려진 기존 역사 또한 일상적인 삶에서 공존했던 원주민과의 관계보다는 원주민의 위협이나 충돌만을 가시화하고 있다는 것을 드러내고 있기 때문이다.

실질적으로 오스트레일리아 연구자 패멀라 샤프(Pamela A. Sharp)는

---

27 같은 글, p. 77.

영국 여성이 자신과 가까이 지내던 원주민 여성으로부터 언어와 문화를 습득했고, 원주민 여성 또한 영국인의 문화와 언어를 배우며 삶을 유지하는 '상호 공존의 관계'였다고 언급한 바 있다.[28] 이로부터 영국인 정착민 남성들 또한 원주민의 관습과 지식, 그리고 도움을 통해 자신들의 오스트레일리아를 건설해갔으리라는 것을 추정할 수 있다. 또한 이 과정에서 함께했던 원주민들도 백인 문화에 관심을 가지고 오스트레일리아 건설에 동참함으로써 자신들의 존립을 보존해갔으리라고 미루어 생각할 수 있다. 이러한 오스트레일리아 형성 과정에서 나타난 상호적 역사 맥락은 '백인 정착민과 지역 원주민 사이의 광범위한 폭력' 또는 '일방향적인 교화'로 알려진 '영국화와 문명화'라는 거시적 제국주의 역사 서술에 가려졌던 사실이 무엇인지 생각하게 만든다. 요컨대 남성 개척자 이야기에 의해 만들어진 신화는 한 방향의 역사만 부각시켜왔으며, 또한 원주민과 정착민의 관계를 추상화하면서 정복자 이야기만 들리도록 했던 것이다.[29]

4. 타자화된 원주민의 역사 서술: 오스트레일리아 미래가 보아야 할 거울

살펴본 바와 같이 오스트레일리아에 관한 정복자들의 원주민 관련 서사는 원주민과의 전쟁에 관한 기록이 주류를 차지해왔음을 알 수 있

28 같은 글, pp. 9-66.
29 Gordon Briscoe, "Aboriginal Australian," p. 143.

다. 또한 '여성을 보호하기 위한 원주민 학살' 또는 '잠재적 강간자이자 살해자인 원주민'이라는 식으로 단순화된 '악한 원주민 남성' 또는 '공격적인 원주민상'이 기록되어왔다는 것을 알 수 있다. 하지만 실제로 오스트레일리아 원주민이 공격한 경우는 백인 남성의 행동에 대한 보복성 공격이 대부분이었고, 백인 희생자 또한 많지 않았다고 한다.[30] 따라서 '잔인함을 가진 미개인' 또는 '백인을 공격한 야만인'이라는 과장된 원주민 이미지가 전습되었다는 것을 알 수 있다. 이러한 각인은 이후로 '대중적인 원주민 모습'으로 '획일화한 원주민상'을 고착시키며 일상적인 이미지로 고정되도록 했고, 이로 인해 원주민과 백인 정착민은 늘 적대적인 관계로 상상되도록 유도되어왔던 것이다.

그러므로 원주민에 대한 정복자만의 시각과 그로부터 온 상투적인 서술방식은 재고되어야 할 것이다. 백인 남성 정복자 시각에서 서술한 클리셰는 초기 식민지 오스트레일리아 역사를 인식하는 데 상호 적대적이고 부정적인 관점만 부각되도록 했기 때문이다. 따라서 "문화적·인종적으로 우월한 영국인들은 '문명화 사명'으로 식민지 원주민을 정복하고 제거"해야 하며, 오스트레일리아 원주민과 그들의 문화는 정벌해 복종시키는 대상으로 인식하도록 하는 서술 관행에서 탈피해야 할 것이다.

여기서 다시 한 번 생각해봐야 할 것은 영제국 오스트레일리아 식민지인에 대한 지식은 제국을 정복한 자의 시각에서 형성되어 산출된 기록에 의거하는 경우가 대부분이라는 사실이다. 이는 지배하는 자, 기록하는 자와 읽는 자가 소통할 수 있는 '언어'의 문제 때문일 수도 있다.

30 Pamela A. Sharp, "A Study of Relationship," pp. 57~58, 61.

이러한 점은 오스트레일리아에 대한 서술에서 원주민보다는 정복자 관점에서 바라본 시각이 지배적일 수밖에 없었던 하나의 원인일 것이다. 특히 다양한 언어권으로 존재하던 원주민들의 특성과 문자 기록의 부족, 영어권의 관점에서 문맹인 경우가 많았던 원주민들의 언어 문제가 오스트레일리아 역사에서 이들의 목소리를 들리지 않게 만들었을 것이다. 그러므로 이러한 상황이 백인의 경험과 추정에 기초해온 역사를 일반화하고 수용하도록 조장해왔음을 인식할 필요가 있다.

최근에는 이러한 식민지 역사 서술에 대한 문제점을 발견하고 바람직한 역사 서술의 방향성을 제시하려는 시도들이 주목받고 있다. 서두에서 언급한 바와 같이, 현존하는 원주민 학자와 작가들의 작품을 포함한 다양한 자료를 이용하고 검토해야 한다는 의견이 부각되고 있기 때문이다.[31] 실질적으로 이러한 움직임은 원주민 역사가들의 서술에서 원주민 문화의 특성에 기초해 초기 식민지 영국인 정착민과의 관계를 새롭게 해석하려는 시도들로 나타나고 있다. 원주민 사회의 중요한 특징이던 '호혜와 나눔'의 관점을 예로 들면, 원주민들은 '백인들의 상품을 노동과 교환한다'는 동류의식 체계를 이용해 백인과의 교류를 상호 도움을 주는 '나눈다'는 관점에서 수용했다는 것이다. 반면에 백인들은 상품과 노동을 자신들의 방식, 즉 판매나 고용 개념과 같이 "개인적인 대가로 인식해 원주민들을 '열등하며 가망 없는 잉여 집단'으로 지각했다"는 것이다.[32] 이와 같이 원주민 관점에서 기존의 오스트레일리아 역

31 델라 워커(Della Walker), 이다 웨스트(Ida West), 페이스티 시헨(Pasty Cihen), 진 해밀턴(Jean Hamilton), 마니 케네디(Marnie Kennedy), 엘시 러프시(Elsie Roughsey) 같은 학자들은 오스트레일리아 역사에서 원주민들이 차지하는 합당한 위치를 부여하고 그들이 미친 백인 정착민의 영향에 대해 올바른 이해를 도모하기 위한 연구에 종사하고 있다.

32 Pat Dudgeon, Michael Wright, Yin Paradies, Darren Garvey and Ian Walker, "The

사 서술을 재해석하려는 시도는 초기 영국인 정착민 시기를 비교문화적으로 다르게 조망할 수 있다는 가능성을 제시한다. 또한 원주민 역사가들이 주장하는 균형 잡힌 역사 서술의 필요성에 더욱 설득력을 부여해준다. 그러므로 원주민에 대한 인종적 고정관념과 태도를 변화시키고 원주민과의 역사에 대한 인식의 지도를 다시 그려낼 필요가 있음을 재확인하게 된다. 원주민과의 공존과 갈등 여부에 대한 서술은 어느 시기와 어느 지역이었는지, 또 어떤 백인이 어떤 원주민과 관계되었는지에 따라 영향을 받을 수 있기 때문이다.

실제로 오스트레일리아 대륙에 많은 언어군의 원주민이 존재했다는 사실은 오스트레일리아 원주민을 통합적으로 추정하기 어려울뿐더러, 이에 따른 공존의 양상과 문제의 발생이 다를 수 있다는 경우의 수를 던져준다. 이는 오스트레일리아 원주민에 관한 사고의 범위가 광범위해야 한다는 사실을 드러내는 한편, 인종적 계층질서에 관한 역사 서술자의 사고 및 문맥이 개척자의 기억과 연계된 시대·사회·계급 및 젠더적 특성과 관련될 수 있다는 사실을 동시에 보여준다. 따라서 올바른 역사 서술의 인식과 필요성이 다시금 강조될 수밖에 없다.

요컨대 식민지 초기 영국 남성뿐만 아니라 여성 또한 정착민이었고 개척자였듯, 원주민 또한 오스트레일리아 건설에 함께한 오스트레일리아인이었다는 점을 인식해야 할 것이다. 이는 기존의 남성 정복자 서술과 달리, 원주민과 초기 정착민 모두가 오스트레일리아 역사 가운데 하

Social, Cultural and Historical Contest of Aboriginal and Torres Strait Islander Australians," *Working Together: Aboriginal and Torres Strait Islander Mental Health and Wellbeing Principles and Practice*(Canberra: Department of Health and Ageing, 2010), p. 29.

나로 존재해왔다는 사실을 인정하고 화합하는 관계 창출의 서사를 통해 가능할 것이다. 스태너가 언급했듯이, 원주민들은 "같은 시간 그리고 같은 공간에 함께 살고 있었으며"[33] 모두가 오스트레일리아 역사를 만들고 있는 역사의 구성원이기 때문이다. 그러므로 다인종·다문화의 나라로서 오스트레일리아의 정체성을 대변하는 미래의 역사 서술은 진정한 역사 동참자들의 기록이 올바로 설 수 있는 견실한 토대를 마련하는 데에서부터 출발해야 하지 않을까?

---

33 Melinda Hinkson, "W. E. H Stanner and the Great Australian Silence," http://www.abc.net.au/rn/features/inbedwithphillip/episodes/222-weh-stanner-and-the-great-australian-silence/(2016년 4월 27일 검색).

뉴라이트가 역사를 읽는 법*

김정인 | 춘천교육대학교 사회과교육과

1. 건국절 파동

1945년 해방만으로 해방의 진정한 의미가 성취된 것은 아니었다. 해방의 진정한 의미는 1948년 자유, 인권, 시장 등의 인류 보편의 가치에 입각해 대한민국이 세워짐으로써 비로소 확보될 수 있었다. 지난 60년간 대한민국의 건국이념은 한국인의 사람을 자유롭고 풍요롭게 만들었다. 앞으로 다가올 통일 한국도 대한민국의 이념에 입각하지 않으면 안 된다. 종래 광복절을 해방절로만 기억해온 것을 지양하고, 보다 중요하게 건국절로 경축해야 한다.[1]

뉴라이트 역사 인식의 출발점은 1948년 8월 15일이다. 대한민국은

* 이 글은 2015년 ≪역사교육≫ 133호에 「역사 교과서 논쟁과 뉴라이트의 역사인식」이라는 제목으로 게재된 글을 수정·보완한 것이다.

1 교과서포럼, 『대안 교과서 한국 근·현대사』(기파랑, 2008), 144쪽.

식민지를 경험한 나라 중 비교할 나라가 없을 정도로 유례없는 고도성장과 민주화를 동시에 성취해 모범 국가로 성공했으므로 건국의 의미가 매우 크다는 것이다. 외부로부터 주어진 해방보다는 스스로 일구어낸 성공의 역사가 자랑스럽고 이러한 성공 신화가 바로 대한민국 정통성을 입증하는 것이니 8·15를 건국절로 기념하자는 주장이다.

이명박 정부가 들어선 첫해인 2008년에 건국 60주년을 기념하는 국가사업이 추진되었다. 그 해 7월 건국절 파동이 있었다. 한나라당 국회의원 13명이 광복절을 건국절로 바꾸자는 내용의 개정안을 발의한 것이다. 역사학계와 역사 교육계가 강하게 반대하고 광복회 등 독립운동 관련 단체가 반발하면서 부정적인 여론이 확산되자 한나라당은 결국 개정안 발의를 취소했다. 역사학계는 광복절 직전인 2008년 8월 12일에 '건국절 철회를 촉구하는 역사학계의 성명서'를 발표했다. 성명서에는 엄중한 진실이 담겨 있었다.

> 1949년 9월 국회에서 국경일 제정을 검토할 때 정부는 독립기념일을 제안했으나, 국회는 이를 광복절로 명칭을 바꾸어 법안을 통과시켰다. 이는 1945년 8월 15일 일제로부터 해방된 날과 1948년 8월 15일 대한민국 정부를 수립한 날을 동시에 경축하기 위한 것이었다. 즉, 광복절의 명칭은 해방과 정부 수립을 동시에 경축하는 의미를 갖고 탄생한 것이다. 이와 같은 의미를 갖고 있는 광복절을 건국절로 명칭을 바꾼다면 이는 1949년 8월 15일의 대한민국 정부 수립만을 경축하자는 것으로 된다. 즉, 광복절의 의미는 반쪽으로 축소되는 것이다.[2]

2 「'건국절' 철회를 요구하는 역사학계의 성명서」, ≪역사비평≫, 84호(2008), 14쪽.

해방절과 건국절을 동시에 품은 기념일의 이름이 바로 광복절이었다는 역사학계의 실증적 논박에 건국절 제정 운동은 일단 수그러들었다. 이제 건국절 논란은 더 이상 학문적 논쟁의 대상이 아니다. 보수 우익 세력의 정쟁 도구로 쓰이고 있을 뿐이다. 박근혜 대통령 역시 2016년의 광복절 경축사에서 "오늘은 건국 68주년을 맞는 뜻 깊은 날"이라고 언급해 논란을 일으켰으나 그때뿐이었다.

2. 보수의 대안 세력 뉴라이트의 등장

김대중·노무현 정부 10년을 대표하는 열쇳말 가운데 하나가 과거사 청산 작업이다. 물론 김대중 정부는 김종필과 이룬 DJP연합을 기반으로 출범한 까닭에 과거사 청산 작업에 미온적인 태도를 보였으며, 박정희기념관 건립을 시도한 데서 알 수 있듯 보수·우파와의 타협을 추구했다. 그럼에도 대통령 직속으로 의문사진상규명위원회가 설치되고 〈이제는 말할 수 있다〉 같은 TV 프로그램이 방영되는 등 여러 방면에서 과거사 진실 규명 작업이 추진되었다.

노무현 정부에 와서야 시민사회의 끊임없는 압력으로 정부 주도의 과거사 청산 작업이 본격화되었다. 이 시기에는 국정원, 국방부, 경찰 등 권력기관 단위의 과거사위원회가 민·관 합동으로 설립되었다. 진실과화해를위한과거사정리위원회, 군의문사진상규명위원회, 친일반민족행위진상규명위원회 등을 포함해 20여 개에 달하는 과거사 관련 위원회가 노무현 정부에서 활동했다.

과거사 청산 작업은 보수·우파 세력을 긴장시켰다. 뉴라이트의 등장

역시 과거사 청산과 밀접한 관련이 있다. 뉴라이트가 본격적으로 등장하고 보수 언론의 집중 조명을 받은 것은 2004년 가을이었다. 이 시점은 노무현 대통령과 열린우리당이 대통령 탄핵이라는 위기를 극복하고 의회 권력까지 장악한 가운데 대통령이 8·15 경축사를 통해 직접 과거사 청산에 대한 강력한 의지를 표명한 직후였다.

친일 문제, 한국전쟁 전후 민간인 학살 문제, 그리고 권위주의·독재 정권 시기의 조작 의혹이 제기되는 각종 인권 침해 사건 등을 중심으로 과거사 청산 작업을 추진하자 보수·우파 세력은 자신들의 정체성 또는 주도권이 심각하게 손상될 것이라며 우려했다.

이때 뉴라이트가 등장했고 뉴라이트는 기존 보수·우파, 즉 올드라이트로부터 대대적인 환영을 받았다. 양자의 연합에는 노무현 정부의 민생 정책과 상생 정치의 실패, 4대 개혁 입법 논란 등과 북미 관계 악화, 신자유주의적 세계화의 본격화라는 나라 안팎의 환경 변화에 따라 보수·우파 결집 분위기가 형성된 것이 큰 역할을 했다. 뉴라이트는 올드라이트와는 차별화하는 움직임을 보이면서 사안에 따라 연대하는 유연한 자세를 취했다.

뉴라이트가 보수·우파 세력의 구원투수로 등장해 2004년 11월에 결성한 자유주의연대는 창립선언문에서 노무현 정권의 과거사 청산 작업에 대해 "국민적 예지를 모아 선진국 건설에 일로매진해야 할 이 무한 경쟁의 시대에 자학사관을 퍼뜨리며 지배 세력 교체와 기존 질서 해체를 위한 과거와의 전쟁에 자신의 명운을 걸고 있다"라고 비판했다. 또한 뉴라이트는 자학사관에 물든 현행 교과서의 대안을 제시하겠다며 2005년 1월에 교과서포럼을 결성했다. 그리고 창립식을 겸한 심포지엄에서 금성출판사의 『한국 근·현대사』 교과서를 집중 비판하고 역사 쓰기를 바로 세우겠다며 역사 전쟁의 포문을 열었다.

3. 신자유주의의 도래, 시장주의 사관

자유주의연대라는 이름에서 드러나듯 뉴라이트는 가장 중요한 가치로 자유주의를 들었다. 무엇보다 시장경제 중심의 경제적 자유주의를 강조한다. 자유주의연대는 창립선언문에서 '21세기 시대정신은 산업화 세력의 권위주의도, 일부 민주화 세력의 민중주의도 아니다. 세계화·정보화·자유화를 온전하게 실현할 한국적 현실에 맞는 21세기형 자유주의'임을 분명히 했다. 보수 세력의 권위주의와 진보 세력의 민중주의를 동시에 비판하며 자유주의에서 뉴라이트의 정체성을 구하려 했던 것이다.

자유주의연대는 경제적 자유주의 개혁 방안으로 첫째, 국가 주도형 방식에서 시장 주도 방식(작은 정부, 큰 시장)으로 경제 시스템을 전환해 1인당 국민소득 2만 달러 시대를 개척할 것, 둘째, 자유무역협정을 능동적으로 추진해 통상 대국을 건설할 것, 셋째, 모든 특권을 철폐하고 만인에게 기회의 균등을 보장하되 결과에 대해서는 승복하는 합리적 사회 문화를 창출할 것, 넷째, 청부(淸富)를 권장하며 빈부격차가 아닌 빈곤의 해소를 추구할 것 등을 내놓았다.

첫째 개혁 방안에서 알 수 있듯 뉴라이트는 시장과 기업에 토대를 둔 자유주의를 표방한다. 이는 1980년대 이후 영국과 미국을 중심으로 풍미한 신자유주의의 논리에 부합한다. 신일철은 프리드리히 하이에크(Friedrich Hayek)의 자유시장경제론과 로버트 노직(Robert Nozick)의 자유지상주의에 기반을 둔 신자유주의론을 편다. 그는 '자본주의'라는 이름의 사회체제는 시민사회적 전통에 기초한 민영화와 자유시장 체제를 의미한다고 주장한다. 또한 인간은 '시장적 존재'이므로 시장적 사고가 필요하다는 점을 강조한다. 뉴라이트는 시카고학파의 중추로서 시장경제를 옹호하고 작은 정부를 주장한 밀턴 프리드먼(Milton Friedman)의 이론에도 주목한다.

한편, 박세일은 시장 주도의 자유주의가 가진 한계를 극복하기 위한 뉴라이트의 이념으로 공동체 자유주의를 내놓았다. 법적 표현으로서의 법치주의, 정치적 표현으로서의 민주주의, 경제적 표현으로서의 시장주의를 국가 운영의 구성 원리로 삼되, 여기에 공동체의 결속과 연대, 시민의 의무와 권리, 책임의식, 공익과 공공선을 강조하는 공동체주의를 결합하자는 것이 공동체 자유주의의 요체다.

뉴라이트의 경제적 자유주의, 즉 신자유주의적 모색은 2007년 대통령선거를 앞두고 구체적인 정책 제안서로 이어졌다. 바로 뉴라이트정책위원회가 2007년 4월 내놓은 「2008뉴라이트한국보고서」다. 이 보고서에는 세금 값을 하는 알뜰 정부, 활기찬 시장, 교육 홍국, 앞서가는 통상 강국, 국익 우선의 외교·안보, 지속 가능한 복지, 편안하고 살맛나는 사회 등의 순서로 전형적인 신자유주의적 정책 대안이 담겨 있다. 가령 작은 정부에 대한 주장은 다음과 같다.

> 대안은 작은 정부, 큰 시장이다. 즉, 불필요한 정부 조직과 공기업을 과감하게 폐지 또는 축소하고 민영화해야 한다. 관치 경제·계획경제적 요소도 청산해야 한다. 그리고 정부와 기업의 경제적 역할도 재정립해야 한다. 즉, 정부는 재산권, 법치 질서, 자유롭고 공정한 경쟁 질서를 유지

확립하는 데만 집중하고 민간이 하기 어려운 공익 서비스와 공공시설 유지 관리만 하면 된다.[3]

여기서 제기한 신자유주의적 정책을 응집한 구호가 바로 '선진화'다. 안병직은 한국이 1987년을 전후로 중진화에서 선진화로 나아가는 과도기에 접어들었으나 이후 20년의 장기간에 걸쳐 과도기에서 헤매고 있다고 보았다. 여기서 말하는 선진화는 곧 민영화를 의미했다. 이명박 정부는 공기업 민영화를 공기업 선진화라는 이름을 내걸고 추진했다. 선진화는 앞선 선진국과의 관계 강화를 지향하는 국제주의의 강조로 이어진다. 국제주의란 앞으로도 미·일 자본주의 선진국과의 관계를 강화해야 발전할 수 있다는 명쾌하고도 단순한 논리다. 이는 곧 적극적인 경제 개방을 통해서만 한국사회가 발전하고 선진화한다는 것을 의미한다.

이러한 뉴라이트의 자유주의는 1980년대 미국 레이거노믹스의 정책 기조를 설정한 신우익의 신보수주의 운동과 맥락이 닿아 있다. 그들은 네오콘이라는 이름으로 부시 행정부의 핵심 그룹으로 활약했다. 네오콘과 뉴라이트의 경제 노선은 신자유주의 경제 정책과 일치하는 공통점을 갖고 있다. 대표적인 것이 감세 정책이다. 부시 정부는 세금 감면을 핵심으로 하는 경기부양책을 밀어붙였다. 명분은 소득세 및 법인세 인하가 기업가 정신을 고취하고 근로 의욕을 함양하며, 이런 공급 측면의 효과는 장기적으로 투자의 활성화, 세금 수입의 증가, 성장의 지속으로 나타난다는 것이었다. 뉴라이트 역시 법인세와 소득세율 인하를

3 뉴라이트정책위원회, 「'2008뉴라이트한국보고서' 요약」, ≪시대정신≫, 여름호(2007).

통한 투자 및 근로 의욕 고취를 강조한다.

이와 같은 뉴라이트의 시장적 자유주의, 즉 신자유주의는 무엇보다 친재벌·친대기업 위주의 시장 관행을 마치 자본주의 시장의 바람직한 질서인양 인식한다는 비판에 직면했다. 이에 대해 뉴라이트는 분명 시장 중심 원리—자유와 시장의 강조—를 추구하지만, 그렇다고 평등 가치를 무시하지는 않는다고 항변한다. 골고루 잘사는 평등의 가치를 실현하기 위한 가장 효과적인 수단이 바로 자유와 경쟁, 그리고 시장 메커니즘이라는 것이다. 복거일은 한국사회에는 궁극적으로 가난한 사람들을 더욱 비참하게 만든 '결과의 평등'을 주장하는 극단적 평등주의가 만연할 뿐, '기회의 평등'이 설 자리는 없다고 주장한다.

이처럼 뉴라이트에게 시장은 자본주의 사회의 불평등을 치유하고 자유의 가치를 지켜낼 수 있는 절대 영역이다. 보수 단체의 텍스트를 분석해 이데올로기 성향을 살펴본 연구에 따르면 뉴라이트를 포함해 2000년대 보수 단체들이 '반공', '보수', '시장' 중 가장 빈번하게 사용한 개념은 '시장'이다. 뉴라이트는 이와 같은 시장 주도의 자유주의적 시각에서 역사를 바라볼 것을 강조한다. '시장주의 사관'을 갖고 있다는 얘기다. 뉴라이트가 강조하는 시장주의 사관의 출발점은 식민지근대화론이다. 식민지근대화론이란 식민지 시기에 오늘날 한국 현대 문명의 제도적 기초가 마련되었음을 강조하는 시각으로, 식민지 시기를 새로운 근대 문명의 학습기, 근대 문명의 제도적 확립기로 파악한다. 뉴라이트가 2008년에 펴낸 『대안 교과서 한국 근·현대사』는 식민지근대화론의 시각에 따라 일제 시기에는 일본이 합법적으로 경제를 운영하면서 상당한 '경제성장'을 달성했다는 점과 철도, 도로, 항만 등이 건설되었고 교육, 위생, 의료 등도 발전했다는 점을 부각했다.

이영훈은 해방 이후 경제사를 식민지근대화론과 연결 지으면서 "대한민국은 일제를 통해 이 땅에 들어온 시장경제 체제를 복구하고 발전시켜 오늘날과 같이 번영하는 시장경제를 성취하게 된 것"이라고 주장한다. 또한 대한민국의 건국에 대해 정치적인 자유민주주의와 함께 "경제적으로 자유시장 체제를 국제의 기본으로 하여 출발"했다는 의미를 부여한다. 주익종은 한국인은 일제 시기에 시장경제에 적응했고 이 바탕 위에 1948년 건국 당시에는 수정자본주의 체제가 수립되었으나 이러한 '시행착오'를 거쳐 자유시장 체제로 전환되었다고 주장한다. 그리고 이러한 자유시장 체제를 바탕으로 한국이 경제성장을 이룰 수 있었다고 평가한다.

> 이 체제(자유시장 체제 _필자)는 무에서 바로 창출된 것이 아니고 그 기본 뼈대는 식민지기로부터 물려받았으며 해방 이전에 한국인들은 30년 가까이 그 속에서 살았다. 일제하에서 한국인들은 시장경제에 내동댕이쳐졌지만, 그에 잘 적응했고 놀라운 성과를 냈다. 수많은 중소기업가, 전문지식인, 노동자가 성장했다. …… 1948년 이념상으로는 균등 경제를 지향해 국가의 경제 개입을 강조하는 수정자본주의 체제가 만들어졌다. 그러나 초기의 시행착오를 거치면서 그것은 자유시장 체제로 순화되어 갔다. 이 체제하에서 한국인의 경제활동은 크게 활성화했고, 체계적인 경제성장 정책을 쓸 수 있었으며, 나아가 한국은 국제 협력과 국제 교류의 편익을 누릴 수 있었다.[4]

---

4 주익종, 「건국의 경제사적 의의」, ≪시대정신≫, 여름호(2008).

이대근이 제시한 한국 현대사 시기 구분을 보면 시장주의 사관에 입각한 현대사 인식 체계를 한눈에 파악할 수 있다.

— 제1기(1945년 8월~1960/1961년): 경제 혼란 극복과 자유시장경제 확립기
— 제2기(1960/1961~1979/1980년): 경제개발 계획 추진과 고도성장기
— 제3기(1979/1980~1999/2000년): 개방경제체제로의 이행과 경제 조정기

이대근이 제시한 구분의 기준은 경제구조의 변동과 국민의 경제적 삶의 방식 변화, 그리고 이를 뒷받침해온 정부의 주요 정책 기조의 성격 변화, 이러한 내재적 변화를 가능케 한 대외적 조건으로서의 국제적 계기 등이다.

뉴라이트의 시장주의 사관을 대표하는 성과물로는 2011년에 전국경제인연합회의 지원으로 박효종·김종석·전상인이 함께 쓴 『고등학교 한국사 교과서 참고 자료』가 있다. "고등학교에서 한국사 과목을 가르치시는 선생님들이 대한민국 건국 이후 한국의 경제발전 과정을 가르치시는 데 도움을 드리기 위해 작성된" 이 자료의 머리말에는 다음과 같은 시장경제와 기업을 제대로 인식해야 한다는 주장이 담겨 있다.

> 대한민국의 경제발전과 그 기반이 되는 시장경제에 대한 비판과 왜곡이 아직도 우리 사회 일각에 남아 있는 것은 매우 안타까운 일입니다. 특히 대한민국의 경제적 번영을 가져온 시장경제 제도와 그 속에서 세계 최고 수준으로 성장한 우리 기업들에 대한 잘못된 인식은 대한민국 경제

사회의 미래지향적 선진화에 장애가 되는 수준에 도달했다고 할 수 있습니다.[5]

시장경제와 기업에 대한 왜곡이 선진화에 장애가 된다는 주장은 시장자유주의적 논리에 입각한 것으로, 이러한 역사 인식은 시장주의 사관의 전형이라 할 수 있다.

이 책에서 주목할 것은 한국이 경제발전에 성공한 요인이다. 이 책에서는 성공 요인으로 ① 경제개발 계획의 성공적 실천, ② 시장친화적 민간 중심의 경제발전, ③ 대외지향적 성장과 개방 정책, ④ 창업 1세대 민간 기업인의 등장 등을 드는데, 이 중 둘째, 넷째 요인이 시장주의 사관의 요체라 할 수 있다.

먼저 시장친화적 민간 중심의 경제발전에서는, 한국의 경제개발 계획은 주로 정부가 정책의 방향을 제시하고 민간 경제 주체들에게 유인을 제공해 이를 통해 정책 목표를 달성하려는 특징을 지니고 있다고 적고 있다. 1960년대 수출 촉진 정책의 경우 어느 품목을 어느 지역에 수출할 것인가를 대부분 민간 사업자들이 결정했으며, 1970년대 이후 중화학공업 육성 정책에서도 정부가 직접 기업을 운영하지 않고 민간 기업인에게 사업권을 부여하고 이를 지원하는 방식을 채택한 점이 다른 개발도상국과 다르다는 것이다. 포항제철을 제외하고는 중화학공업 분야의 주요 기업들이 대부분 민간 기업 형태로 소유·운영되었기 때문에 장기적으로 민간 경영의 효율성과 수익성을 유지할 수 있었다는 것이다. 경제성장에서의 시장의 역할을 매우 적극적으로 해석하고 있음

5 박효종 외, 『고등학교 한국사 교과서 참고 자료』(전국경제인연합회, 2011), 4~5쪽.

을 알 수 있다.

창업 1세대 민간 기업인에 대해서는, 1960년대 수출 촉진 정책을 추진하는 과정에서 일부 기업인이 두각을 나타내면서 삼성, 현대, 럭키, 선경, 대우 등의 성공 기업을 일구어냈고, 1970년대에 정부가 중화학공업을 민간 기업 체제로 육성하려 했을 때 이 기업인들이 대규모 기업을 경영할 수 있는 검증된 능력과 기업가 정신을 가진 후보자로 선택되었다고 적고 있다.

한국의 경제 성공 사례를 좇으려는 개발도상국에는 우리나라와 같이 창업 1세대라고 불리는 기업가 정신을 가진 능력 있는 기업인이 존재하지 않아 모방에 성공하지 못한다는 것이다. 특히 이병철, 정주영, 박태준과 같이 경제발전을 일군 기업가들의 도전 정신이 경제성장의 바탕에 깔려 있다는 점을 부각한다. 종래에는 경제 성공을 논하면서 시장과 기업의 역할을 이렇게 적극적으로 서술한 경우가 거의 없었다. 이 책은, 뉴라이트의 시장주의 사관은 곧 시장 논리가 국가를 압도하는 신자유주의적 시각의 역사관임을 고스란히 보여준다 할 수 있다.

4. 자유주의와 국가주의의 모순적 공존, 문명사관

뉴라이트는 자유민주주의 가치를 전면에 내세운다. 그들이 보기에 대한민국은 해방 이후 깔린 자유민주주의 체제라는 철도의 레일을 이탈한 적이 없다. 해방 이후 이식된 자유민주주의가 성숙해나가는 데 많은 시간이 걸렸지만 국민의 의식 수준 향상 및 경제성장과 더불어 자기완결적인 모습을 서서히 갖추어나갔다는 것이다. 나아가 뉴라이트는 대한민국이 근대 문명을 성취한 과정에 초점을 맞춘 자유주의 문명사관에 따라 한국 근현대사를 재구성할 것을 천명한다. 뉴라이트 교과서의 주장을 살펴보자.

> 우리는 이 책에서 대한민국이란 나라가 태어나는 역사적 과정에 특별한 애정을 쏟았다. 그것은 이 국가가 인간의 삶을 자유롭고 풍요롭게 만들기에 적합한, 지금까지 알려진 가장 적합한, 자유민주주의와 자유시장경제에 그 기초를 두고 있기 때문이다. 이 나라는 갑자기 솟아난 것이 아니다. 개화기 이래 수많은 선각자가 기울였던 애타는 노력의 소중한 결실로 태어난 나라이다. 전통 문명에 뿌리를 두면서 이식된 근대 문명을 배우고 익힌 수많은 한국인의 피와 땀으로 세워진 나라이다. 그러한 나라가 태어나고 세워지도록 유리한 환경을 제공했던, 이전과 명백하게 달라진, 세계 질서도 마찬가지로 중요하였다.[6]

이를 다시 해석하자면, 뉴라이트는 한국 근현대사를 통해 성공 국가 한국의 발전상을 자랑하고 싶어 한다. 대한민국의 건국은 이제 한민족이 근대 국민국가의 당당한 주체임을 알리고 본격적인 대한민국사의 출발을 선언한 일대 사건이다. 개항기와 일제 시기는 대한민국사의 전사에 불과하며 대한민국 성립의 역사적 의의는 자유민주주의와 시장경제 체제의 확립에 있다. 또한 한미동맹은 한국에서 자유민주주의와 시장경제를 수용·발전시킬 수 있는 기본 조건이다.

뉴라이트에게 특히 한국 현대사는 자유주의 문명사관이 꽃을 피운

---

6 교과서포럼, 『대안 교과서 한국 근·현대사』, 6쪽.

경이로운 역사 자체다. 1948년 8월 15일 대한민국이 건국된 이래 자유민주주의, 시장경제 원칙, 평등주의 등이 본격적으로 도입·정착되었고, 교육 수준이 획기적으로 향상되었으며, 미국 등 선진국과의 문물교류가 확대되면서 전대미문의 경제발전, 정치 민주화 및 사회 평등화 등이 이루어졌기 때문이다. 뉴라이트가 주창하는 자유주의 문명사관의 핵심어는 자유민주주의와 자유시장경제다. 통일도 이 두 가지를 실현할 수 있을 때 의미가 있으며 반드시 대한민국이 주체로 나서야 한다고 주장한다.

이에 대해 역사학계는 자본주의가 곧 문명이라는 사관은 황당한 발상이라고 비판한다. 뉴라이트는 개항 이후 한국사를 문명화의 역사로 규정하는데, 그들이 제시한 문명의 요건은 사유재산권과 계약의 자유 등 자본주의의 요건과 동일하다. 이에 따르면 한국의 자본주의화에 잘 적응한 자들이 한국의 문명화를 이끈 역사의 주인공이 되는 셈이다.

반면 뉴라이트는 북한을 반문명사회로 본다. 이영훈은 인간 정신의 자유를 철저히 말살하면서 인민을 기아의 늪으로 몰아넣는 북한의 수령 체제는 처음부터 인간 본성을 거스르는 반(反)문명이었다고 단언한다. 이에 반해 남한의 민주주의와 시장경제는 인간 본성인 자유와 이기심이 한껏 고양된 가운데 한반도에서 문명사가 시작된 이래로 최대의 물질적·정신적 성과를 축적했다는 것이다. 북한은 결국 망한다는 게 뉴라이트 반북주의의 결론이다. 북한 붕괴에 대해서는 조기붕괴론보다는 언제 붕괴할지 모르지만 서서히 국가 해체를 향한 과정을 겪고 있다는 점진적 국가해체론의 입장이 다수였으나, 이명박 정부 시절부터는 급변 사태로 인한 북한의 붕괴를 예견하는 목소리가 높아졌다.

이와 같은 문명사관적 입장을 이주영은 대륙문명권에서 해양문명권으로 전환되고 있다는 논리로 설명한다.

> 오랫동안 한민족은 중국의 대륙문명권과의 접촉을 통해 선진문명을 받아들여왔다. 그 전통은 오늘날까지도 북한에 의해 계승되고 있다. 그렇지만 남한은 문명 수입원을 일본과 미국의 해양문명권으로 바꾸는 일대 '문명사적 전환'을 이룩하게 되었다. 해방 이후 60년 동안 남한이 북한에 비해 유난히 격렬한 정치적 파동과 사회적 혼란을 계속 겪은 것은 새로운 해양문명권에 적응하는 과정에 따르는 진통의 표현이었다. 어떻든 간에 남한은 해양문명에 적응하는 데 성공했고 그 대가로 비약적인 경제 성장을 달성하게 되었다. 반대로 북한은 대륙문명권에 계속 머물러 있음으로써 안정을 누릴 수 있었지만 발전의 계기는 찾지 못했던 것이다.[7]

대한민국 성공 스토리를 자랑스럽게 생각하면서도 내적 동력 없이 해양으로부터 온 외적 동력에 의해 성장했다고 주장하고 있는 것이다.

뉴라이트는 자유주의를 내세우는 동시에 국가주의를 강조한다. 자유주의와 국가주의는 사실상 공존하기 어렵다. 하지만 현실을 긍정하고 나아가 미화하는 문명사관적 관점에서는 두 이념의 양립이 가능하다. '대한민국은 자유주의에 기반을 두고 문명을 꽃피운 자랑스러운 나라이다'라는 명제가 이를 잘 말해준다.

그러므로 뉴라이트는 건국절 제정에는 실패했으나 그들에게 건국의 의미를 더없이 소중하다. 노무현 대통령과 이명박 대통령의 경축사를 비교해보자. 2007년 노무현 대통령은 광복절 경축사를 "존경하는 국민

---

7 이주영, 「한국근현대사 교과서의 역사인식」, 『한국 근현대사 교과서의 '독립운동사' 서술과 쟁점』(경인문화사, 2006), 16~17쪽.

여러분, 북녘 동포와 700만 해외 동포 여러분"으로 시작했다. 이어 "62년 전 오늘, 우리 민족은 일본 제국주의의 압제에서 해방되었습니다. 그날 우리는 가슴 벅찬 기쁨으로 서로 얼싸안고 감격의 눈물을 흘렸습니다"라고 언급해 해방으로서의 광복절의 의미를 되새겼다. 다음해인 2008년 이명박 대통령의 광복절 경축사는 "존경하는 국민 여러분, 재외 동포와 국가유공자, 그리고 내외 귀빈 여러분"으로 시작되었다. 북녘 동포가 사라진 것이다. 이어 "60년 전 오늘 바로 이 자리에서 대한민국 정부 수립이 선포되었습니다"라고 해서 건국으로서의 광복절의 의미를 부각시켰다.

> 저는 오늘 분명히 말하고자 합니다. 대한민국 건국 60년은 성공의 역사였습니다. 발전의 역사였습니다. 기적의 역사였습니다. …… 건국 60년 우리는 자유의 가치를 지키기 위해 자유를 위협하는 모든 것들과 당당히 싸워왔습니다.

이주영은 민족주의 명분에서 보면 북한이 옳아 보이고 자유주의 명분에서 보면 남한이 옳아 보인다고 주장한다. 민족 정체성을 거론하면 곧바로 종북이 되는 논리가 여기에서 나오는 것이다.

뉴라이트의 역사 인식은 1948년 8월 15일에 건국의 의미를 부여하는 데서 응축되어 나타난다. 뉴라이트는 자유주의와 국가주의를 동시에 강조하는 형용모순 속에 '대한민국은 자랑스럽다'라는 잣대로 역사를 바라본다. 나아가 뉴라이트는 건국절로 상징되는 대한민국 국가 정체성을 만들어낸 애국적 영웅으로 이승만을 내세운다. 1990년대부터 약동한 이승만 영웅화 프로젝트는 2011년 이승만 동상 제막으로 설성을 이루었다. 이승만 대통령 동상 제막식에서는 "건국 대통령 이승만 박사의 역사적 업적을 폄하하고 음해하는 것은 대한민국의 역사적 정통성과 국가 정체성을 부정하는 일"임이 선언되었다. 뉴라이트의 이승만 영웅화 프로젝트는 '이승만=독재자'의 이미지를 만든 1950년대도 이승만이 대통령이었기에 어느 정도 발전했다는 주장으로 이어진다. "만일 당시 김구가 대통령이었다면 어떻게 되었을지 걱정된다"라는 발언까지 등장한다.

5. 분단 현실에 갇힌 반북주의 사관

해방 이후 좌우 갈등을 겪고 남북이 분단되는 과정을 거친 뒤 남한에서 최종 승리한 반공 세력은 자신들의 이데올로기로 반공주의를 내세웠다. 이후 50년 넘게 권력을 장악한 반공 세력, 즉 보수 세력의 '절대정신'인 반공주의에 균열을 낸 것은 김대중 정부가 추진한 햇볕정책이었다.

21세기 들어 세계적으로는 탈냉전의 흐름 속에 반공 시대가 저물어갔으나 한반도 차원에서는 반북주의의 이름으로 반공주의가 온존했다. 여기에는 남북 대결보다는 남북 평화의 돌파구를 마련하려는 진보 세력에게 정권을 빼앗긴 보수 세력의 경계심과 반발, 북한의 핵과 미사일 개발로 인한 북미 관계의 악화가 원인으로 작용했다고 볼 수 있다. 또 보수의 권력 상실감이 대북 증오감으로 응집되면서 반북주의는 더욱 공고해져갔다.

뉴라이트 계열의 계간지인 ≪시대정신≫ 2006년 가을호에는 다음과 같은 흥미로운 주장이 실려 있다.

> 반공주의는 이처럼 정치적 반대파를 공격하는 수단으로 이용하고 싶은 유혹의 대상이 된다. 정적에 대해서는 몇 가지 그럴듯한 증거를 동원해 '좌파'라고 규정하면, 이익이 생길 경우 경쟁적인 양상을 띠기도 하는데, 선명성 논쟁이 항상 그렇듯이 부메랑 효과가 발생하면서 자기파괴적 결과로 흐르기 쉽다. 이런 시도가 한국사회 전체적으로는 이미 지지받지 못하는 행위가 되었음에도 불구하고 제1야당(한나라당 _필자)에서 발견되는 것은 시대 지체 현상의 하나일 것이다.[8]

이렇게 뉴라이트는 자유주의를 전면에 내세우면서 보수의 이념적 보루인 반공주의와 거리를 두려 한다. 남북 관계와 국가보안법 문제에서 다소 유연한 입장을 개진한 이유도 과거 반공주의와 차별화하기 위해서였다. 올드라이트가 반공주의를 절대시하고 북한을 척결 대상으로 보았다면, 뉴라이트는 공산주의가 자유시장경제에 부합하지 않기에 반공주의를 수용하며 남한 민주화의 연장선상에서 북한의 민주화를 도모한다는 것이다. '주의나 주장, 이론의 옳고 그름을 따지지 않고 공산주의와 얼마나 가까운지를 기준으로 판단하는 반공주의'를 지양하는 뉴라이트에게는 반공과 반북은 없고 오직 반(反)수령만 있을 뿐이라는 주장도 등장했다.

하지만 이러한 이론적 노선과 구체적 실천은 괴리를 보였다. 보수 단체 이데올로기 개념 구조를 분석한 연구에서 뉴라이트 단체의 반공 이

---

8 홍진표, 「반공주의와 사상적 다원주의」, ≪시대정신≫, 가을호(2006), 122쪽.

데올로기 표출을 분석한 결과를 살펴보면, 뉴라이트에 속한 선진화국민회의와 뉴라이트전국연합에서 반공 개념을 사용하는 빈도가 올드라이트인 한국기독교총연합회보다 더 빈번한 것으로 나타났다. 뉴라이트는 자유시장경제를 옹호하는 입장에서 반공주의를 수용함으로써 올드라이트와 반공주의 연대를 구축했다. 뉴라이트와 올드라이트의 반공주의 연대의 양상은 반북주의로 구체화되어 나타났다. 뉴라이트의 반북주의 노선은 뉴라이트가 탄생할 때부터 이미 잉태되어 있었다.

뉴라이트의 출현과 결집을 초래한 사건 중 하나가 김대중 정부가 성사시킨 6·15 남북정상회담이었다. 김대중 정부의 햇볕정책을 경계하던 보수 세력에게 정상회담은 도저히 받아들일 수 없는 현실이었다. 남한을 위협하는 호전적인 적과의 동침이기 때문이었다. 그리고 보수 세력은 김대중 정부와 노무현 정부 내내 북한에 대한 인도적 물자 지원의 사용처를 의심하며 이를 군수품 조달이라고 비판했다. 사실상 대북 문제는 이 두 정권에서 줄곧 보수와 진보를 가르는 전선이었고, 뉴라이트도 이런 점에서 올드라이트와 한 배를 타고 있었다. 뉴라이트 역시 햇볕정책에 대해 국내적으로는 반공주의와 안보 의식을 잠식하고 국제적으로는 한미 관계를 약화시켰으며 북한 인권 문제와 김정일 정권의 실상을 외면함으로써 좌파 정권의 모순을 노정한 실패한 정책이라고 비판했다.

미국의 신보수주의 역사에서는 자유주의적 반공주의가 존재했다. 1980년대까지 미국의 신보수주의는 전통적 우파 보수주의와 같이 반공주의를 고수하면서도 정부의 적극적인 개입을 통해 복지국가를 실현하고 사회적 정의의 점진적 구현을 도모하려는 뉴딜 자유주의를 고수했다. 그런데 뉴라이트는 올드라이트와의 반공주의 연대를 통해 공격

대상이자 경쟁 대상인 역사학계를 종북으로 몰아갔다. '종북은 우리 시대의 몽매주의요 반동적 모험주의이자 전복주의일 뿐, 결코 진보로 대우받을 수 없다. 대한민국은 종북의 준동으로 지성의 착란, 국가적 분열, 자유민주주의적 체제의 위기에 직면하고 있다'라는 것이었다. 반북주의보다 강렬한 종북주의의 등장은 진영 간 이념 갈등의 골이 더욱 깊어지고 있음을 상징한다.

뉴라이트의 반북주의 사관은 뉴라이트 교과서에 잘 드러나 있다. 기존 한국사 교과서들이 북한사를 한국 현대사의 틀에 넣어 서술한 것과 달리 뉴라이트 교과서는 맨 마지막에 보론으로 배치했다. 북한사는 대한민국사가 아니라는 것이다. 북한의 건국, 한국전쟁과 전체주의 체제의 시작, 국방·경제 병진과 주체사상의 등장, 권력 세습과 김정일 시대의 개막, 탈냉전시대의 도래와 북한의 위기 등의 순으로 서술되었는데, 특히 탈냉전 이후 북한의 위기 부분에서는 탈북 행렬, 국가 주도의 범죄 활동, 무너지는 수령 체제 등의 항목을 두어 북한의 현재를 붕괴론적 시각에서 서술하고 있다.

뉴라이트 학자 이영훈이 쓴 『대한민국 역사』에서는 뉴라이트 교과서처럼 맨 끝에 별도의 장을 두어 북한 역사를 서술했다. 뉴라이트 계열의 학자들이 쓴 『한국 현대사』의 경우 북한사가 아예 없고 남북 관계만 서술되어 있다. 앞으로는 뉴라이트의 역사 인식에서 북한사를 제외한 한국 현대사의 틀이 고정될 개연성이 적지 않다.

또한 뉴라이트 교과서는 시장주의 사관에 반북주의 사관을 덧붙여 시장경제를 공산주의와 대비시키고 남한을 북한과 비교함으로써 북한을 비판하고 있다.

지난 60년간 세계사는 개인의 자유와 재산권을 존중하고 그것을 국가 체제의 기본 원리로 채택한 자유민주주의와 시장경제의 체제가 인간의 물질적 복지와 정신적 행복을 증진하는 올바른 방향이었음을 보여주었다. 모두가 골고루 잘산다는 공산주의 이상은 자유와 이기심이라는 인간의 본성에 맞지 않았다. …… 공산주의 체제는 1980년대 이후 소련, 중국과 같은 주요 공산주의 국가들이 시장경제 체제로 전환함에 따라 해체되고 말았다. 그러나 북한은 아직도 공산주의 체제를 고수하고 있으며 그에 따라 정치적 억압과 경제적 빈곤이 계속되고 있다.[9]

2013년에 가장 뜨거운 논쟁거리였던 교학사 교과서에서는 이보다 더 강화된 반북주의 사관을 제시했다. 교학사 교과서에는 자유 민주 세력과 공산주의 세력의 대립을 강조하는 반공주의가 현대사 서술을 관통하고 있다.

대한민국은 자유와 독립을 위한 오랜 노력과 투쟁 끝에 성립되었다. 제2차 세계대전이 연합국의 승리로 끝나면서 자주독립국으로 새 출발을 하게 되었다. 그러나 자유 민주 세력과 공산주의 세력이 대립했다. 결국 남북이 각각 다른 체제의 정부를 구성했다. 대한민국은 건국한 지 2년도 안 되어 공산 세력의 침략을 받는 국가적 위기에 처하기도 했다. 그러나 모든 난관을 극복하고 산업화, 민주화, 선진화를 달성하는 기적을 이루었다. 반면 공산주의 체제의 북한은 세계 최빈국이 되었다.[10]

9 교과서포럼, 『대안 교과서 한국 근·현대사』, 148쪽.

10 권희영 외, 『고등학교 한국사』(교학사, 2014), 298쪽.

무엇보다 반북주의가 강렬하다. 예를 들면, 친일파 청산이 무산된 이유에 대해 경찰이 치안 유지와 공산 세력 저지에 대한 공적을 주장하며 반발했기 때문이라고 밝힘으로써 반공(북)주의적 시각에서 우회적으로 공감하는 태도를 취하고 있다.

1948년 이후 대한민국사에서도 북한 공산주의는 늘 위협적이고 사사건건 현실에 개입하는 주체로 그려진다. 교학사 교과서는 대한민국은 건국 과정부터 공산주의의 도전을 강하게 받았다고 쓰고 있다. 농지개혁도 공산주의 세력이 민중에 침투하는 것을 방지하기 위한 조치였다고 설명된다. 민주주의 발전 과정에서도 북한은 늘 질곡의 대상으로 묘사된다. 1960년에 민주당 정부하에서 각종 개혁이 실시될 때도 김일성은 남북연방제를 제안하는 등 은밀한 적화를 기도했다는 것이다. 그럼에도 장면 정부는 적절히 대응하지 못했다고 비판한다. 북한과의 대치 상황에서 군비 축소를 약속하고, 사회적으로 치안이 어려운 상황에서 4500여 명의 경찰을 해고하며, 경찰력의 대부분을 타지로 전출시키는 등 경찰의 치안 능력을 약화시켜 혼란을 자초했다는 것이다.

박정희 정부의 경제개발 계획 추진에 대해서도 "박정희는 공산주의와의 대결에서 승리하려면 경제적으로 그들을 압도할 수 있어야 한다고 생각했다"라고 쓰고 있다. 또한 10월유신의 원인으로 북한의 끊임없는 남한 공산주의화 시도를 꼽는다. 1960년대에 북한은 남한을 공산화하려는 정책을 더욱 적극적으로 추진해 1·21사태 등을 저질렀는데, 그럼에도 불구하고 미국이 주한 미군 1개 사단 철수를 결정하자 결국 박정희가 1971년 12월 국가 비상사태를 선언하고 국민들을 쉽게 통제·동원하기 위해 1972년 10월유신을 단행했다는 것이다. 또한 북한은 유신체제를 교란하기 위해 계속 도발을 했는데, 이는 유신체제를 지속시키는 명분을 부여함과 동시에 남한 사회의 긴장을 강화시켰다고 쓰고 있다.

북한사에 관한 직접 서술 가운데 다른 한국사 교과서와 또렷이 구별되는 지점은 무엇보다 북한의 인권 문제에 관한 서술이다.

> 북한의 인권 상황은 세계 최악의 인권 위반 국가가 되었다. 북한의 전체주의 체제 자체가 국민들의 자유를 극도로 억압하고 모든 것을 통제할 뿐만 아니라 반인류적인 만행도 서슴없이 저지르고 있기 때문이다. 북한은 체제를 의심하는 사람들을 수용소에 가두거나 공개 처형을 행하고 기본권을 제약하며 체제에 대한 충성의 정도에 따라 신분을 나누고 있다. 아사 위기에 처하고 체제의 탄압에 견디다 못한 북한 주민들이 탈북했지만 통제가 강화되면서 많은 사람들이 희생당하는 상황이다.[11]

이처럼 뉴라이트는 역사 교과서 논쟁 속에서 반북주의 사관에 기대어 북한을 비판하는 데 그치지 않고, 대한민국의 정통성을 강조하고 경제성장의 성과를 내세우거나 독재 또는 권위주의 체제를 수긍하기도 하면서 반공주의를 재생산하고 있다.

---

11 같은 책, 346쪽.

극우의 역사 서술 전략과 『제국의 위안부』*

역사적 사건의 상대화

신동규 | 창원대학교 사학과

1. '위안부'의 새로운 이미지

박유하의 『제국의 위안부』가 논란이 되고 있다. 박유하는 이 책에서 다른 점령지와는 다른 조선과 일본의 특수한 관계에 주목하면서 한반도를 일본 '제국'의 한 부분으로 파악한다. 그리고 전쟁 중 전선으로 동원된 조선의 여성들을 '조선인' 위안부가 아닌 '제국'의 위안부로 설정한다. 식민지 조선을 일본의 일부로 인식하는 것은 우리식 민족주의에서 벗어난 서구 학계에서는 이미 보편화된 시각이다. 식민지를 경험한 대부분의 한국인에게는 다소 불편할 수도 있는 이러한 관점이 객관적인 역사적 사실에 기초한 개념화의 산물임에도 불구하고 뜨거운 사회적 논쟁을 불러일으키는 이유는 무엇일까? 바로 이 설정이 일본이 조선

* 이 글은 2016년 ≪사총≫ 88권에 「홀로코스트 부정의 논리와 박유하의 『제국의 위안부』: 비역사적 내러티브 구축을 통한 집단기억과 집단망각에 대한 도전」이라는 제목으로 게재된 글을 수정·보완한 것이다.

인 위안부를 강제 모집했다는 것은 신화화된 담론에 불과하다는 주장을 담는 그릇으로 활용되고 있기 때문이다. 단일한 위안부 이미지는 사실과 배치되는 허구라는 박유하의 주장은 매우 중요한 인식의 전환이다. 그럼에도 불구하고 '제국'이라는 수식어를 통해 피식민자들이 가지는 피해의 기억을 지우고 제국과 신민 사이에 형성된 연민의 기억을 끄집어내는 것은 논란을 일으킬 수밖에 없다. 박유하가 주장하듯 청순한 소녀의 이미지가 위안부를 대표하는 이미지가 될 수 없다면 『제국의 위안부』가 그려낸 이미지도 전선으로 동원된 여성들을 상징하는 유일한 언표가 될 수 없기는 마찬가지이기 때문이다.

박유하는 21세기 대한민국의 코페르니쿠스인가? 아니면 일본의 역사수정주의자들을 대변하는 한국의 대리인에 불과한가? 집단 기억과 집단 감정에 대한 박유하의 도전을 과연 어떻게 평가할 것인가? 언론들은 『제국의 위안부』를 둘러싼 사법적 분쟁에 대해 보도하면서 박유하가 시도한 담론 재구축을 '사건화'시켰다. 결국 이 '사건화'는 이 한 권의 책에 역사적 의미와 현재적 의미를 동시에 부여하면서 여타의 학문적 논의와는 다른 방향으로 논쟁을 이끌어내고 있다. 이 논의는 태생적으로 학문의 장을 벗어날 수밖에 없는 조건에 놓여 있지만, 『제국의 위안부』가 가진 지적 계보의 특징은 학문의 장에서 반드시 논의되어야 한다. 따라서 이 글에서는 이 책에 함의된 역사 인식을 홀로코스트를 부정하는 논리와 비교함으로써 '위안부=피해자'라는 인식과 박유하가 스톡홀름 신드롬에 도취된 듯한 가련한 여인으로 묘사한 '제국의 위안부' 사이에 존재하는 간극을 좀 더 명확하게 이해하고자 한다.

2. 박유하의 '포주'와 부정주의자들의 '카포'

박유하는 새롭게 재편된 제국의 질서 속에서 조선인 여성과 일본군 간의 매개자 역할을 했던 '매춘업자' 또는 '포주'에게 성적 착취의 책임을 돌리고 있다. 요컨대 『제국의 위안부』에서 박유하는 피해의 기억이 아닌 연민의 기억을 강조하면서 조선인 종군 위안부와 일본군의 관계를 '동지'이자 '협력자'로 정의하고, 폭력의 책임은 민간인 '업자'에게로 돌린다. 결국 일본 정부에 전쟁 범죄에 대한 책임 – 특히 법적 책임 – 을 물을 수 없다는 것이 이 책의 주요 논지 중 하나다. 박유하의 논리는 '조선인 위안부' 피해자의 경험을 담론화하고 있는 21세기 대한민국의 집단 기억을 허구에 기반을 둔 왜곡된 서사 구조로 규정하고 이에 대한 과감한 해체를 시도한다. 박유하는 식민지 경험으로부터 비롯된 집단 기억이 만들어낸 '위안소'의 이미지를 강압과 폭력의 공간이 아닌 사랑과 연민의 자리로 미화시킴으로써 이 단어를 통해 형성되는 이미지를 로맨틱한 미지의 세계에 대한 상상으로 대체시켰다. 그리고 저자는 일본군 병사들에 대해 연민의 감정을 가질 수밖에 없었다고 단언하는 식민지 조선인 '위안부'들의 '경험'을 새롭게 역사의 장으로 끄집어냄으로써 새로운 기억 질서를 구축하려 시도한다. 이는 감추어졌던 또 다른 기억에 역사적 의미를 부여하려는 것이다.

박유하의 이러한 접근 방식은 나치에 의한 유대인 학살은 역사적 날조라고 주장하는 부정주의자(négationiste)들의 논리와 유사성을 가진다. 부정주의자들은 자신들의 관점에 대해서 역사적 수정주의(révisionisme historique)라고 스스로 명명하지만, 과거의 사실을 재해석하는 일반적인 수정주의적 관점과는 다르게 과거 사실의 존재 자체를 거부한다는 특징을 가진다. 따라서 프랑스의 역사가 앙리 루소(Henri Rousso)는 이들의 논리 구조를 부정주의(négationisme)라고 부른다.[1] 부정주의자들은 집단 수용소 수감자 중 일종의 감독관 역할을 위해 선택된 공산주의자나 유대인에게 주목한다. 즉, 부정주의자들은 이른바 완장을 찬 수감자인 '카포(Kapo)'를 통해 공산주의자들의 일상적 폭력성을 강조하고 나치의 범죄에 면죄부를 주는 논리를 만들었다. 집단수용소에서 폭력의 행사자는 독일군이 아니라 같은 처지의 수감자였다는 것이다.

우리가 박유하의 『제국의 위안부』에서 발견하는 조선인 '매춘업자' 또는 '포주'는 부정주의자들의 논리와 동일한 효과를 내는 장치 역할을 한다. 한때 나치에 저항했다는 이유로 수용소에 수감된 공산주의자나 유대인 '카포', 그리고 '조선인 남자'와 '유괴범' 같은 협력자들이 등장하는 새로운 이야기들은 주류 담론이 만든 집단 기억에서는 배제되었던 역사적 사실임에는 틀림없다. 그러나 이러한 새로운 이야기들도 역사를 구성하는 다양한 이야기 가운데 한 부분을 차지할 뿐이라는 사실을 고려해야 할 것이다. 즉, 카포와 포주를 배제했던 주류 담론을 구성하는 이야기와의 관계에서 이 새로운 이야기들의 의미를 파악해야만 한다.

독일의 나치보다 더 나쁜 유대인과 일본의 군국주의자보다 더 악독한 조선인의 존재를 우리는 어떻게 이해해야 할까?

자신이 독일의 부헨발트수용소에서 겪은 경험을 바탕으로 카포의 폭력성을 강조했던 폴 라시니에(Paul Rassinier)를 통해 부정주의자들이 나치보다 더 나쁜 유대인과 공산주의자의 이미지를 만들어냈다면, 같

---

1 Henri Rousso, *Le Syndrome de Vichy*(Paris: Le Seuil, 1990), p. 176. 초판은 1987년에 발행되었다. 국내에서는 '홀로코스트 부정'을 '부정론'이라고 번역해 소개하고 있다. 단순한 홀로코스트 부정과 이데올로기 체계로서의 부정주의는 구분해서 이해할 필요가 있다.

은 아우슈비츠의 경험을 가지고 있던 프리모 레비(Primo Levi)의 기록은 부정주의자들의 논리와 상반된 견해를 제시한다는 사실에 주목할 필요가 있다. 레비는 "수용소 체계는 그 기원에서부터 상대의 저항 능력을 분쇄하려는 주된 목표를 가지고 있었음을 기억할 필요가 있다"라고 강조한다.[2] 즉, 카포는 '협력의 회색지대'에서 연명하는 전형적인 회색인간인 것이다. 결국 레비의 기록에 따르면 폭력을 수행하는 카포의 행위는 수용소의 감시체계가 만들어낸 결과물로, 이 폭력의 정점에는 나치가 통제하는 독일 국가가 있었다는 결론에 도달하게 된다. 이것은 부정주의자들이 말하듯이 카포를 폭력의 능동적 주체로 해석하는 것이 옳지 않다는 논리적 근거를 제공한다. 레비의 주장은 민족사회주의(Nationalsozialismus)가 만들어낸 강제 시스템이 개인을 통제하는 방식을 살펴봄으로써 부정주의자들이 드러내고자 했던 폭력의 능동성이 가지는 의미를 파악해야만 한다고 강조한다.

레비의 인식 체계를 이해하기 위해서는 나치의 집단 수용소에서 카포를 이용하는 방식이 근대국가에서 이루어지는 통치 행위의 본질인 '누군가를 인도하기'와 닮아 있다는 점에 주목할 필요가 있다.[3] 즉, 카포가 자발적으로 순응하고 자기통제적 규율을 스스로 만들어가는 과정(auto-disciplinaire)을 통해 집단 수용소 안에서 수감자 전체를 효율적으로 통제하는 질서가 구현되는 상태가 만들어진 것이다. 이를 위해 수용소의 감시체계는 각종 장치를 만들어 각 개인의 사유체계와 행동양식을 통제한다.[4] 레비의 기록과 미셸 푸코(Michel Foucault)의 사유는 폭력

---

2 프리모 레비, 『가라앉은 자와 구조된 자』, 이소영 옮김(돌베개, 2014), 42쪽.
3 Michel Foucault, *Sécurité, Territoire, Population*(Paris: Gallimard, 2004), p. 124.
4 Michel Foucault, *Il faut défendre la société*(Paris: Gallimard, 1997), p. 164.

의 주체를 나치와 일본 제국주의에서 '선택받은 피해자' 집단과 '우리 안의 협력자'로 바꾸어버리는 새로운 이야기들을 어떻게 평가할 것인가라는 질문으로 우리를 이끈다.

박유하는 『제국의 위안부』에서 일본군을 "구조적 강제성"의 주체로 규정한다. 또한 동시에 "현실적 강제성"의 주체인 "업자 등의 중간 매개자들"의 "죄나 범죄를 묻지 않을 수 없는 일이다"라고 강조한다.[5] 그러나 박유하는 구조적 강제성과 현실적 강제성 사이의 역학 관계보다 "현실적인 강제성의 주체가 각각 누구였는지를" 보는 데 치중한다.[6] 결국 박유하의 분석은 레비의 인식과 푸코의 사유에서 멀어지는 대신, 현실적 강제성의 주체를 드러내 보이는 새로운 내러티브를 구성하는 데 집중한다. 이 새로운 내러티브는 선과 악의 이분법을 극복하는 데 목적이 있는 듯하다. 그러나 박유하의 시도는 결과적으로 주류 담론에서 절대악으로 규정되는 일본 제국주의 군부의 책임을 희석하고 모두를 악한 자로 만듦으로써 ― 부정주의자들과 마찬가지로 ― 폭력에 대한 책임을 상대화시키는 결과를 초래했다.

3. 역사적 사실의 '상대화하기'에 내포된 정치성

박유하의 '조선인 포주'와 부정주의자들의 '유대인 카포'는 각각 일본 제국주의와 독일 파시즘의 전쟁 범죄를 상대화시킴으로써 역사적 책임

5 박유하, 『제국의 위안부』(뿌리와이파리, 2014), 27쪽.
6 같은 책.

으로부터 자유롭게 만드는 동일한 효과를 발휘한다. 이러한 상대화 전략은 제2차 세계대전 이후 정당성을 잃은 극우 정치세력에 의해 주도되거나 자유주의적 지식인들의 활동을 통해 이루어지면서 극우 정치세력들이 정치적 논쟁에 참여할 기회를 부여했다.

프랑스에서는 1978년 가을 ≪렉스프레스(L'Express)≫지에 비시 정부 시기 유대인 문제를 관장한 루이-다르키에 드 펠르푸아(Louis-Darquier de Pellepoix)의 인터뷰가 실리면서 홀로코스트에 대한 논쟁이 이어졌다. 루이-다르키에 드 펠르푸아가 이 인터뷰에서 "아우슈비츠에서는 …… 이를 박멸하기 위해 가스를 살포했습니다"라고 주장하자, 리옹대학교의 프랑스 문학교수 로베르 포리송(Robert Faurrisson)이 바로 일간지 ≪파리의 아침(Le Matin de Paris)≫과 ≪르 몽드(Le Monde)≫를 통해 아우슈비츠 수용소에 설치했던 가스실의 존재를 부정하는 글을 실었다.[7] 해를 거듭해 진행된 이 논쟁은 유대계 역사가로 홀로코스트를 부정하는 역사관을 비판했던 피에르 비달-나케(Pierre Vidal-Naquet)의 『기억의 암살자들(Les assassins de la mémoire)』의 출간으로 이어졌다.[8] 이후 역사가 앙리 루소는 홀로코스트 부정을 수정주의로 정의하는 역사 인식과 주장을 일반적인 역사 재해석과는 구분되는 하나의 이데올로기 체계로 규정하고, 이러한 담론 질서를 역사적 사실에 대한 새로운 해석이라기보다는 역사적 실재를 인정하지 않는다는 의미에서 부정주의라고 명명했다. 비전문가 집단 — 행위자와 문학 교수 집단 — 이 만들어낸 담론을 통해

7 이 논쟁에 관해서는 신동규, 「프랑스 부정주의의 논리: 홀로코스트에 대한 인식과 해석」, ≪역사와 문화≫, 28호(2014), 102~103쪽 참조. 루이-다르키에 드 펠르푸아의 인터뷰도 이 논문에서 재인용했다.

8 Pierre Vidal-Naquet, *Les assassins de la mémoire*(Paris: Maspero, 1981).

역사적 사실의 존재 자체를 거부한 것이 프랑스에서 일어난 '부정주의' 논쟁의 출발점이었다면, 1986년 독일의 '역사가 논쟁'은 전문적인 역사가를 중심으로 – 앙리 루소가 부정주의와 구분하고자 했던 – 과학적인 역사 방법론의 범주 안에서 일어났다. 다시 말해 독일의 수정주의는 일반적으로 행해지는 – 앙리 루소의 표현을 빌리자면 – 정상적인 학문적 영역의 '역사 다시보기(révision de l'Histoire)'에 가까웠다. 그러나 이러한 차이에도 불구하고 프랑스의 '부정주의' 논쟁과 독일의 '역사가 논쟁'은 동일한 효과를 유발한 일종의 담론 전쟁이었다.

독일의 역사가 논쟁은 에른스트 놀테의 도발적인 질문과 함께 시작되었다. "볼셰비키의 '계급 학살'은 민족사회주의자(Nationalsozialist)들의 '종족 학살'보다 논리적·실제적으로 우선한 것은 아니었는가? …… 아우슈비츠는 어쩌면 그 근원으로 보았을 때 사라지지 않으려는 어떤 과거로부터 유래한 것은 아니었는가?"[9]라는 놀테의 질문은 『유럽의 시민전쟁, 1917~1945(Der europäische Bürgerkrieg, 1917~1945)』(1989)의 문제의식으로 연결되었다. 놀테는 이 책에서 "볼셰비키들은 세계의 부르주아 계급이 멸절될 때까지 러시아 부르주아지의 멸절을 계속 추진해야 할 의도를 갖고 있다고 공공연히 선언"했으며 이는 "말 그대로의 민족 학살"의 의도로 받아들여졌다고 평가했다. 나치의 인종 말살을 볼셰비키의 계급 학살과 등치시키면서 야만성의 근원을 동일시했던 것이다. 결국 독가스 치클론-B를 통한 대량 학살이라는 기술 진보의 요소를 제외하면 홀로코스트는 독일 사회의 내재적 모순이 분출된 결과가 아닌

---

9 Ernst Nolte, *Vergangenheit, die nicht vergehen will*(FAZ vom 6. 6. 1986). 김성희·이덕형, 「역사의 정상화, 국가의 정상화: 독일 '역사가 논쟁'(1986)을 중심으로」, ≪독일어문학≫, 29집(2005), 3쪽에서 재인용.

인류 역사에서 반복적으로 발생하는 보편적 현상이 수렴되어 나타난 역사적 결과물이라는 것이다.

이처럼 놀테는 "민족 학살의 시작은 이미 1917년 제1차 세계대전에서 찾아볼 수 있으며, 독일적인 민족 학살이 결코 유일한 것도 아니"라는 결론에 도달한다.[10] 놀테의 주장은 프랑스 부정주의자들과는 다르게 사실 자체 ― 대량 학살과 독가스 사용 ― 를 인정했다는 차이를 가지지만, 제2차 세계대전에서 나치와 히틀러가 갖는 책임의 절대성을 부정하고 상대화시킨다는 공통점을 가지고 있다. 즉, 독일식 상대화는 홀로코스트를 역사상 무수하게 발생한 제노사이드의 사례 가운데 하나로 파악함으로써 나치와 독일의 특수성을 해체했다면, 프랑스식 상대화는 제2차 세계대전에서 유대인 학살을 지워버림으로써 이 사건을 평범한 전쟁으로 격하시키는 방법으로 동일한 효과를 발휘한다는 것이다.

반유대주의에 의거해 홀로코스트의 실재와 히틀러의 학살 책임을 부정하는 지식인들은 1978년 미국에 세워진 역사재평가연구소를 통해 프랑스, 영국, 독일, 미국을 연결하는 네오 나치주의자들의 범대서양적(transatlantic) 연대를 형성하고 부정주의 담론을 확산시켰다. 일본에는 1990년대에 이와 같은 담론이 수입되었다. 1995년 우익 성향의 분게이슌주사(文藝春秋社)가 발행하는 잡지 ≪마르코 폴로≫에 「전후 세계사 최대의 금기: 나치 '가스실'은 없었다」라는 기사가 실렸다. 놀테에 대한 위르겐 하버마스의 비판으로부터 촉발된 대립을 소개한 『역사가 논쟁』과 피에르 비달-나케의 『기억의 암살자들』이 같은 해에 일본에 번역되어 출판되었다는 사실은 나치의 전쟁 범죄를 상대화하는 유럽의

10 에른스트 놀테, 『유럽의 시민전쟁, 1917~1945』, 유은상 옮김(대학촌, 1996), 496~497쪽.

우파와 일본의 역사수정주의가 갖는 연관성을 상징적으로 보여준다.[11]

≪마르코 폴로≫가 폐간되는 우여곡절을 겪으며 유럽의 부정주의가 일본에 수입된 이후 일본에서는 역사수정주의가 본격적으로 고개를 들기 시작했다. 그 결과 1996년 후지오카 노부카쓰(藤岡信勝)는 남경대학살과 종군 위안부 문제를 통한 '자학사관' 비판을 시작으로 그의 '자유주의 사관'을 발전시키고 이를 토대로 '새로운 역사 교과서를 만드는 모임'을 결성했다.[12] 이렇게 형성된 일본의 역사수정주의는 침략 전쟁과 식민지 지배에 대한 역사 해석에 프랑스식 부정주의와 독일식 역사 재해석을 조화시켰고, 이를 통해 일본의 책임성을 부정하고 일본을 '보통 국가'를 넘어 '우등 국가'로 인식하게 만드는 전략을 취했다.

그러나 일본이 취하는 역사수정주의의 본질적인 특징은 일차적으로 역사적 사실에 대한 부정과 재해석을 통해 특수성을 보편적인 상황으로 만듦으로써 책임으로부터 회피하려는 프랑스와 독일의 전략과 확연히 구분된다는 점이다. 일본의 역사수정주의는 역방향의 상대화를 통해 메이지 시대부터 쇼와 시대까지의 특수성을 부각하는 방법을 택했다. 근대화에 뒤처진 아시아적 상황과 대비되는 일본의 특수성을 구성하는 것이 일본 역사수정주의의 출발점이다. 이는 일본의 식민지 지배와 침략 전쟁에 대한 책임 자체를 부정하는 논리적 대전제를 만들기 위한 담론 전쟁의 전략이었다. 일본은 과거사에 대한 책임 자체를 우선

---

11 石田靖夫 譯,『記憶の暗殺者たち』(京都: 人文書院, 1995)(Les assassins de la mémoire); 三島憲一·德永恂 譯,『過ぎ去ろうとしない過去: ナチズムとドイツ歷史家論争』(京都: 人文書院, 1995)(Historikerstreit: Die Dokumentation der Kontroverse um die Einzigartigkeit der nationalsozialistischen Judenvernichtung).

12 타카하시 테츠야,「부정론의 시대」,『내셔널 히스토리를 넘어서』, 이규수 옮김(삼인, 1999), 263쪽.

부정하고 왜곡된 연역적 추론을 통해 제국주의적 책임으로부터 벗어나는 논리 구조를 갖추었던 것이다.

4. 불명확성을 파고드는 상대화 전략

『제국의 위안부』가 프랑스 부정주의와 아주 유사한 논리 구조를 가지고 있다면, 이것은 우연인가? 아니면 '아시아적' 역사수정주의의 당연한 귀결인가? 제2차 세계대전 중 나치가 저지른 전쟁 범죄에 대한 증거 파괴(문서 소실, 의도적 증거 인멸)와 혐의자들의 범죄 사실 부인 등으로 인해 정확한 피해 상황을 종합할 수 없었다는 점은 역설적이게도 홀로코스트의 실재를 거부하는 부정주의자들의 논리에 근거가 부족하다는 점에도 동일하게 정당성을 부여했다. 홀로코스트에 대한 부정이 희생자의 수가 정확하지 않다는 문제 제기에서 시작되었듯이 박유하의 주장도 이 불명확성에서 출발한다.

> 앞의 기자는 "1943년부터 1945년까지 정신대에 동원된 한일 두 나라의 여성은 모두 20만 명가량이다. 이 가운데 한국의 여성은 5만~7만 명으로 추산된다"라고 말한다. 정신대를 위안부로 혼동한 기자조차 조선인 위안부는 5만~7만 명이라고 말하는 것이다. 일본에서 동원된 정신대가 1944년 2월 시점에서 16만 명이었다고 하지만, 이는 어디까지나 정신대의 숫자였다. …… 그러나 '위안부 20만 명'설은 센다를 비롯한 위안부 문제 연구자와 운동가들이 ≪서울신문≫ 등의 기사를 전적으로 믿은 결과로서 정착되었을 가능성이 크다. 설사 '20만 명'이었다 해도 그 인원을 모

두 군이 강제로 끌어간 것은 아니었다.[13]

수의 불명확성으로부터 출발해 도발적인 문제 제기에 성공한 박유하는 위안부 동원의 책임을 상대화시키기 위해 부정주의자들과 동일한 방법론을 사용한다. 바로 개인의 경험에 의존해 새로운 내러티브를 구성하는 것이다. 이는 모리스 바르데슈(Maurice Bardeche)가 길을 연 방법론이었다. 제2차 세계대전 직후 바르데슈가 비시 정부를 옹호한 일은 한 우익 문필가의 변명에 지나지 않았다. 그러나 폴 라시니에가 아우슈비츠의 경험을 바탕으로 수용소에서 폭력을 행사한 주체를 카포로 지목하면서 공산주의자들의 폭력성이 부각되는 동시에 전쟁 범죄에 대한 나치의 책임성은 상대화되었다. 이는 바르데슈의 주장이 변명이 아닌 객관적 사실로 힘을 얻는 기회가 되었다. 라시니에의 경험담을 이용해 자신의 주장을 객관화할 수 있다는 사실을 깨달은 바르데슈는 장 노르통 크뤼(Jean Norton Cru)의 『증인들(Témoins)』을 인용해, 개인의 경험과 증언을 과학적으로 이용하면 사건을 총체적으로 이해할 수 있는 가능성이 열린다는 사실을 자신의 논지를 전개하는 출발점으로 삼았다.[14]

박유하와 바르데슈는 둘 다 문서화된 사료를 대신해 개인들의 증언을 중심으로 자신들의 주장에 정당성을 부여했다. 개인의 경험을 재현하는 '증언'은 그동안 알려지지 않았던 미시적 사건들을 새롭게 역사의 장으로 끄집어냄으로써 재구성된 사회적 기억이 만들어낸 '구성된 사실'들을 비판할 수 있는 통로를 창출한다. 동시에 증언은 행위 주체(agency)의

13 박유하, 『제국의 위안부』, 49~50쪽.

14 신동규, 「프랑스 부정주의의 논리」, 97~98쪽 참조.

직접 경험을 내러티브 구성으로 연결시킨다. 이렇게 역사의 전면에 드러나지 않던 다양한 행위 주체의 증언을 통해 만들어진 내러티브는 구조와 패러다임에 갇힌 '닫힌 역사 서술'을 넘어 서사의 다양성을 열어준다. 박유하도 개인의 증언을 적극 활용해 새로운 내러티브를 구성했다.

그러나 다른 사건과의 관계를 고려한 시간의 관점(temporal perspective)을 유지할 때 비로소 엄격한 의미의 역사 내러티브(historical narrative)를 구성할 수 있다.[15] 시간성을 엄정하게 고려해야만 일관성 있는 역사 내러티브 구조를 만들 수 있다는 것이다. 『제국의 위안부』에 나타나는 재현의 치명적인 문제는 박유하가 선별한 개인의 파편화된 증언을 통해 역사의 시간선(time line)에서 탈맥락화된 내러티브가 만들어진다는 데 있다. 그 결과 서로 엇갈리는 – 강제 동원의 경험과 연민의 관계 – 증언을 전혀 고려하지 않은 일방적인 내러티브가 완성되었다. 박유하는 역사 내러티브가 완성되기 위해 필요한 정합성(coherence)이 파괴된 절름발이 내러티브를 통해 자신의 주장을 펼치고 있는 것이다.[16]

박유하가 만든 내러티브의 문제점은 특히 일본의 식민지 지배와 침략 전쟁 수행이라는 시간선에서 마지막 지점에 해당하는 사건인 – 비록 위안부 문제는 직접적인 논의 대상이 아니었지만 – '극동 국제 군사재판'이 의미하는 바가 철저하게 무시되었다는 점이다. 바로 이 사건의 역사적 의미가 – 일본의 역사수정주의자들이 그렇듯 – 내러티브의 기획과 구성에서 배제됨으로써 탈맥락화된 비역사적 내러티브가 또 다른 하나의 역사적

---

15 Jerzy Topolski, "Historical narrative: Toward a Coherent structure," *History and Theory*, Vol. 26, No. 4(1987), p. 81.

16 예지 토폴스키가 말한 역사 내러티브의 정합성과 시간 감각에 대해서는 다음을 참조. 최호근, 「내러티브와 역사교육: 역사 내러티브의 구조 이해와 활용을 위한 시론」, ≪역사교육≫, 125호(2013), 102~103쪽.

사실로 간주되는 동시에 역사적 해석의 지위를 부여받았다. 비록 미국의 이해관계에 따라 소극적으로 처벌이 이루어졌지만 '극동 국제 군사재판'이라는 사건을 통해 국가 행위 면책이라는 관념이 부인되었고 '일본 정부는 침략 전쟁에 대한 책임이 있다'라는 명제가 국제적·사법적 판단을 거친 역사적 사실이 되었다. 여기에서 중요한 것은 사법적 판단 자체보다 이러한 결과를 이끈 무수한 '사건들'이다. 즉, 새로운 내러티브를 구성하는 이야기들은 이 사건들과의 관계 속에서 이해되어야만 한다. 그러나 박유하는 일본의 사법적·도덕적·역사적 책임의 유무를 가치 판단의 영역 — 즉, 해석의 영역 —에서 논한다. 이는 일본의 역사수정주의가 역사적 사실을 부정하는 데서 출발하는 것이 아니라, 식민지 지배 과정의 정점에서 수행한 침략 전쟁에 대한 책임을 부정하는 데서부터 논지를 전개시키는 것과 일맥상통한다. 결국 박유하의 '문학 내러티브'는 역사적 '사실'인 일본의 식민지 지배의 책임을 '해석'의 문제로 환원시킨다. 이러한 작업이 가능한 이유는 역사적 인과관계에 의해 만들어진 '사실', 즉 극동 국제 군사재판으로부터 도출된 명제를 부정하거나 무시하기 때문이다.

5. 탈민족주의의 역설

위안부의 강제 동원을 부정하면서 일본 우익의 논리를 따른다는 비판을 받고 있는 박유하를 어떻게 평가해야 할까? 정영환은 『제국의 위안부』가 "식민 지배 책임을 묻는 소리를 부정하려는 욕망에 잘 호응"한다고 평가한다.[17] 따라서 이 책이 일본에서 유통되고 소비되는 현상은 자학사관을 극복하기 위한 이론적 근거의 필요성과 그것에 대한 ─ 좌우를 망라하는 ─ 집단적 열망이 만들어냈다고 주장한다. 역사수정주의와 밀월 관계를 맺고 있으면서도 이를 드러내고 싶지 않은 자유주의 지식인들이 일본 국가의 법적 책임을 면제해주는 논리를 펴는 『제국의 위안부』를 소비하고 있으며, 이로써 이들은 민주주의자로서의 시민적 정체성과 탈아시아적 제국의 국민성이 만든 우월감을 동시에 지킬 수 있게 된다는 것이다.[18] 이처럼 『제국의 위안부』를 중심으로 일본의 자유주의와 극우민족주의, 박유하의 탈민족주의가 적대적 밀월 관계를 형성했다. 특히 『제국의 위안부』와 일본의 역사수정주의 사이에 형성된 친밀한 관계는 독일, 프랑스, 영국, 미국의 네오파시스트들이 서로의 논리를 근거로 홀로코스트 부정의 정당성을 확보해나가는 과정과 매우 유사하다. 즉, 『제국의 위안부』는 자유주의자라는 매개를 통해 일본의 역사수정주의자에게 꼭 필요한 논리를 외부에서 제공하면서 '새로운 역사 교과서를 만드는 모임'으로 요약되는 자유주의 사관에 객관성을 확보해준다. 박유하가 제공하는 논리는 식민지 지배에 대한 책임 부정으로, 이는 바로 수정주의 역사 인식의 출발점이다. 유럽의 부정주의자들의 경우 반유대주의로 표출되는 인종주의가 연대를 형성하는 촉매제 역할을 하는 데 반해, 박유하와 일본 극우는 서로 다른 방향에서 바라보는 민족주의에 의지하고 있다. 박유하의 탈민족주의 또는 반민족주의적 문제의식이 역설적이게도 일본 극우의 논리를 정당화하고 있는 것이다.

---

17 정영환, 「일본군 '위안부' 문제와 1965년 체제의 재심판: 박유하의 『제국의 위안부』 비판」, ≪역사비평≫, 111호(2015), 491쪽.

18 같은 글.

결국 종군 위안부가 전쟁을 수행하는 일본 군인들을 상대했다는 것이 기본적인 논의의 출발점이라면, 각자의 파편화된 기억은 각각의 독립적인 내러티브를 구성하는 재료로 이용되어서는 안 되며 시간선이 명확한 역사적 사실의 의미들 속에서 총체적으로 다루어져야 한다. 집단 기억에 도전하는 박유하가 언급한 모든 새로운 이야기를 '일탈'적 행위의 재현으로 규정할 필요는 없다. 그러나 이 이야기들을 구성하는 개인의 기억과 증언이 서로 어떻게 충돌하고 있으며, 일본의 근대적 국가기구의 폭력성과 어떤 관계를 맺고 있는지에 대한 고려가 전제될 때 다양성을 보여주는 내러티브는 과거를 재구성하는 대항 담론으로서 힘을 가질 수 있다. 그러한 의미에서 박유하가 인식론적 한계로 인해 고립된 개인의 기억 속에 남아 있는 파편화된 경험의 불일치를 어떻게 재현하고 보여주어야 하는가에 대해 진지하게 고민하게 만들었다는 사실은 부인할 수 없다. 이는 박유하가 『제국의 위안부』를 통해 역사가들에게 던진 숙제라고 할 수 있다.

그러나 박유하는 시간 흐름에 따라 정합성이 확보된 역사 내러티브가 아닌 '문학 내러티브'를 통해 집단 기억에서 소외된 파편화된 기억들을 동원해 대항 담론을 형성했다. 역사 서술과 역사 인식의 근거를 유·무형의 사료에서 — 파편화된 — 기억으로 대체시키는 박유하의 시도는 역사적 사실을 소재로 한 새로운 이야기 구조를 만드는 것으로 요약할 수 있다. 이는 역사를 서술하는 것이 아닌 역사를 정치적 — 또는 문학적 — 으로 소비하는 행위라고 할 수 있다. 이러한 특징은 유럽의 역사수정주의자들이 역사를 소비하는 방식과 유사성을 가진다. 이는 분명 경계해야 할 사실이지만, 그럼에도 박유하를 한국적 네오파시스트로 규정할 이유는 없어 보인다.

어쨌든『제국의 위안부』는 역사를 기억으로 대체시키는 효과를 만들어냈다. 이는 집단 감정을 자극해 공동의 기억에 균열을 가할 수 있는 대항 담론 만들기의 출발점으로 볼 수 있다. 이 시도가 성공할지 여부는 아직 더 지켜봐야 할 것이다. 하지만 터무니없는 소리 같았던 부정주의자들의 시도가 반세기가 지난 후 유럽에서 극우 정치세력이 복권하는 것으로 귀결되었다는 사실을 감안하면『제국의 위안부』의 정치성은 긴 시간의 흐름 속에서 읽어내야 한다. 담론의 분쟁은 논리의 적합성보다 대항 담론이 만들어지는 것 자체로 의미를 가지기 때문이다.

| 4부 |

나가는 글

역사 교과서 국정화와 재국정화 소동 이후의 역사 교육

김육훈 | 독산고등학교 역사교사

1. 역사 교과서 국정화: 반복되는 역사

> 국가가 나서서 교육을 일괄 통제하는 것은 사람들을 똑같은 하나의 틀에 맞추어 길러내려는 방편에 불과하다. 국가가 교육을 통해 효과적으로 그리고 성공적으로 국민을 자신의 틀 속에서 집어넣으려 할수록 국가 최고 권력자들의 기쁨도 커진다. 그 결과 권력이 사람들의 정신을 장악하고 그 자연스러운 귀결로서 육체까지 지배하게 된다.[1]

이는 대표적인 자유주의자 존 스튜어트 밀(John Stuart Mill)이 1859년 『자유론(On Liberty)』에서 쓴 말이다. 그는 인성의 개체성, 의견이나 행동 양식의 다양성이 중요하다고 지적한 데 이어 교육에서의 다양성이 얼마나 중요한지를 이와 같이 썼다.

1 한국서양사학회 및 서양사 관련 9개 학회가 2014년 12월 6일 공동으로 발표한 성명서 '한국사 교과서 국정화 시도 중단 및 역사 교육 정상화 촉구'에서 재인용했다.

그런데 160년 전 밀이 우려했던 일이 한국에서 40년을 터울로 두 차례 일어났다. 1974년 박정희가 추진한 역사 교과서 국정화, 그 딸인 박근혜가 2014년부터 시도한 역사 교과서 재국정화 소동이 그것이다.

국정교과서란 "교육부가 저작권을 가진 교과용 도서"[2]를 말한다. 교육부가 저작권자라는 것은 교사나 학자들이 저자 자격으로 글을 쓰긴 하지만 교육부가 얼마든지 고칠 수 있음을 의미한다. 나아가 이 과목 교과서는 오직 국가만 펴낼 수 있기 때문에 이 책에 담긴 역사 이야기가 표준으로 간주되며 학생들에게는 유일한 진리인 양 간주된다.

역사는 과거 자체가 아니라 과거에 대한 선택적 기억을 바탕으로 구성된 이야기다. 따라서 기억의 주체에 따라 형상화되는 역사가 달라진다. 또한 오늘 수많은 사람들이 다른 삶을 살듯이 역사도 본질적으로 복수일 수밖에 없다. 복수의 역사가 가능하며, 해석의 다양성은 당연히 존중받아야 한다. 하지만 국정교과서는 국가가 만들어낸 역사 내러티브를 절대시하고 모든 사람이 똑같이 생각할 것을 요구한다. 이 때문에 역사 교과서 국정화는 역사 연구 또는 교육의 본질과 어긋나며, 민주주의 가치와 정면으로 충돌한다. 그런데 이 같은 일이 민주공화국을 자처하는 대한민국에서 두 번이나 시도되었다. 대체 어찌된 일일까?

2. 괴물의 탄생: 유신독재의 역사 교과서 국정화

해방 이후 중등 역사 교과서는 검정제에 따라 발행되었다. 일제 강점

2 "교과용 도서에 관한 규정"(대통령령 제25185호, 2014년 2월 18일 일부 개정) 2조.

기 동안 조선총독부가 조선 학생을 가르칠 때도 여러 종류의 교과서가 간행되었으니, 해방과 함께 검정제도가 운용된 것은 어쩌면 자연스러운 일이었다.[3] 그런데 유신독재의 시작과 함께 역사 교과서 국정제도가 도입되었다.

국정화의 뿌리를 찾기 위해서는 1971년으로 거슬러 올라가야 한다. 그 해는 대통령 선거와 국회의원 선거가 이어졌다. 박정희는 권력을 유지하는 데 성공했으나, 김대중을 앞세운 야당의 대선 득표율이 매우 높았고 총선에서도 야당의 의석수가 급증했다. 영구집권을 노리던 박정희로서는 심각한 위기감을 느꼈다. 그는 1971년 12월 국가 비상사태를 선언하고 군대를 앞세운 강권 통치를 시작했으며, 1972년 10월에는 아예 유신이라는 유사 파시즘 체제를 선포했다. 이 과정에서 권력의 역사 교육 개입도 갈수록 노골화되었다.

1972년 3월 7일 박정희가 '국적 있는 교육'을 강조하자 대통령 정무비서실은 그 핵심적인 내용으로 '국사교육 강화 방안'을 마련해 대통령에게 보고했다. 이후 국사를 독립교과로 만들고 수업 시수를 대폭 늘렸으며, 대학에서 국사를 교양 필수로 삼고 각종 공무원 선발 시험에 국사를 포함시켰다.

국사교육 강화의 뒤를 이어 교과서 국정화 방안이 마련되었다. 1973년 6월 9일에 청와대 비서실은 국사 교과서 국정화 방안을 마련해 대통령에게 보고했으며, 6월 23일 문교부는 이를 확정해 발표했다. '학계의 연구 성과를 체계화해 학생들에게 객관적이고 일관성 있는 국사교육을

---

3 일제강점기 말 전시 동원 체제 아래서 짧게 국정교과서가 사용된 바 있다. 1945년 이후 일본에서는 초등 역사 교과서도 모두 검정제로 바뀌었는데, 한국은 일제 강점기 이래 계속해서 국정제로 발행되었다.

실시함으로써 국적 있는 교육을 뒷받침한다'라는 구실을 내걸었는데, 이때 마련된 교육과정에는 국정화를 통해 학생들이 갖기 원했던 역사 인식이 잘 드러나 있다.

> — 우리 민족의 발전 과정을 주체적 입장에서 파악시키고, 민족사의 정통성에 대한 인식을 깊게 하며, 문화민족의 후예로서의 자랑을 깊이 하게 한다(중학 국사).
>
> — 국사교육을 통해 올바른 민족사관을 확립시키고 민족적 자부심을 키워서 민족중흥에 이바지하게 한다(고등학교 국사).[4]

'국적 있는 교육'은 유신독재를 상징하는 '한국적 민주주의'의 교육 버전이라 할 만하다. 한국적 민주주의가 민주공화국의 가치를 정면으로 부정한 것처럼 국적 있는 교육은 민족 정체성 함양을 내걸고 민족과 국가 중심의 역사, 북한에 대한 남한의 배타적 정통성, 국가 발전을 위한 개인의 책임과 의무를 다하려는 태도를 역사 교육이 지향할 가치로 삼았다.

물론 권력의 역사 교육 개입, 특히 국사 교과서 국정화에 반대하는 이들은 당시에도 많았다. 워낙에 서슬 시퍼런 시기였던지라 조직적인 반대운동이 일어나지는 않았으나 여러 사람이 언론을 통해 반대 의사를 밝혔다. 그러나 독재 권력은 국정화를 일사불란하게 밀어붙였고 결국 1974년 첫 번째 국정교과서가 선보였다. 그리고 뒤를 이은 군사 독재의 계승자들은 마치 오래 전부터 그래왔던 양 이 제도를 유지했다.

---

4 국가교육과정정보센터(http://www.kice.re.kr/sub/info.do?m=010102&s=kice).

3. 국정교과서 효과: 유신독재가 역사 교육에 남긴 유산

전두환 독재에 맞선 투쟁이 활발해지면서 국정교과서 폐지 운동이 학술·교육 부문에서 민주화운동의 일부로 자리 잡았다. 한국역사연구회와 역사문제연구소를 비롯한 역사학계, 전국역사교사모임을 비롯한 역사 교육계는 박정희·전두환 정권 시기에 발행된 국정교과서를 체계적으로 분석하고 역사 교육의 대안을 탐색하는 가운데 국정교과서 폐기를 주장했다.

학계와 교육계는 대체로 다음 세 부분에서 국정교과서의 문제점을 지적했다. 첫째는 노골적인 정치 편향이다. 5·16이나 전두환의 쿠데타를 비롯한 독재 정치를 미화하는 서술이 매우 많으며, 심지어 사실 관계조차 왜곡했다. 둘째는 역사 인식이다. 배타적 정통성을 내세우며 반북·반공을 민족의 화해 협력보다 강조했으며, 민주화운동이나 민중적 가치를 폄하하거나 왜곡하고 성장·개발 지상주의를 일방적으로 내세웠다. 셋째는 역사 교과서 개발 절차의 왜곡이다. 교육과정 개발과 교과서 집필은 친정권적 인사들이 맡았고, 교과서 내용을 둘러싼 학술적 검토나 의견 수렴이 충분하지 않은 가운데 발행 직전까지 밀실 작업하듯이 교과서를 만들었다.

교육 현장에서 보자면 또 다른 심각한 문제를 안고 있었다. 국정교과서는 학교 역사교육의 내용을 국가가 독점한다는 것을 뜻했고, 이는 교사의 자율적인 교재 구성과 창조적인 수업 설계를 심각하게 제한했다. 교육 권력은 종종 교과서에 나오지 않는 내용을 가르쳤다는 이유로 교사들에게 징계의 칼날을 들이댔고, 국가 수준의 평가를 통해 시시콜콜한 내용을 암기하는지 여부를 평가했다. 교과서는 성전적인 지위를 갖게 되었고 수업은 더 많은 지식을 암기하는 길로 이끄는 일이 되고 말았다. 이로 인해 역사 교육의 본질이 심각하게 훼손되자 교사들은 제도의 힘에 구속되면서도 그로부터의 탈출을 지속적으로 모색했다.

> 우리는 재미없고 욀 것만 많은 교과서, 개설서를 요약한 듯 죽은 지식을 나열한 교과서를 넘어서야 한다고 생각했다. 우리는 인간의 숨결이 살아있는 교과서, 다양한 자료와 볼거리가 있으면서도 잘 디자인된 교과서를 갖고 싶었다. 아이들의 눈으로 세상을 보고 그들이 열어갈 미래가 담겨 있는 그런 교과서를 꿈꿔왔다. 우리는 교과서가 단 한 종류밖에 없어서는 안 된다고 생각했다. 과거에 대한 해석이 하나일 수 없기 때문이다. 우리는 결론만 제시되는 닫힌 교과서는 없어져야 한다고 생각했다. 공부는 저마다 자신의 삶을 기획하는 과정이기 때문이다. 그리하여 우리는 수많은 학생과 교사들이 자유롭게 만나 자신만의 결론을 만들어가는 그런 교과서를 꿈꿔왔다.[5]

'청소년을 위한 대안교과서'를 기치로 역사 교사들이 전국적으로 단결해 만들었던 책의 발간사 중 일부다. 역사 교사들은 이 책의 발간에 즈음해 모든 교사가 저마다 자신의 교재를 만들어 사용하자는 운동을 조직적으로 진행했다.

그러나 유신독재와 함께 시작된 국정교과서는 오래 동안 살아남았다. 2003년부터 사용된 고등학교 『한국근현대사』 교과서가 먼저 검정으로 발행되었고, 마지막까지 남은 중고등학교 『국사』 국정교과서는

---

5 전국역사교사모임, 「발간사」, 『살아있는 한국사 교과서』(휴머니스트, 2002).

무려 2011년까지 현장에 살아있었다. 이 때문에 '국정교과서 효과'라 할 만한 현상이 생겨났다. 역사나 한국사보다 '국사'를 자연스럽게 받아들이고 '국사' 교육은 대한민국의 정통성이나 민족 정체성을 공유함으로써 국민됨을 기르는 과목이며 적어도 국사는 하나의 교과서로 가르치는 것이 옳다는 문화가 만들어진 것이다.

더욱이 국정교과서 내러티브가 표준적인 역사 인식인 양 자리 잡았다. 이제 국정교과서에 담긴 역사인식이 역사 연구의 발전이나 교육의 민주화를 가로막는 문화적 힘으로 기능하는 일이 일어났다. 1994년에 발생한 국사교육 내용 준거안 파동이 좋은 사례다. 이 사건은 1992년 6차 교육과정이 고시된 후 교육부가 최신 역사 연구의 성과를 반영한 새로운 교과서 집필 준거안을 마련하는 과정에서 일어났다. 학계의 중견 연구자들이 참가한 연구 결과가 공개된 직후 ≪조선일보≫, ≪동아일보≫ 등의 보수 언론은 새로운 내용 준거안이 주사파의 역사관을 방불케 한다거나, 북한을 미화하면서 은근히 대한민국의 정통성을 부정하는 듯하다며 격렬하게 비난했다. 그리고 문민정부를 자임하면서 친일과 독재의 역사 청산을 추진했던 김영삼 정부의 역사 인식을 공격하는 데로 나아갔다. 보수 언론의 거센 비판에 직면한 교육당국은 유신의 역사 인식에서 크게 달라지지 않은 채 내용 준거안을 확정했고, 이후에도 교육당국은 별다른 변화를 시도하지 않았다.

4. 교학사 소동과 역사 교과서 재국정화의 출발

'국정교과서 효과'는 2003년 이후 검정 역사 교과서가 등장하면서 변화를 가로막는 힘으로 작동했다. 2003년에는 당시 야당이던 한나라당과 보수 언론이 과거 국정교과서의 역사 인식을 표준으로 삼아 검정 한국 근현대사 교과서의 편향성 시비를 제기했다. 이들은 새 교과서를 향해 '친북, 반미, 반재벌' 관점으로 일관했다고 비판했다. 2007년에 노무현 정부가 중등 역사에서 검정제를 최종 결정하자 ≪조선일보≫가 사설을 통해 검정화 반대 의견을 내놓은 것도 비슷한 논리에서였다.[6] 그러나 반향이 그리 크지는 않았고 검정 전환은 예정대로 이루어졌다. 이명박 정부 때에도 교과서 발행을 다원화하는 정책은 지속되었다.

이 흐름을 되돌린 것이 박근혜 정권이다. 이 정권은 처음부터 역사 교육을 이념 전쟁의 차원에서 인식했다. 집권 3개월 남짓 된 2013년 6월 박근혜는 "얼마 전 언론에서 실시한 청소년 역사 인식 조사 결과를 보면 고교생 응답자의 69%가 한국전쟁을 북침이라고 응답한 충격적인 결과가 나왔다"라며 편향된 역사 교육을 바로잡고 역사 교육을 강화하라는 지시를 내렸다. 이후 2013년 8월 28일 교육부는 한국사 수능필수화를 포함한 역사교육강화방안을 최종 확정했다. 그 연장선상에서 급기야 역사 교과서 재국정화를 시도했다.

재국정화는 '교학사 소동'을 거치면서 점차 가시화되었다. 2013년 8월에는 한국사 교과서 최종 검정 결과가 발표되었는데, 이명희, 권희영 등이 집필한 교학사 교과서가 다른 7종 교과서와 함께 최종 합격했다. 그런데 이 책은 수없이 많은 사실 오류와 명백한 표절, 필자 약력 허위 기재 등 검정 기준을 여러 곳에서 위반했으며, 식민지 근대화론을 받아들이고 친일과 독재를 미화하고 민족의 화해 협력 노력을 폄하하는 등

---

6 "[사설] 국사교과서 검정화, 좌파 교과서 홍수 불러온다", ≪조선일보≫(2007.1.26), http://news.chosun.com/site/data/html_dir/2007/01/26/2007012600689.html.

헌법적 가치를 정면으로 거슬렀다. 검정 과정에서 불합격했어야 옳았고, 검정 기준 위반이 나중에라도 확인되었으니 검정을 취소하는 것이 옳았다. 그러나 박근혜 정권은 이를 거부하고 진영 논리를 앞세워 교학사 살리기, 다른 검정교과서에 좌편향 딱지붙이기로 일관했다. 이에 시민사회와 야당이 부당함을 지적하자 한국사 교과서를 둘러싼 공방은 역사 전쟁이라 부를 만한 상황으로 치닫게 되었다.

이 같은 정치 상황은 당시의 정국과 밀접하게 관련되어 있었다. 그 무렵은 국정원이 대통령 선거에 개입했다는 사실, 경찰이 국정원의 범죄 은폐에 가담했다는 사실이 확인되어 야당과 시민사회가 크게 반발하던 때였다. 정부 여당은 이 같은 사실을 전면 부정하면서 전국교직원노동조합의 합법성을 부인(법외노조 통보)하고, 헌법재판소에 통합진보당 해산 심판을 청구하는 등 강권 통치를 시작하던 터였으며, 시민사회와 야권은 '민주주의 수호'를, 여권은 '종북 좌파 척결'을 기치로 내걸고 격렬한 정체성 전쟁을 벌이고 있었다.

교과서 문제가 '역사 전쟁'으로 전면화된 가운데 여권이 비호한 교학사 교과서는 학교 현장에서 거의 채택되지 못했다. 그러자 보수 언론, 일부 우파 단체와 정부 여당 일각에서는 "교육계와 언론계에 좌익 세력이 있는 한 국정교과서가 꼭 필요하다"라고 주장했다. 2014년 1월에는 박근혜 대통령이 "사실에 근거한 균형 잡힌 역사 교과서 개발 등 제도 개선책을 마련하라"라고 지시했고 이에 교육부는 교과서 발행제도 개편에 관한 의견 수렴 절차를 시작했다.

그런데 교육부의 의견 수렴과 별개로 권력 핵심부는 이미 국정화를 기본 방향으로 잡고 있었다. 이는 세월호 참사를 계기로 이루어진 개각 과정에서 친일과 독재를 공공연하게 미화한 문창극을 국무총리 후보자로, 교학사 소동 초기부터 이념 투쟁을 선동하면서 역사 교과서 국정화를 주장했던 김명수를 교육부 장관 후보로 발탁한 데서 단적으로 드러난다. 훗날 공개된 김영한 당시 민정수석의 업무일지는 이 시기에 새로운 내각과 대통령의 비서들이 견지해야 할 역사 인식을 다음과 같이 요약해놓았다. 놀랍게도 당시 김기춘 비서실장이 언급한 국정 철학은 그로부터 2년 뒤인 2016년에 공개된 국정교과서 현장 검토본에 고스란히 모습을 드러냈다.

> 국정 철학을 공유해야 함. 먼저 헌법가치와 자유민주주의 시장 경제에 대한 확고한 신념을 가져야 함. 또 5·16 관련 평가에 대해 공통된 인식을 가져야 함. 당시 우리나라는 세계 최빈국으로 북한보다 가난했음. (4·19 이후) 반공의식이 약화되고, 안보 위기 상황에 초등학생도 시위에 참가하는 등 사회질서 문란에 애국심을 가진 군인이 구국의 일념으로 일으킨 사건이 5·16임. 그 결과 경제가 성장하고 자유와 번영을 구가하게 되어 국민 70~80%가 박정희를 높이 평가하고 있음. 역사적 평가에 맡길 일이긴 하나 현 정부에서 일하는 사람은 이러한 인식을 가져야 함.
>
> 유신헌법도 마찬가지임. 당시는 월남 패망 직전이었고 7·4 남북공동성명을 계기로 체제 경쟁이 격렬해졌으며 카터 행정부가 미군을 철수하고 북한도 헌법을 개정했음. 유신은 남북대결 상황에서 국력 결집을 위한 불가피한 조치였음. 역사적 평가에 맡길 수밖에 없으나 그 경위와 불가피성에 대한 인식을 가져야 함.[7]

---

7 2014년 7월 8일 김기춘 비서실장이 청와대 수석비서관회의에서 지시한 내용을 김영한 민정수석이 받아 적은 내용으로, 메모 형태로 기록된 업무일지를 이해하기 쉽도록 최소한의 범위에서 다듬었다.

5. 반지성·반교육적 역사 퇴행: 역사 교과서 재국정화

박근혜 정권은 역사 교과서 재국정화 지지 여론을 결집하려 노력하는 한편, 역사 교육과정을 개정하고 교과서 검정과 채택 절차를 강화했다. 그러나 교육부는 새 교육과정을 확정 고시한 2015년 7월까지 국정화 추진 여부를 확정하지 못했다. 국정교과서 자체가 국제적인 기준에 현저히 미달할 뿐 아니라 국정화에 대한 반대 여론이 높았기 때문이다. 역사교사와 역사학자들은 교학사 교과서에 대한 반대 및 역사 교과서 국정화에 대한 반대 활동을 꾸준히 벌였고, 역사·교육 분야를 중심으로 많은 시민단체가 한국사 교과서 국정화 저지 네트워크로 결집해 활발한 반대운동을 펼쳤다. 야당 또한 이에 대해 강력하게 반발했다.

그러나 박근혜 임기 안에 국정교과서를 보급하기 위해서는 2015년 가을까지 국정화 여부를 최종 결정해야 했다. 결국 여당 대표, 대통령, 국무총리가 전면에 나서고 여권이 총출동해 국정화를 밀어붙였고, 교육부가 충실히 실무를 맡아 복무하는 형태로 국정화가 진행되었다.

> …… 자학의 역사관, 부정의 역사관은 절대 피해야 합니다. …… 학생들이 편향된 역사관에 따른 교육으로 혼란을 겪지 않도록 철저하게 사실에 입각하고 중립적인 시각을 갖춘 국정 역사 교과서 도입이 반드시 필요하다고 생각합니다(2015년 9월 2일 김무성 새누리당 대표의 교섭단체 대표연설).
>
> 우리가 대한민국의 정체성과 역사를 바로 알지 못하면 문화적으로나 경제적으로 다른 나라의 지배를 받을 수도 있고 민족정신이 잠식당할 수

> 도 있습니다. …… 앞으로 올바른 역사 교과서를 통해 분열된 국론을 통합하고 우리 아이들에게 대한민국의 자부심과 정통성을 심어줄 수 있도록 각고의 노력을 다해 나갈 것입니다(2015년 10월 27일 박근혜 대통령 정기국회 시정 연설).

> 전국에 약 2300개의 고등학교가 있습니다. 그중 세 학교만 교학사 교과서를 선택했고 나머지 전체, 고등학교의 99.9%가 편향성 논란이 있는 교과서를 선택했습니다. …… 더 이상 왜곡되고 편향된 역사 교과서로 우리의 소중한 아이들을 가르칠 수는 없습니다(2015년 11월 3일 황교안 국무총리 대국민 담화문).

국정화 강행은 역사 교육의 방향이나 방법을 둘러싼 교육적 고려 밖에서 이루어졌다. 국정화 반대 진영에 대한 종북 좌파 딱지붙이기가 횡행했고, 국정화 논리를 뒷받침하기 위해 심지어 자신들이 검정하고 강제 수정한 교과서조차 부정했다. 역사학계 대다수가 좌편향이고 학교 현장은 좌편향된 교사들로 물들어 있으니 국가 정체성을 바로 세우기 위해서는 정권이 만든 유일한 교과서를 무조건 쓰도록 해야 한다는 것이다.

어떤 영역이든 생각이 다른 사람이 공존하기 마련이다. 역사학계나 교육현장도 마찬가지로 진보적 인사들이 주류를 이루는 것은 아니다. 그런데도 역사학계 전체를 좌파로 매도하는 것은 인간의 이성적 사유와 그 결과물로 축적된 지성의 힘 자체를 부정하는 것이다. 정권의 역사 인식을 유일하게 올바른 것으로 간주하는 태도는 대단히 반교육적이다. 역사의 다원성이나 해석의 다양성을 근원적으로 부정하고 학생을 배움의 주체로 보지 않기 때문이다. 국정교과서는 그 자체로도 반교육적이지만 국정화하는 과정 자체도 철저하게 반지성적·반교육적이었으며 민주주의를 부정하는 양상을 띠었다.

6. 모습을 드러낸 국정교과서: 박근혜의 박정희를 위한 교과서

교육부는 2015년 11월부터 국정교과서 개발 작업을 본격적으로 진행했다. 교육부는 전문가들이 고루 참여한 가운데 편찬 과정을 투명하게 공개하면서 교과서를 개발하겠다고 거듭해서 약속했다. 그러나 막상 작업이 시작되자 교육부는 완전히 안면을 바꾸었으며, 심지어 교과서 내용의 토대가 될 편찬 기준은 물론 집필진이나 교과용 도서 심의진도 공개하지 않았다. '밀실 복면 집필'이라는 비판이 비등했다.

그렇게 1년이 흐른 2016년 11월, 먼저 편찬 기준이 공개되었다. 국정화 반대 단체들이 교육부를 상대로 행정소송을 제기한 결과였다. 곧이어 중학교 『역사』 1, 2와 고등학교 『한국사』 국정교과서 현장 검토본이 공개되었고, 교과서 집필자들의 면면도 공개되었다.

교육당국은 당초 46명으로 집필진을 구성했다고 발표했다. 그런데 정작 발표된 집필자는 31명이었고, 이들이 1년 동안 중학교용 2권, 고등학교용 1권을 함께 만들었다고 했다. 학계의 전문가와 최고의 교과서를 만들겠다던 약속도 빈말이었음이 드러났다. 집필진 중 교과서 집필 경험자가 거의 없었고, 오래 전 은퇴한 노학자들와 뉴라이트 계열에 가까운 학자가 많았다. 가장 논란이 많을 것으로 예상된 현대사 영역에서는 한국사 전공자가 한 명도 없었다.

비전문가들에 의해 밀실에서 졸속으로 만들어진 교과서가 온전할 리 없었다. 국사편찬위원회 소속 전문가들을 비롯해 내외부 검토진이 완성도를 많이 높였음에도 공개된 현장 검토본은 실로 다양한 문제점을 드러냈다.

사실 관계의 오류도 놀랄 만치 많았다. 오류의 수가 너무 많고 형태도 다양해 신학기 시작 전에 제대로 된 교과서를 만들 수 있을까 걱정스러운 정도였다. 그런데 단순 오류는 수정하면 된다 하더라도 도저히 고치기 어려운 문제가 있었다.

첫째, 책의 형태가 수업 교재로 쓰기 어려웠다. 교과서는 학생들이 읽는 역사책이므로 학습에 활용할 수 있는 다양한 자료와 학습활동을 포함해야 한다. 그런데 이 책은 읽기 어려운 문장, 수많은 사실의 기계적 나열, 읽고 공부하기에는 매우 부적절한 편집으로 많은 교사들에게 당혹감을 안겼다.

둘째, 교과서에서 사라진 오래전 학설이 다시 등장하는 등 최근 수십 년에 걸친 역사 연구 성과가 제대로 반영되지 못했다. 여러 명의 비전문가, 오래전 은퇴한 노학자들로 집필진이 구성된 결과였다.

셋째, 정치적 편향성도 심각했다. 친일 미화는 두드러지지 않았지만 친일 역사나 이를 제대로 청산하지 못한 역사는 축소 왜곡되었다. '박근혜의 박정희를 위한 교과서'라는 비아냥거림이 나올 정도로 박정희 미화는 노골적이었다. 사회경제사는 경제성장 일변도로 서술해 한국 사회를 비판적으로 성찰하기 어려워졌고, 반북·반공 서술을 대폭 강화해 역사교육에서 민족의 화해협력과 통일을 추구하기 어려워졌다는 평가도 많았다.[8]

부실 편향 교과서에 대한 평가는 냉혹했다. 대다수 언론이 이 사실을 비중 있게 보도했고, 교육단체와 역사학계를 비롯해 시민사회는 야당과 협력하면서 국정교과서 폐기 운동을 더욱 활발하게 벌였다. 이 무렵부터 대구·경북·울산을 제외한 대다수 지역의 교육감도 이 운동에 적극적으로 나섰다.

이 시점에서 최순실·박근혜 게이트가 확산되었고 결국 대통령 탄핵이 이루어졌다. 역사 교과서 국정화가 권력 핵심부의 정치적 의도에서 비롯된 일임도 다시 확인되었다. 대통령 퇴진을 요구하는 범국민적 여론 속에서 국정교과서 폐기는 가장 먼저 청산해야 할 박근혜 정책 중 하나로 폭넓은 공감대를 형성했고, 국정교과서 폐기를 위해 시민사회·교육감협의회·야 3당으로 구성된 비상회의도 만들어졌다.

국정교과서 폐기 여론이 비등하자 교육당국은 한걸음 물러나 검정교과서도 사용할 수 있도록 하겠다고 방침을 바꾸었다. 그러나 "모든 교과서에 오류가 있으니 확인되는 대로 수정하면 된다"라거나 "정치적 고려에 의한 편향 서술은 없다"라는 입장을 고수하면서 국정교과서도 예정대로 보급하겠다고 나섰다. 교육부는 한편에서 검정교과서 개발 일정을 진행하면서, 국정교과서를 2017년부터 현장에 보급하려는 정책을 강행했다. 희망학교를 연구학교로 지정해 교과서를 무료 보급하고 연구비를 지원하겠다는 것이었다. 그러나 범국민적인 국정교과서 폐기 여론이 이어지는 가운데 교육부 계획에 따른 연구학교는 전국에

8 이 글은 국정화와 재국정화 과정 전체를 돌아보는 것이 목적이므로 공개된 국정교과서를 상세하게 언급하지는 않겠다. 서울시교육청·역사교육연대회의가 주최한 '국정 역사 교과서 현장검토본 현대사 서술 분석 긴급발표회: 박정희 정부 시기를 중심으로'의 자료집(2016.12.22); 이 책에 실린 김정인의 글 「뉴라이트가 역사를 읽는 법」 참소.

서 단 한 곳도 운영되지 않았다. 대통령이 파면되는 국면이긴 했으나 중앙정부가 추진한 정책이 이처럼 국민들로부터 외면당한 사례는 전무후무하지 않을까.

7. 국정화와 재국정화, 그 같음과 다름

40년 전의 국정화와 최근의 재국정화는 국사 또는 역사 교육 강화 방안에서 시작했다. 그러나 국정화와 재국정화 모두 어떤 역사를 어떻게 가르칠 것인지 공론장에서 토론하거나 다양한 정책 네트워크를 통해 의견 차이를 조정하는 과정을 거치지 않았다. 두 번 모두 대통령이 직접 지시하고 교육당국은 이를 뒷받침할 따름이었다.

국정화와 재국정화 모두 역사를 활용한 국민 편 가르기이자 정체성 정치의 일환이었다. 40년 전 단행된 박정희의 국정화는 쿠데타적 상황을 조성한 뒤 영구 집권을 도모하기 위해 펼친 이념 공세 중 하나였다. 40년 뒤 그 딸이 추진한 재국정화 역시 이념 공세를 통해 국정 실패를 은폐하고 장기 집권을 도모하려는 노력의 일부였다.

국정화와 재국정화는 국민 통합을 내세워 학생을 주류적 질서에 순응하는 신민으로 만들려는 시도였다. 국민적 동일성만 일방적으로 강조하는 역사 교육은, 현실의 국가는 주기적인 선거를 통해 구성되며 다른 생각을 가진 이들과 처지를 달리하는 집단이 이견을 조율하면서 가능한 합의를 만들어낸다는 현실을 은폐한다. 그리하여 "우리는 민족중흥의 역사적 사명을 띠고 이 땅에 태어났다"라는 말처럼 나라의 발전이 나의 발전의 근본임을 깨닫고 국가 발전에 헌신할 것만 일방적으로 요구하면서 그 국가가 실은 독재자나 주류 집단을 동일시한다는 점을 은폐하기 십상이다. 따라서 이 같은 국가주의적 역사 교육은 민주공화국의 시민을 형성하려는 노력과 정면으로 충돌한다.

박근혜 정권이 재국정화를 밀어붙일 수 있었던 것은 40년 전 국정화가 만들어낸 '국정교과서 효과'가 오랫동안 누적된 결과였다. 1970년대에 국정교과서가 등장한 이후 역사 교육은 민족·국민적 정체성을 형성하는 데 기여하므로 국가가 교육 내용에 상당 정도 개입하는 것은 자연스러운 일이며 반공국가주의와 성장 위주 경제 정책이 긍정적인 변화를 가져왔다고 믿는 이들이 점차 많아졌다. 재국정화를 검토하던 2014년과 국정화를 공식 발표한 직후인 2015년 10월에 실시한 국민 여론조사에서 찬성 비율이 상당히 높았던 것은 이 같은 '국정교과서 효과'가 상당했음을 증언한다.[9]

재국정화 반대운동 역시 국정화의 또 다른 효과였다. 국정화 이후 역사 인식의 왜곡을 직시한 반대진영은 재국정화를 막지 못하면 더욱 왜곡된 역사 인식이 우리 사회의 지배적인 문화로 자리 잡을 것을 우려했다. 그래서 1974년 이후 벌여온 국정교과서 폐기 운동의 경험과 역량을 결집해, 2013년부터 3년 동안 조직적이고도 지속적으로 국정교과서 반대운동을 전개했다.

반대운동이 폭발하면서 국민 여론은 극적으로 변했다. 행정예고가 끝난 시점에 이미 국정화 반대 여론이 찬성을 훌쩍 뛰어넘었다(2015년

---

9 교육부가 2014년에 기획한 국민 여론조사에서는 국정교과서 찬성률이 52.4%, 검정교과서 찬성률이 41.1%였다(한국교육과정평가원 연구보고 RRT2015-1, 「역사 교과서 관련 여론조사 및 분석」). 재국정화 추진 방침을 발표하고 행정 예고를 시작한 직후 실시한 국민 여론조사에서는 찬성과 반대가 각각 47.6%, 44.7%(리얼미터, 2015.10.13), 42.0%, 42.0%(갤럽, 2015.10.16)였다.

11월 6일 리얼미터 조사에 따르면 찬성과 반대가 각각 42.8%, 52.6%였으며, 2016년 11월 6일 갤럽 조사에 따르면 찬성과 반대가 각각 36.0%, 53.0%였다). 이후에도 이 추세는 꾸준히 강화되어 2016년 1월 4일 공개된 조사에서는 그 차이가 더욱 벌어졌고(갤럽 조사 결과 31.1% 대 50.1%), 국정교과서 현장 검토본이 공개된 이후에는 국정화 추진 반대가 찬성을 압도했다(2016년 12월 2일 갤럽 조사 결과 17% 대 67%).

박근혜 정권은 재국정화 추진 과정에서 정권의 실정을 덮고 부족한 민주적 정당성을 은폐해 지지층을 결집하는 데 상당한 효과를 거두었다. 그러나 재국정화 추진 세력은 첫 국정화가 만들어낸 국정교과서 효과를 과신했다. 그들은 국정화와 재국정화 시도 사이에 놓인 40여 년의 변화를 이해하지 못했던 것이다.

냉전 질서 아래 반공국가주의를 내세우며 군대를 앞세운 강권 통치가 이루어진 시절과, 폭압적인 질서와 투쟁해 민주화를 성취한 40년 이후의 차이는 실로 컸다. '종북 좌파 척결'을 내걸고 역사를 퇴행시키려는 집단에 맞서는 민주적 역량이 40년 전보다 훨씬 성숙했으며, 국정화와 재국정화를 넘어 대안적 역사 교육을 설계하려는 학술적·교육적 역량 또한 그때보다 훨씬 뛰어났던 것이다. 반대운동은 효과적으로 조직되었고, 이는 성숙한 국민의 민주적 역량과 결합해 역사 교과서의 재국정화를 막아냈다. 역사 교과서 재국정화를 시도한 이들이 무엇을 의도했든 이제 재국정화는 한갓 소동에 불과했음이 분명해졌고, 다시는 어느 누구도 재국정화를 시도하기 어려운 상황이 만들어졌다.

8. 글을 맺으며: 재국정화 소동 이후의 역사 교육

그동안 역사 교육은 권력의 개입에 자주 노출되었다. 민족이나 국가의 역사를 주로 다루고 있으므로 국가나 국민의 정체성과 연관되기 때문이다. 공교육 제도가 등장한 이래 역사교육이 국민 됨을 기르는 교과로 간주되어 특별대우를 받은 것도 이런 이유에서였다.

그런데 똑같은 이유로 역사 교육은 진작부터 비판적 성찰의 대상이 되곤 했다. 제1차 세계대전이 끝난 이후 유럽에서는 국가주의적 역사 교육이 비극의 원인이었다는 반성이 일어났고, 평화를 지향하는 역사 교육을 실천하려는 국제 협력이 시도되었다. 제2차 세계대전 이후 이러한 노력은 여러 곳에서 결실을 맺어 국가 간 역사 대화가 여러 곳에서 실시되었으며, 유럽평의회나 UN을 중심으로 역사 교육과 역사 교과서에 관한 국제적 규범을 만들어 권고하는 활동이 이루어졌다.[10]

1996년 유럽평의회가 채택한 '역사와 역사 교육에 관한 권고'에는 다음과 같은 내용이 담겼다.

> 역사가들은 항상 최대한 객관성 확보를 목표로 할지라도 역사는 주관성을 가질 수밖에 없으며, 다양한 방식으로 재구성되고 해석된다.
>
> 시민들은 조작되지 않은 역사를 배울 권리가 있다. 국가는 교육에서 이 권리를 보장해야 하며, 종교적 또는 정치적 편견을 배제하고 적절한

10 곤도 다카히로, 『역사 교과서의 대화』, 박경희 옮김(역사비평사, 2006); 오토 에른스트 쉬대코프 외, 『미래를 건설하는 역사교육: 1945~1965 유럽 역사 교과서 개선활동』, 김승렬 옮김(역사비평사, 2003); 윤세병, 「역사교육에서 국제적 표준의 가능성」, 역사교육연구소, ≪역사와 교육≫, 13(2016).

과학적 접근을 장려해야 한다.[11]

2013년에 만들어진 UN 권고는 "역사 교육이 애국심 강화, 국가적 정체성 강화, 또는 젊은이들을 공식 이념이나 지배적인 종교의 지도안으로 길들이려는 목적으로 이용되어서는 안 된다"라면서 역사가 권력을 가진 이들에 의해 왜곡될 가능성이 있음을 크게 우려한다. 그리고 다음과 같이 제안한다.

> 역사 교육은 다양한 관점을 인정한다는 전제 위에서 학생들이 대화, 역사적 증거의 탐색, 특별히 논쟁적이고 예민한 이슈에 대해 열린 토론을 함으로써 비판적이고 책임감 있는 지적 분석력과 해석 능력을 기르도록 만들어야 한다.[12]

그리고 바로 이 때문에 정부에서 만드는 단일한 역사 교과서로 학생을 가르쳐서는 안 된다는 점을 강조한 뒤, 어떤 역사 내러티브도 본질적으로 부분적 관점을 반영한 결과이며 어떠한 해석도 당연히 존중받을 가치가 있기 때문에 학교는 학생들이 다양한 관점을 갖고 있음을 인정하고 생각이 다른 학생들과 서로 소통할 수 있는 방법을 배우며 자신의 관점을 세울 수 있도록 만들어야 한다는 점을 강조한다.

재국정화 반대운동 역시 오랫동안 국가주의에 포섭된 역사 교육을

11 유럽평의회가 채택한 '역사와 역사교육에 관한 권고'(1996); 윤세병, 「역사교육에서 국제적 표준의 가능성」.

12 2013년 8월 9일 69회 UN총회에서 역사 교과서와 역사 교육에 관한 문화적 권리 분야의 특별조사관 파리다 샤히드(Farida Shaheed)가 보고한 내용이다.

극복하려는 노력의 일환이다. 특히 우리 사회는 국권 상실, 분단과 전쟁, 정부 주도의 경제 개발, 독재 정치를 거치면서 국가주의 문화가 깊이 뿌리를 내렸다. 국정교과서는 그 산물이면서 이 경향을 심화 확장하는 데 기여했고, 재국정화가 가능했던 중요한 이유 역시 이 같은 국가주의 문화가 자리하고 있기 때문이었다. 국정화·재국정화 소동은 뿌리 깊은 국가주의가 국민의 민주적 권리를 침범할 수 있음을 보여주었으며, 재국정화 반대운동은 바로 역사 교육에 내장된 국가주의에 맞서는 운동이었다.[13]

그동안 많은 이들이 역사교육을 변화시키기 위해 노력했다. 어떤 이들은 국정교과서가 지향했던 분단국가주의를 넘어 독립운동과 민주주의 전통 위에서 민족의 화해 협력과 균등 사회 실현을 추구하는 새로운 역사 내러티브를 교과서 속에 담아야 한다고 주장했다. 한걸음 더 나아가 국가주의 자체에 대한 근원적 성찰을 바탕으로 국가 또는 위인과 관련된 역사 지식을 획일적으로 주입하는 역사교육을 넘어 다원적인 역사 이해를 추구하고 해석의 다양성을 승인함으로써 비판적 사고를 배울 수 있도록 해야 한다고 주장하는 이들도 많다.

재국정화 반대운동은 이 같은 흐름 위에 새로운 역사교육을 탐색하면서 진행되었다. 당연히 반대운동 내부에서도 생각의 차이가 작지 않다. 이제 이 당연한 차이를 전제로 대안적 역사교육을 탐색하려는 노력을 통해 국가교육 과정을 재구성하고 역사교육 문화를 새롭게 건설하기 위해 노력해야 할 것이다.

13 이와 관련된 자세한 논의는 다음을 참조. 김육훈, 「국가주의 역사교육, 그 너머를 향해」, 역사교육연구소, ≪역사와 교육≫, 11(2015); 김성민, 「국가주의를 넘어 민주주의로: 역사교육의 어제, 오늘, 내일」, 『역사전쟁, 과거를 해석하는 싸움』(책세상, 2016).

지은이(수록순)

양재혁

프랑스 파리8대학교에서 역사학 박사학위를 취득했으며, 중앙대학교 인문콘텐츠연구소 연구교수로 재직 중이다. 주요 논문으로는 「유럽 문명에 대한 앙리 생시몽(Henri Saint-Simon)의 역사 분석」, 「수잔 부알캥(Suzanne Voilquin)의 이집트 체류: 숭고미와 오리엔탈리즘」 등이 있다.

박준철

미국 오하이오주립대학교에서 역사학 박사학위를 취득했으며, 한성대학교 역사문화학부 교수로 재직 중이다. 주요 저서로는 『서양의 인문주의 전통』(공저), 『서양중세사 강의』(공저), 『역사 속의 소수자들』 등이 있다.

김정욱

미국 캔자스대학교에서 미국사 전공으로 박사학위를 취득했으며, 인천대학교 역사교육과 교수로 재직 중이다. 주요 저서로는 『스포츠가 역사를 말한다』(공저)가 있으며, 논문으로는 "Fighting Men and Fighting Women: American Prizefighting and the Contested Gender Order in the Late Nineteenth and Early Twentieth Centuries" 등이 있다.

서지원

미국 오하이오주립대학교에서 정치학 박사학위를 취득했으며, 창원대학교 국제관계학과 교수로 재직 중이다. "The Suharto Case", "Preemptive Transitional Justice Policies in Aceh, Indonesia", "투사/피해자 이중 정체성과 인권운동에의 기여: 인도네시아 민주화 이행기 활동가 납치 사건의 경우" 등의 논문이 있다.

육영수

미국 시애틀의 워싱턴대학교에서 역사학 박사학위를 취득했으며, 중앙대학교 역사학과·문화연구학과 교수로 재직 중이다. 주요 저서로는 『책과 독서의 문화사: 활자인간의 탄생과 근대의 재발견』, 『혁명의 배반, 저항의 기억: 프랑스혁명의 문화사』 등이 있다.

윤용선
독일 베를린자유대학교에서 역사학 박사학위를 취득했으며, 한성대학교 역사문화학부 교수로 재직 중이다. 주요 저서로는 『조약으로 본 유럽통합사』(공저), 『서양문화사 깊이 읽기』(공저), 역서로는 『유대인 이미지의 역사』 등이 있다.

이민경
서울대학교에서 음악을 전공하고 미국 존스홉킨스대학교에서 음악사로 석사학위를, 서강대학교에서 서양사로 박사학위를 취득한 후, 가톨릭관동대학교 VERUM교양대학 교수로 재직 중이다. 주요 논문으로는 「19세기 영국에 온 '1848' 프랑스 혁명」, 「영제국 식민지 이민의 확산과 영국인의 정체성」 등이 있다.

김정인
서울대학교 국사학과에서 문학박사 학위를 취득했으며, 춘천교육대학교 사회과교육과 교수로 재직 중이다. 주요 저서로는 『민주주의를 향한 역사』, 『역사전쟁, 과거를 해석하는 싸움』, 『독립을 꿈꾸는 민주주의』 등이 있다.

신동규
프랑스 파리1대학교에서 역사학 박사학위를 취득했으며, 창원대학교 사학과 교수로 재직 중이다. 주요 저서로는 *Mai-Juin 68*(공저), *Pratiques syndicales du droit, France XXe-XXIe siècle*(공저), *Grève générale, Rêve général*(공저) 등이 있다.

김육훈
서울대학교 역사교육과를 졸업하고 30년째 교사로 재직 중이며, 전국역사교사모임 회장, 역사교육연구소장을 지냈다. 주요 저서로 『살아있는 한국근현대사 교과서』, 『민주공화국 대한민국의 탄생』 등이 있으며, 논문으로는 「국정교과서 논란 이후 역사교육 논의의 방향」 등이 있다.

한울아카데미 2024

기억은 역사를 어떻게 재현하는가

엮은이 | 문화사학회
펴낸이 | 김종수
펴낸곳 | 한울엠플러스(주)
편집 | 신순남

초판 1쇄 발행 | 2017년 8월 14일
초판 2쇄 발행 | 2019년 5월 7일

주소 | 10881 경기도 파주시 광인사길 153 한울시소빌딩 3층
전화 | 031-955-0655
팩스 | 031-955-0656
홈페이지 | www.hanulmplus.kr
등록번호 | 제406-2015-000143호

Printed in Korea.
ISBN 978-89-460-6653-3 93900

※ 책값은 겉표지에 표시되어 있습니다.